高等院校经济管理类专业实验实训教材

证券投资实验实训教程

(第2版)

主　编　杨伯元　张　健
副主编　李素贞　尚润荣　韦　滨
参　编　李梁杰　甄东兴

东南大学出版社
·南京·

内 容 提 要

本书由 11 个模块组成,模块 1~7 从证券交易的实战出发,从开户入手阐述了沪深交易所的交易程序、交易品种及交易规则,介绍了股票、国债、企业债、转债、基金等具体品种及其最新交易规则,还介绍了近年来推出的融资融券和沪港通的交易规则;模块 8 和模块 9 从证券分析的理论入手阐述了证券投资的基本分析和技术分析,使学生在掌握证券市场交易品种和交易规则的基础上进一步掌握股票运行的趋势判研方法和买卖时点选择的技巧;模块 10 和模块 11 则阐述了网上交易平台与证券投资分析软件的使用。

本书内容全面细致,基本涵盖了证券市场投资的所有方面。学生按照这 11 个模块的内容循序渐进地演练之后,就能够对我国沪深证券市场的运作有全面了解和掌握。

本书可作为高等院校经济管理类专业教材,也可供各类培训机构和相关从业人员选用。

图书在版编目(CIP)数据

证券投资实验实训教程/ 杨伯元,张健主编. —2 版. —南京:东南大学出版社,2016.8(2018.12 重印)
ISBN 978 - 7 - 5641 - 6665 - 6

Ⅰ. ①证… Ⅱ. ①杨…②张… Ⅲ. ①证券投资—教材 Ⅳ. ①F830.91

中国版本图书馆 CIP 数据核字(2016)第 184486 号

东南大学出版社出版发行
(南京四牌楼 2 号 邮编 210096)
出版人:江建中
江苏省新华书店经销   丹阳市兴华印刷厂印刷
开本:787mm×1 092mm 1/16 印张:12   字数:300 千字
2018 年 12 月第 2 版第 7 次印刷
ISBN 978 - 7 - 5641 - 6665 - 6
印数:13501~15000 册   定价:28.00 元
(凡因印装质量问题,可直接向读者服务部调换。电话:025 - 83791830)

出 版 说 明

为了进一步推动高等院校(应用型本科及高职高专)经济管理类专业教学实验实训环境建设,研讨实验实训系统应用方式,商定实验实训系列教材编写和出版计划,在征求了一批院校的意见后,高等院校经济管理类专业建设协作网、高等院校经济管理类专业实验实训教材编委会、南京商友资讯商务电子化研究院和东南大学出版社先后于 2005 年 11 月和 2007 年 6 月在南京召开了高等院校经济管理类专业"课程实验、综合实训、毕业实习"三位一体的实训方式及实训教材建设研讨会。

会议就经济管理相关专业的实验环境建设、毕业实习、配套的实验实训教材建设等问题进行研讨和交流。

与会代表认为,经济管理类专业实验实训环境的形成不仅仅是实验实训方式的创新,而且必将推进教学方式的创新和改革。可以断言,一个以课堂教学与实验实训环境教学相结合的教学方式已经出现,应用型本科和高职专科的教学方式将会发展为课堂教学与实验实训环境教学并重甚至以实验实训环境教学为主。因此,经济管理类专业需要构建实验实训课程体系。

参与研讨和教材编写的院校有:

南京农业大学	南京航空航天大学	北京化工大学
上海财经大学	重庆交通大学	南京信息工程大学
安徽滁州学院	浙江林学院	扬州大学
黄石理工学院	北京农学院	山东财政学院
西南民族大学	厦门大学	长春税务学院
浙江工业大学	西北师范大学	安徽农业大学
安徽科技学院	山东省贸易职工大学	厦门理工学院
西南政法大学	河北师范大学	嘉兴学院经济学院
西安邮电学院	福建省三明学院	南京理工大学紫金学院
上海商学院	郑州中州大学	东南大学成贤学院
重庆师范学院	东北农业大学	广西经济管理干部学院
南京工程学院	南京航空航天大学金城学院	江苏科技大学
长春职业技术学院	浙江金融职业学院	广东轻工职业技术学院
江苏经贸职业技术学院	上海医疗器械高等专科学校	河南新乡师专
南京交通职业技术学院	安徽电子信息职业技术学院	湖州职业技术学院
东南大学出版社	南京商友资讯商务电子化研究院	

高等院校经济管理类专业建设协作网
高等院校经济管理类专业实验实训教材编委会
2016 年 6 月

再版前言

证券市场是中国特色社会主义市场经济的重要组成部分。我国证券市场建立时间比较短,虽然诸多方面还不够成熟、不够完善,但它在我国旧的计划经济体制的改革和新的社会主义市场经济体制的建立和发展中占有不可或缺的重要地位,发挥着不可替代的重要作用。

我国证券市场过去一直、今后仍将继续保持不断发展壮大的趋势。在市场体系上,主板、中小板、创业板、新三板相互配合;在发行制度上,审批制、核准制、注册制逐渐转变;在品种体系上,A股、B股、H股、N股、L股、各类基金、债券、权证、资产支持证券等逐渐齐全;在股票发行方式上,认购证抽签方式、存单抽签方式、上网定价发行方式逐步完善;在不同地域市场的合作上,沪港通、深港通逐次推出;在市场监管上,各种法律法规逐渐完善、监管体制逐步到位、监管理念和监管方式不断更新。

作为经济管理类各专业的学生,证券相关知识是其知识体系中的基础和重要方面。了解、认识并掌握证券市场各方面的理论、知识、方法就成为重要的学习内容。

实验教学在经济管理类各专业教学活动中的地位愈加重要。之所以重要,是因为它可以帮助学生尽早地接触经济活动的实际运行状况,有助于学生真正理解和掌握所学到的理论、知识和方法。近年来,各院校都加大了经济管理类学科实验教学设施的投入力度,包括经济管理类实验室的建设、实验教学软硬件设施的建设以及实验教学大纲、教材的建设等。现在各院校不但增加了实验教学的课时,而且实验课的种类也在不断增加。

证券投资实验是最早设立的经济管理类实验科目,其实验环境是诸多实验教学中最贴近市场实际运行环境的实验之一。随着互联网和免费证券投资分析软件的应用和普及,其教学成本也越来越低。通过实验教学,可以模拟证券投资的具体操作过程,使学生更深刻地了解和把握证券市场的实际运行情况。

本书力图将实验教学与理论教学、社会实践、学科发展进行有机结合,为经济管理类人才的培养提供实践支撑,开拓学生的思路,提高学生的实践能力、创新能力、组织能力、动手能力和综合素质,为学生毕业后融入经济社会、从事经济研究和经济管理工作奠定坚实的基础,增强学生就业、成才的竞争力。

本书再版时,根据近年来市场发展变化的实际情况,与时俱进,删除了权证交易模块,增加了融资融券和沪港通两个模块,使本书的内容更加全面细致,基本涵盖了证券市场投资的所有方面。学生通过学习和实验,能够对我国证券市场的运作有一个全面的了解和掌握。

参加本书编写工作的人员有:北京化工大学杨伯元、张健、李素贞、李梁杰等,中国北方工业公司尚润荣,广西机电职业技术学院韦滨,北京化工大学北方学院甄东兴。

在本书的编写过程中,编写人员参考了国内外学者的研究成果和相关资料,在此,编者致以诚挚的谢意!

尽管编者力求完善,然"编无止境",书中错误和疏漏难以避免,恳请阅读或使用本书的老师和同学们提出宝贵的批评意见,以便我们不断改进。主编邮箱:yangby88@126.com。

编　者

2016 年 6 月于北京

目 录

模块 1 账户的开立 ·· (1)

1.1 证券账户基础知识 ··· (1)

1.1.1 证券账户的概念 ·· (1)

1.1.2 证券账户的种类 ·· (1)

1.2 证券账户的开立 ·· (1)

1.2.1 A股证券账户的开立 ··· (1)

1.2.2 B股股票账户的开立 ··· (3)

1.3 资金账户的开立 ·· (4)

1.4 模拟实验 ··· (4)

模块 2 证券委托交易方式 ·· (5)

2.1 证券委托交易方式的概念 ·· (5)

2.2 证券委托交易方式的类型 ·· (5)

2.2.1 电话委托 ·· (5)

2.2.2 网上委托 ·· (7)

2.2.3 柜台委托 ·· (9)

2.2.4 自助委托 ·· (10)

2.2.5 热键委托 ·· (10)

2.2.6 可视电话委托 ·· (10)

2.3 第三方存管 ··· (11)

2.3.1 第三方存管的概念 ·· (11)

2.3.2 第三方存管的意义 ·· (11)

2.3.3 第三方存管的优势 ·· (12)

2.3.4 办理第三方存管的流程 ·· (12)

模块 3 股票交易 ·· (13)

3.1 新股申购 ·· (13)

3.1.1 新股申购的基本规则 ·· (13)

3.1.2 新股申购的流程 ··· (13)

3.2 股票交易 ·· (14)

3.2.1 交易委托 ·· (14)

2　证券投资实验实训教程

　　3.2.2　委托的申报 ……………………………………………………………… (15)

　　3.2.3　竞价成交 …………………………………………………………………… (16)

3.3　交易的其他相关事项 …………………………………………………………… (17)

　　3.3.1　开盘价与收盘价 …………………………………………………………… (17)

　　3.3.2　T+1 制度 ………………………………………………………………… (17)

　　3.3.3　特别处理股票 ……………………………………………………………… (17)

　　3.3.4　信息披露 …………………………………………………………………… (18)

　　3.3.5　挂牌、摘牌、停牌与复牌 ………………………………………………… (19)

　　3.3.6　分红派息与除权除息 ……………………………………………………… (20)

3.4　大宗交易 ………………………………………………………………………… (20)

3.5　模拟实验 ………………………………………………………………………… (21)

　　3.5.1　登录与主界面 ……………………………………………………………… (21)

　　3.5.2　行情显示 …………………………………………………………………… (23)

　　3.5.3　委托 ………………………………………………………………………… (24)

　　3.5.4　查询 ………………………………………………………………………… (26)

　　3.5.5　修改登录密码和个人信息 ………………………………………………… (28)

　　3.5.6　在线咨询 …………………………………………………………………… (30)

模块 4　融资融券业务 ……………………………………………………………… (31)

4.1　融资融券业务的概念 …………………………………………………………… (31)

4.2　我国融资融券账户开立流程 …………………………………………………… (31)

　　4.2.1　确认交易资格 ……………………………………………………………… (31)

　　4.2.2　确认开通资格 ……………………………………………………………… (32)

　　4.2.3　通过征信流程 ……………………………………………………………… (32)

　　4.2.4　签订合同 …………………………………………………………………… (32)

　　4.2.5　开立账户 …………………………………………………………………… (32)

　　4.2.6　转入担保物 ………………………………………………………………… (33)

　　4.2.7　评估授信 …………………………………………………………………… (33)

4.3　融资融券交易 …………………………………………………………………… (33)

　　4.3.1　融资融券交易方式 ………………………………………………………… (33)

　　4.3.2　偿还资金和证券 …………………………………………………………… (34)

　　4.3.3　结束信用交易 ……………………………………………………………… (34)

4.4　我国融资融券的相关规则 ……………………………………………………… (34)

4.5　模拟实验 ………………………………………………………………………… (36)

模块 5　债券交易 …………………………………………………………………… (37)

5.1　国债 ……………………………………………………………………………… (37)

　　5.1.1　国债的种类 ………………………………………………………………… (37)

5.1.2 国债发行方式 ……………………………………………… (39)

5.1.3 国债的申购 ………………………………………………… (42)

5.1.4 国债的交易 ………………………………………………… (44)

5.1.5 国债的还本付息 …………………………………………… (44)

5.2 地方债 …………………………………………………………… (45)

5.2.1 地方债的种类 ……………………………………………… (45)

5.2.2 地方债的发行 ……………………………………………… (46)

5.2.3 地方债的申购 ……………………………………………… (47)

5.2.4 地方债的还本付息 ………………………………………… (47)

5.3 公司债券 ………………………………………………………… (47)

5.3.1 公司债券的发行 …………………………………………… (48)

5.3.2 公司债券的申购配售 ……………………………………… (52)

5.3.3 公司债券的上市交易 ……………………………………… (53)

5.3.4 公司债券的还本付息 ……………………………………… (54)

5.4 可转换公司债券 ………………………………………………… (55)

5.4.1 可转换公司债券的优势 …………………………………… (55)

5.4.2 可转换公司债券的发行条件 ……………………………… (55)

5.4.3 可转换公司债券的发行程序和发行条件 ………………… (56)

5.4.4 可转换公司债券的申购 …………………………………… (57)

5.4.5 可转换公司债券的转股 …………………………………… (57)

5.4.6 可转换公司债券的赎回 …………………………………… (58)

5.4.7 可转换公司债券的回售 …………………………………… (59)

5.4.8 可转换公司债券的还本付息 ……………………………… (60)

5.4.9 分离交易的可转换公司债券 ……………………………… (60)

5.5 债券的交易 ……………………………………………………… (61)

5.5.1 债券交易市场 ……………………………………………… (61)

5.5.2 交易所债券市场的交易品种 ……………………………… (61)

5.5.3 交易所债券市场的交易方式 ……………………………… (61)

5.5.4 交易所债券市场的托管清算 ……………………………… (62)

5.6 模拟交易 ………………………………………………………… (62)

5.6.1 认知交易所债券市场 ……………………………………… (62)

5.6.2 模拟国债、公司债券和可转换公司债券的交易 ………… (62)

模块6 证券投资基金交易 …………………………………………… (63)

6.1 证券投资基金概述 ……………………………………………… (63)

6.2 封闭式基金 ……………………………………………………… (64)

6.2.1 发行和认购 ………………………………………………… (65)

6.2.2　委托交易 ··· (65)

6.2.3　分红 ··· (66)

6.3　开放式基金 ··· (67)

6.3.1　开放式基金的设立 ······································· (67)

6.3.2　开放式基金的发行 ······································· (69)

6.3.3　开放式基金的购买和赎回 ································· (70)

6.3.4　开放式基金的分红 ······································· (73)

6.4　上市型开放式基金(LOF) ····································· (73)

6.4.1　LOF与普通开放式基金的不同 ···························· (74)

6.4.2　LOF的发行和申购 ······································· (74)

6.4.3　LOF的委托交易 ··· (74)

6.5　交易所基金(ETF) ··· (75)

6.5.1　ETF的发行和申购 ······································· (75)

6.5.2　ETF的委托交易 ··· (76)

6.5.3　分红 ··· (77)

6.5.4　实物申购与赎回 ··· (77)

6.5.5　ETF的套利机制 ··· (78)

6.5.6　LOF和ETF的异同 ······································· (79)

6.6　保本基金 ··· (79)

6.6.1　保本基金三大特点 ······································· (80)

6.6.2　保本基金实现保本的条件 ································· (80)

6.6.3　保本基金的申购与赎回 ··································· (80)

6.7　模拟交易 ··· (81)

模块7　沪港通 ··· (86)

7.1　沪港通基础知识 ··· (86)

7.1.1　沪港通的概念 ··· (86)

7.1.2　沪港通的种类 ··· (86)

7.2　港股通的开通 ··· (86)

7.2.1　开通条件 ··· (86)

7.2.2　开通流程 ··· (86)

7.3　港股通交易 ··· (87)

7.3.1　交易前的准备 ··· (87)

7.3.2　港股通交易流程 ··· (91)

7.4　沪港通业务规则 ··· (91)

7.4.1　港股通业务规则 ··· (91)

7.4.2　沪股通业务规则 ··· (92)

7.5	相关法律规定	(93)
7.6	注意事项	(93)
7.7	模拟实验	(95)

模块 8 证券投资的基本分析 (96)

8.1	宏观分析	(96)
8.1.1	国内宏观经济运行状况分析	(96)
8.1.2	国际经济环境分析	(98)
8.2	中观分析	(99)
8.2.1	行(产)业分析	(99)
8.2.2	区域分析	(101)
8.3	微观分析	(102)
8.3.1	公司基本素质分析	(102)
8.3.2	公司重大事项分析	(103)
8.3.3	公司财务分析	(104)
8.4	模拟实验	(109)
8.4.1	宏观分析	(109)
8.4.2	中观分析	(109)
8.4.3	微观分析	(110)

模块 9 证券投资的技术分析 (111)

9.1	股票价格指数	(111)
9.1.1	股票价格指数的概念	(111)
9.1.2	股价平均数的编制	(112)
9.1.3	世界主要股价指数	(113)
9.1.4	我国的股价指数	(115)
9.2	K 线图	(117)
9.2.1	K 线的绘制方法	(117)
9.2.2	K 线的不同形态	(118)
9.3	形态分析	(120)
9.3.1	反转形态	(120)
9.3.2	整理形态	(127)
9.3.3	缺口形态	(134)
9.3.4	趋势线	(136)
9.4	主要技术指标分析	(137)
9.4.1	移动平均线(MA)	(137)
9.4.2	随机指标(KDJ)	(140)
9.4.3	相对强弱指标(RSI)	(141)

9.4.4 平滑异同移动平均线(MACD) ……………………… (142)

9.4.5 布林线(BOLL) ……………………………………… (144)

9.4.6 其他技术指标 ………………………………………… (145)

9.5 模拟实验 …………………………………………………… (146)

9.5.1 指数识读 ……………………………………………… (146)

9.5.2 技术分析 ……………………………………………… (147)

模块 10 网上模拟交易 ……………………………………… (150)

10.1 叩富网模拟交易平台简介 ……………………………… (150)

10.1.1 系统介绍 …………………………………………… (150)

10.1.2 炒股流程 …………………………………………… (151)

10.2 登录 ……………………………………………………… (152)

10.3 买卖证券 ………………………………………………… (155)

10.3.1 买入证券 …………………………………………… (155)

10.3.2 撤单 ………………………………………………… (157)

10.3.3 卖出证券 …………………………………………… (158)

10.4 查询 ……………………………………………………… (159)

10.4.1 查询当日成交 ……………………………………… (159)

10.4.2 查询撤单 …………………………………………… (159)

10.4.3 查询历史成交 ……………………………………… (160)

10.4.4 查询个人业绩 ……………………………………… (160)

10.4.5 查询高手操作 ……………………………………… (161)

10.5 模拟实验 ………………………………………………… (161)

模块 11 证券分析软件的使用 …………………………… (162)

11.1 软件安装与系统登录 …………………………………… (162)

11.1.1 下载安装鑫网通达信软件 ………………………… (162)

11.1.2 登录 ………………………………………………… (163)

11.2 大盘及个股分析 ………………………………………… (165)

11.2.1 大盘分析 …………………………………………… (165)

11.2.2 板块分析 …………………………………………… (166)

11.2.3 个股分析 …………………………………………… (167)

11.3 技术分析 ………………………………………………… (170)

11.3.1 主图 ………………………………………………… (170)

11.3.2 技术分析指标 ……………………………………… (171)

11.4 资讯 ……………………………………………………… (172)

11.4.1 个股资料 …………………………………………… (172)

11.4.2 基本权息资料 ……………………………………… (172)

11.4.3 公告消息 ·· (172)

11.4.4 网站资讯 ·· (173)

11.4.5 信息地雷 ·· (173)

11.4.6 投资日记 ·· (173)

11.5 条件选股与系统工具 ·· (173)

11.5.1 条件选股 ·· (173)

11.5.2 系统工具 ·· (174)

11.6 其他 ·· (176)

11.6.1 通达信快捷键的使用 ···································· (176)

11.6.2 分时图操作方法 ·· (178)

11.6.3 历史同步回忆操作方法 ·································· (178)

11.6.4 数据处理工具的使用 ···································· (179)

参考文献 ·· (180)

模块 1　账户的开立

1.1　证券账户基础知识

1.1.1　证券账户的概念

投资沪深证券市场首先要开立自己的账户。而开户又分为开立证券账户和资金账户两种,只有两种账户均开齐了才能进行证券的买卖。

证券账户又叫股东账户或股东卡,它相当于一个股票存折,开立之后,就可以在证券交易所里拥有一个账户,交易所通过该账户对投资者的证券交易进行准确高效的记载、清算和交割,投资者买卖证券,都会在证券账户中如实地反映出来。如果投资者要同时买卖在上海、深圳两个证券交易所上市的股票,就需分别开立上海证券交易所(简称上交所)证券账户和深圳证券交易所(简称深交所)证券账户。

1.1.2　证券账户的种类

证券账户有不同的种类,目前,上海、深圳两交易所证券账户根据开户人分类,分为自然人证券账户、法人证券账户;根据股票类型或基金分类,分为 A 股证券账户、B 股证券账户以及基金账户等。

上海 A 股证券账户可以买卖在上海证券交易所挂牌交易的股票、基金、债券;深圳 A 股证券账户可以买卖在深圳证券交易所挂牌交易的股票、基金、债券;基金账户可以买卖基金和债券,但不能买卖股票;B 股证券账户只能买卖上市交易的 B 股股票;境内自然人现在可以同时开立个人 A 股证券账户和基金账户,但以前已开立 A 股证券账户的不能再开立基金账户,已开立基金账户的不能再开立 A 股证券账户;境内法人投资者可以开立法人 A 股证券账户,境外自然人和法人可以开立 B 股证券账户。A 股证券账户只对获得批准的境外投资者开放,自 2001 年 2 月起,B 股证券账户对境内投资者开放。

1.2　证券账户的开立

1.2.1　A 股证券账户的开立

A 股股票的正式名称为人民币普通股票,是以人民币计价,面对中国公民发行且在境内上市的股票。投资者买卖在上海、深圳证券交易所上市的 A 股股票,必须首先办理 A 股证券账户的开立手续,其流程如图 1-1 所示。

1) 办理 A 股证券账户开户的法定机构

开立上海、深圳证券账户必须到各地证券登记公司或被授权开户代理处办理。例如,北京证券登记有限公司是北京地区投资者办理上海、深圳证券账户开户业务的唯一法定机构,同时北京证券登记有限公司还在很多证券公司开设代理处办理证券账户的开户业务。

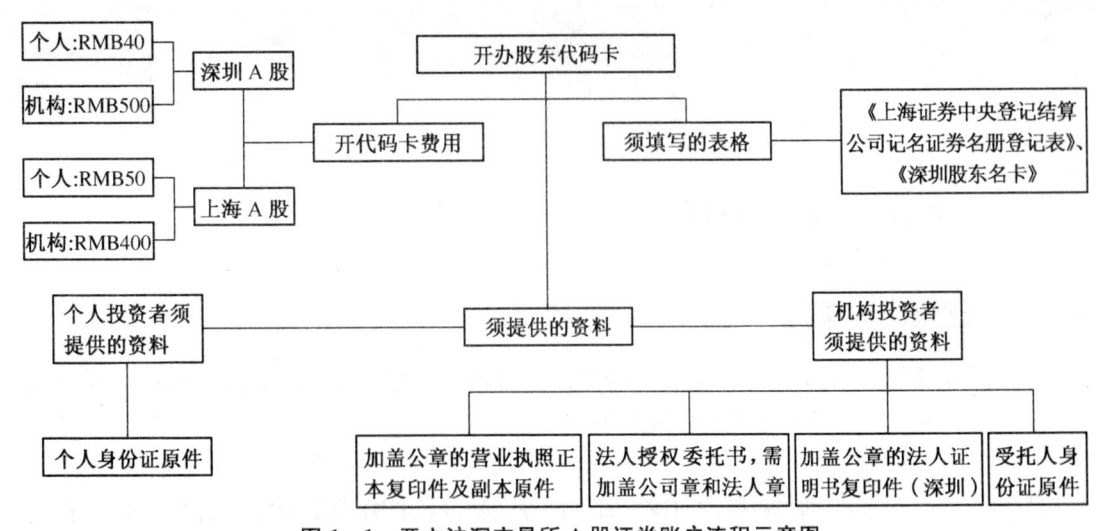

图1-1　开立沪深交易所A股证券账户流程示意图

2）开立A股证券账户所需提交的文件

境内个人开立A股证券账户时，须持本人身份证，如委托他人代为办理，必须同时出示委托人和被委托人身份证原件。自2015年4月13日起，A股市场全面放开一人开立一户的限制，无论自然人还是机构，同一投资者最多可开立20个A股账户和封闭式基金账户。

境内法人开立法人A股证券账户时，需持营业执照原件及复印件（加盖公章）、法人代表证明书、法人授权委托书和经办人身份证等。法人A股账户也不能进行重复开户，外国及港澳台地区在中国内地的独资企业不可开立法人A股证券账户。

3）开立A股证券账户的费用

上海证券交易所证券账户的开户费用为：每个账户个人纸卡40元，个人磁卡本地40元，异地70元；机构每个账户400元。

深圳证券交易所证券账户的开户费用为：个人每个账户50元；机构每个账户500元。

4）注意事项

根据国家有关规定，下列人员不得开立A股证券账户：

（1）证券主管机关中管理证券事务的有关人员。

（2）证券交易所管理人员。

（3）证券经营机构中与股票发行或交易有直接关系的人员。

（4）与发行人有直接行政隶属或管理关系的机关工作人员。

（5）其他与股票发行或交易有关的知情人。

（6）未成年人或无行为能力的人以及没有公安机关颁发的身份证的人员。

（7）由于违反证券法规，主管机关决定停止其证券交易，期限未满者。

（8）其他法规规定不得拥有或参加证券交易的自然人，包括武警、现役军人等。另外，证券从业人员及国家机关处级以上干部、现役军人等不得参与股票交易，但可以开立基金账户，买卖基金和债券。

1.2.2 B股股票账户的开立

B股股票的正式名称为人民币特种股票。B股股票是面向具有境外身份的投资者发行但在中国境内上市的股票,B股股票最初并不对我国居民开放,但自2001年开始,境内居民也可进行B股股票的交易。B股股票以外币认购和买卖,深圳证券交易所上市交易的B股股票按港元单位计价;上海证券交易所上市交易的B股股票按美元单位计价。

投资者如买卖沪深证券交易所上市的B股,应事先开立B股账户。

1)开户前的准备工作

(1)凭本人有效身份证明文件到其原外汇存款银行将其现汇存款或外币现钞存款划入证券商在同城、同行的B股保证金账户。境内商业银行向境内个人投资者出具进账凭证单,并向证券经营机构出具对账单。

(2)凭本人有效身份证明和本人进账凭证单到证券经营机构开立B股资金账户,开立B股资金账户的最低金额为等值1 000美元。

(3)凭B股资金账户,到该证券经营机构申请开立B股股票账户。

2)办理B股股票开户的法定机构

开立上海证券交易所的B股股票账户,须凭B股资金账户证明,到境内具有经营B股资格的上海证交所会员(证券商)进行申请。

深圳证券交易所B股账户的开户机构为中国证券登记结算有限责任公司(简称"中证登"),另有一些证券公司作为深圳B股开户代理证券商,也可代办B股开户业务。

3)开立B股股票账户所需提交的文件

(1)境外个人投资者开户时须提交的文件

① 境外身份证、境外护照或中国护照及复印件;

② 若代理开户人开户,须持有加盖开户人有效印鉴的授权委托书。

(2)境外机构投资者开户时须提交的文件

① 境外商业注册登记证、授权委托书、董事身份证明书及其复印件、经办人身份证件及其复印件。

② 若办理代理委托,还需要代理人的有效身份证及复印件和企业法人(董事)经公证的授权委托书(须有法人或董事的有效签字)。

(3)境内个人投资者开户时须提交的文件

① 本人有效身份证明文件。

② 一定金额的银行进账凭证,上海市场为1 000美元以上,深圳市场为相当于1 000美元以上的港元。

③ 委托他人代办的,还须提供经公证的委托代办书、代办人的有效身份证明文件及复印件。

4)开立B股股票账户的费用

上海证券交易所B股股票账户开户费为:个人投资者每账户19美元;机构投资者每账户85美元。

深圳证券交易所B股股票账户开户费为:个人投资者每账户120港元;机构投资者每账户580港元。

5）注意事项

（1）境内个人投资者办理B股开户可委托他人代办，但须提供经公证的委托代办书。

（2）境内法人不允许办理B股开户。

（3）境外个人投资者可委托他人代办，但须提供经公证的委托代办书。

（4）境外居住，但未取得境外永久居住权的，视同境内居民办理。

（5）除国家法律、法规和行政规章等另有规定外，一个自然人或机构只能开立一个B股账户。

1.3 资金账户的开立

投资者办理沪深证券账户后，还需要在证券营业部的柜台或指定银行代开户网点开立资金账户，然后才可以买卖证券。

证券营业部开立资金账户的步骤如下：

（1）个人开立资金账户需提供身份证原件及复印件，沪深证券账户卡原件及复印件。若是代理人，还需与委托人同时临柜签署《授权委托书》并提供代理人的身份证原件和复印件。法人机构开户应提供法人营业执照及复印件，法定代表人证明书，证券账户卡原件及复印件，法人授权委托书和被授权人身份证原件及复印件，单位预留印鉴。

（2）填写开户资料并与证券营业部签订《证券买卖委托合同》（或《证券委托交易协议书》），同时签订有关沪市的《指定交易协议书》。

（3）证券营业部为投资者开立资金账户。

（4）选择交易方式，投资者在开户的同时，需要对今后自己采用的交易手段、资金存取方式进行选择，并与证券营业部签订相应的开通手续及协议，如电话委托、网上交易、手机炒股、银证转账等。

1.4 模拟实验

要求学生模拟开立沪深证券交易所A股股票账户和资金账户的全过程，由教师进行点评。

模块 2 证券委托交易方式

2.1 证券委托交易方式的概念

证券委托交易方式是指投资者在办妥开户手续和银行卡登记后,通过证券公司所提供的某种途径进行证券的委托、交易、交割、清算等行为的方式。

2.2 证券委托交易方式的类型

根据证券公司所提供的不同交易途径,可将证券委托交易方式分为电话委托、网上委托、柜台委托、自助委托、热键委托、可视电话委托等方式。

2.2.1 电话委托

1)概念

电话委托是指投资者利用证券营业部的电话自动委托系统,通过电话机上的数字和符号键输入股票的代码、数量、价格和交易方向等,以完成证券买卖委托或有关信息查询的委托方式。

2)申请材料

申请材料包括本人身份证和证券账户卡的原件及复印件(各一份)、《电话委托开户申请表》和《电话委托交易协议书》。

3)申请步骤

(1)投资人持本人身份证、证券账户卡、资金账户等材料到证券营业部专门办理电话委托交易方式的柜台进行申请。

(2)在柜台领取《电话委托开户申请表》,填写个人有关资料,并提供相关证件材料的复印件,然后与证券公司签订《电话委托交易协议书》(一式两份)。

(3)营业员告知手续已办全,取回本人证件原件、《电话委托交易协议书》(一份)和电话委托交易操作说明书(一份),即完成电话委托开户申请的全过程。

4)电话委托交易协议书

(1)格式

① 标题 注明委托交易的名称,如"电话委托交易协议书"等。

② 正文 双方当事人基本信息,甲乙双方各自的权利和责任等内容。

③ 落款 甲方公司的名称、公章,甲乙双方经办人的签章及日期。

(2)适用范围

本文书是股民委托使用电话进行股票交易时达成的,用来明确当事人双方的权利、义务与责任的协议书。

[例 2 - 1]

电话委托交易协议书

甲方:××证券有限责任公司××营业部

乙方:××

甲、乙双方就乙方在甲方开立自助委托、电话委托户及进行相关的交易活动订立并共同遵守以下协议:

第一条 本合约受国家、地方证券主管机关和上交所、深交所等有关法律及法规条例的约束,同时也受证券管理机构今后颁布的有关法规及其修改内容的约束。

第二条 乙方保证向甲方提供的开户资料及其他有关资料均真实、准确及完整,并对所提供资料造成的结果负完全责任。

第三条 甲方未经乙方明确同意而泄露乙方的委托事项及开户资料造成乙方的损失由甲方承担责任。

第四条 甲方郑重提醒乙方务必注意交易密码的保密并不定期修改其密码。凡使用其密码所进行的一切交易,均视为由乙方亲自办理之有效委托,甲方对此不负任何责任。

第五条 乙方通过自助站或电话下达的买卖委托,均以甲方电脑记录资料为准,柜台委托以委托书为准,乙方对其委托的各项交易活动的结果承担全部责任。

第六条 乙方变更交易密码及销户时,必须由乙方本人亲自临柜办理。

第七条 甲方自助委托、电话委托均采用全额保证金交易方式。乙方必须在甲方指定的账户存入足额保证金,并在该保证金内进行委托。保证金余额按银行活期存款利率计算。乙方要求转出其保证金和托管的证券,必须是乙方本人亲自临柜办理。

第八条 甲方严格按照乙方的委托指令进行买卖,如甲方工作人员行为超出委托指令造成乙方经济上的损失,由甲方承担责任。

第九条 甲方自助站委托系统与电话委托系统及柜台委托系统兼容,乙方可随意选择委托方式。

第十条 乙方须承诺偿付任何因其违约而使甲方遭受的损失,甲方保留对乙方"证券账户"的证券及"现金账户"的保证金的留置权和处理权。

第十一条 对因通讯、设备故障以及不可预测或不可控制因素造成的乙方损失,甲方不承担任何经济或法律责任。

第十二条 乙方应于委托成交后的次一营业日起 3 日内到甲方柜台索取成交清单。乙方如对成交清单有疑问,须在当日及时向甲方查询,否则视为乙方已予确认。如 3 日内未办理交割而引起的交割争议由乙方承担责任。

第十三条 一切涉及在甲方开户客户的证券、现金及其他利益或权益的争议,甲方均按国家司法机构、仲裁机构及证券管理机构的裁判、裁决、决定或有关指令办理。

第十四条 甲方保留对本合约及附属规定进行修改的权利。

第十五条 在签署本合约前,乙方应详细阅读本合约,并充分了解证券投资风险,愿意承担一切有关风险。

第十六条 本合约在乙方和甲方双方签字后生效。

第十七条 本合约一式两份,甲、乙双方各执一份,均具同等法律效力。

甲方:××证券有限责任公司××营业部(公章)　　　　　乙方:××(签章)

经办人:××(签章)

年　月　日　　　　　　　　　　　　　　　年　月　日

5) 电话委托交易流程

开户后,投资者可以方便地使用任何一部座机电话或手机电话进行股票买卖操作。

拨通证券营业部专门设置的电话委托号后,投资者操作的每一步都有相关的语音提示,操作熟练的股民可中断语音提示直接输入数码。每输入一个项目内容要按一个"♯"字键,表示结束输入。输入数字之间的间隔一般不能超过 10 秒,否则系统会作超时处理,中断此次操作。

假设某股民深圳股东代码为 0123456789,交易密码是 123456,拟委托买入 1 000 股平安银行,价格为 11 元,其操作过程如下:

拨通电话委托号码(该号码在开户证券部的操作说明书上可查到)→语音提示:"深圳按1,上海按2"→按1键→语音提示:"请输入股东代码"→按 0123456789→语音提示:"请输入交易密码"→按 123456→语音提示:"买入按 11,卖出按 33,撤单按 55,查询按 77"→按 11→语音提示:"请输入证券代码"→按 000001→语音提示:"请输入买入股数"→按 1000→语音提示:"请输入买入价格,以'♯'号结束输入"→按 11♯→语音提示:"下面复述委托⋯⋯"→语音提示:"按 03 确认,58 取消"→按 03→语音提示:"您的委托合同序号是 100068"。

这时,投资者记下合同序号,以备成交查询和撤单,整个电话委托操作完成。

6) 其他功能

随着证券市场的发展,电话委托提供了更多的内容和功能,如增加了 B 股委托、配股委托、新股申购委托、新股中签查询、电话传真对账单、电话划款转账业务等。投资者在具体操作中应以证券营业部所提供的电话委托服务功能为准。

2.2.2　网上委托

1) 概念

网上委托是指投资人通过互联网,向本人所开户的证券公司下达证券交易指令,获取成交结果的一种交易方式。

2) 申请材料

申请材料包括本人身份证和证券账户卡的原件及复印件(各一份)、《网上委托开户申请表》和《网上证券委托交易协议书》等。

3) 申请步骤

(1) 投资者提出开户申请　投资者在开立个人资金账户后,填写《网上委托开户申请表》(一份),阅读并签订《网上证券委托交易协议书》(一式两份)。

(2) 验证　投资者须提供本人的证券账户卡、身份证原件及复印件(各一份)。如有委托代理的,委托代理人还必须提供身份证原件及复印件(一份)。

(3) 证券公司进行开户申请的处理　对符合开户规定的投资者,柜台工作人员向投资者发放网上交易的 CA 证书(投资者应注意及时修改证书的使用密码),请投资者在《投资者开户回单》上签字。申请者取回本人证件原件、《网上证券委托交易协议书》(一份),即完成网上委托开户申请的全过程。

4）网上委托风险揭示书（节选）

［例2-2］

网上委托风险揭示书

（中国证券业协会证券交易委托代理业务指引第4号第一章）

第一条 甲方已详细阅读本章，由于互联网是开放性的公众网络，网上委托除具有其他委托方式所有的风险外，还充分了解和认识到其具有以下风险：

1. 由于互联网数据传输等原因，交易指令可能会出现中断、停顿、延迟、数据错误等情况；

2. 投资者密码泄露或投资者身份可能被仿冒；

3. 由于互联网上存在黑客恶意攻击的可能性，互联网服务器可能会出现故障及其他不可预测的因素，行情信息及其他证券信息可能会出现错误或延迟；

4. 投资者的电脑设备及软件系统与所提供的网上交易系统不相匹配，无法下达委托或委托失败；

5. 如投资者不具备一定网上交易经验，可能因操作不当造成委托失败或委托失误。

上述风险可能会导致投资者（甲方）发生损失，本公司提醒投资者仔细阅读，以便正确全面地了解网上证券委托的风险。

5）网上证券委托交易协议书

（1）格式

① 标题：网上证券委托交易协议书。

② 正文：包括当事人双方的基本信息，网上风险披露，交易办法以及双方的权利和责任等内容。

③ 落款：当事人双方的名称、签章，协议签署日期。

（2）适用范围 本文书是投资人与证券公司之间就网上进行股票交易活动所达成的、用来明确双方权利和责任的协议。

［例2-3］

网上证券委托交易协议书

甲方（投资者）：×× 身份证号码：（略）

上海股票账号：（略） 深圳股票账号：（略） 资金账号：（略） 电子信箱：（略）

乙方：××证券有限责任公司××证券营业部

甲、乙双方根据国家有关法律、法规、规章、证券交易所交易规则以及双方签署《证券交易委托代理协议书》，经友好协商，就网上委托的有关事项达成如下协议：

第一条 网上委托风险提示书（略）。

第二条 本协议所表述的"网上委托"是指乙方通过互联网，向甲方提供用于下达证券交易指令、获取成交结果的一种服务方式。

第三条 甲方为在证券交易合法场所开户的投资者，乙方为经证券监督管理机关核准开展网上委托业务的证券公司之所属营业部。

第四条 甲方可以通过网上委托获得乙方提供的其他委托方式所能够获得的一切服务。

第五条 甲方为进行网上委托所使用的软件必须是乙方提供的或乙方指定站点下载的,甲方使用其他途径获得的软件,由此产生的后果由甲方自行承担。

第六条 甲方应持本人身份证、股东账户卡原件及其复印件以书面方式向乙方提出开通网上委托的申请,乙方应于受理当日或次日为甲方开通网上委托。

第七条 甲方开户以及互联网交易功能确认后,凡使用甲方的资金账号、交易密码进行的网上委托均视为甲方亲自办理,由此所产生的一切后果由甲方承担。

第八条 乙方建议甲方办理网上委托前,开通柜台委托、电话委托、自助委托等其他委托方式,当网络中断、高峰拥挤或网上委托被冻结时,甲方可采用上述委托手段下达委托。

第九条 乙方不向甲方提供直接通过互联网进行的资金转账服务,也不向甲方提供网上证券转托管服务。

第十条 甲方通过网上委托的单笔委托及单个交易日最大成交金额按证券监管机关的有关规定执行。

第十一条 甲方确认在使用网上委托系统时,如果连续五次输错密码,乙方有权暂时冻结甲方的网上委托交易方式。连续输错密码的次数以乙方的电脑记录为准。甲方的网上委托被冻结后,甲方应以书面方式向乙方申请解冻。

第十二条 甲方不得扩散乙方网上委托系统获得的乙方提供的相关证券信息参考资料。

第十三条 本协议一式两份,双方各执一份。

影响网上证券委托的因素难以一一列举,其风险也不仅仅限于上述风险。如果您申请或已经申请使用网上证券委托系统,我们将认为您完全了解网上证券委托的风险,同意承受网上证券委托风险带来的损失。

甲方:×××(签章)   乙方:××证券有限责任公司

                                                       ××证券营业部(公章)

  年 月 日   年 月 日

2.2.3 柜台委托

1)概念

柜台委托又叫"柜台递单委托""当面委托",是指投资者到证券营业部柜台填写书面买卖委托单,委托券商代理买卖股票的交易方式。

2)申请材料

(1)个人委托 须出示本人身份证原件、证券账户卡,如是他人代理办理,须出示代理人的身份证件。

(2)法人委托 法人须出示法人证件(营业执照或其他证明文件)和法人证券账户卡。

3)申请步骤

(1)投资人携带相关申请材料到证券公司营业部柜台,填写委托单。

(2)证券公司营业部工作人员审核个人或法人所提供的证件材料并确认委托单填写内容正确无误后,接受投资人的委托交易,柜台委托交易申请完成。

4)交易流程

(1)证券公司营业部工作人员通过电话告知其在证券交易所交易大厅内的出市代表,将投资者的委托输入交易所电脑自动撮合系统。也可以通过与交易所主机联网的电脑终端,将委托指令直接输入交易所交易撮合系统。

(2)交易完成后,交易所电脑系统立即将成交情况传递到证券公司营业部,投资者可以在营业部的柜台通过成交回报终端查看成交结果。

2.2.4　自助委托

1)概念

自助委托是指通过证券营业部设置的电脑委托终端,凭证券交易磁条卡和交易密码进入电脑交易系统委托状态,自行将委托内容输入电脑交易系统,以完成证券交易的一种委托形式。

2)申请材料

申请材料包括投资者本人的身份证及证券账户卡原件、交易卡。

3)申请步骤

(1)投资者携带本人身份证及证券账户卡原件到证券公司营业部柜台,填写《自助委托申请书》。

(2)营业部工作人员审核其所提供的材料和其所填写的委托申请书,确认正确无误后,为其办理交易卡,自助委托交易申请完成。

4)交易流程

投资者在证券公司任何一家营业部的自助委托机上划交易卡,再输入密码,然后选择相应的交易操作即可。

2.2.5　热键委托

1)概念

热键委托是指投资者利用电脑上的热键系统进行证券的委托买卖、资料查询和银证转账的一种证券交易方式。

2)申请步骤

(1)投资者携带本人身份证和证券账户原件到证券公司营业部柜台,填写《热键委托申请书》。

(2)证券公司营业部工作人员确认证件和委托申请书准确无误后,则热键委托交易申请完成。投资者可在开通顶点热键系统的电脑上进行委托买卖、查询资料和银证转账。

3)交易流程

投资者在开通顶点热键系统的电脑上先按下 F12 键,会弹出一个窗口,然后按提示输入资金账号和密码,并在菜单上选择功能。可实现的功能有买卖委托、撤单、当日资料及历史资料查询、银行转账、修改密码等。

2.2.6　可视电话委托

1)概念

可视电话委托交易方式,即远程家庭大户室。股民在家中通过图文接收机从有线电视网接收交易所实时行情,需要委托时,拨号到证券公司连接远程通信机进行委托或查询,完成后挂机。

2）交易流程

股民进行证券交易时，按下电脑键盘上的F12键启动远程委托系统，程序直接启动调制解调器拨号连到证券公司电脑中心，电脑中心把股民的委托传向相应的营业部进行处理，该委托方式可以实现买入、卖出、撤单、查询、资讯传输等功能。

3）特点

这种委托交易方式具有连接速度快、等待时间短、系统功能强等特点，投资者在家中就可直接观察到股市的变化，进行证券交易活动。

2.3　第三方存管

2.3.1　第三方存管的概念

第三方存管是一种客户资金管理制度，也称"客户交易结算资金第三方存管"，第一方是证券公司，第二方是投资人，第三方是银行。这种制度是由证券公司负责投资者的证券交易、股份管理以及根据交易所和登记结算公司的交易结算数据进行清算，由存管银行负责管理客户交易结算资金账户，向客户提供交易结算资金存取服务，并为证券公司完成与登记结算公司和场外交收主体之间的法人资金结算交收服务。

第三方存管制度下，证券公司将不再接触客户证券交易的结算资金，而由存管银行负责投资者交易清算与资金交收。该制度的原则是"券商管证券、银行管资金"，将投资者的证券账户与证券保证金账户严格进行分离管理。

第三方存管是取代"银证通"和"银证转账"的一种证券交易资金结算方式。目前第三方存管还仅限于A股账户，B股账户交易继续使用原来的银证转账模式。

2.3.2　第三方存管的意义

1）增强投资者结算资金的安全性

投资者的证券交易结算资金交由第三方存管银行统一存管，投资者的保证金由商业银行和券商的双重信用作为保障，确保投资者资金的兑付，资金安全可以得到更有效的保障。

2）提高资金存取的便利性

投资者不仅可以通过券商原有的方式完成转账，还可以通过银行柜台、电话银行、网上银行等多种方式完成资金的存取、银行账户和保证金账户之间的划转等业务，更加快捷便利。

3）提升证券交易服务的人性化

投资者成为券商和银行的共同投资者，不仅可继续享受原来券商提供的投资理财服务，还可以享受银行所提供的各种综合理财服务。

4）便于国家的监管

投资者的保证金交由商业银行统一存管，这样便于国家对资金进入证券市场的监管。

2.3.3 第三方存管的优势

1) 客户资金封闭运行

在第三方存管制度下,证券公司将客户存取款功能移交给存管银行,证券公司端不再办理任何形式的客户资金存取业务,所有的存取款行为均由客户自行通过银证转账方式进行。客户支取的交易结算资金只能够回到事先指定的同名银行结算账户,进而实现交易结算资金封闭运行,防范客户资金被挪用等风险。

2) 存管银行总分核对

存管银行为客户开立映射其证券公司端资金台账余额的管理账户,从而可以掌握客户明细账。通过该明细账汇总后与证券公司客户资金总账进行核对的方式,一定程度上防范了证券公司在总账层面上的挪用行为。

3) 客户另路查询对账机制

存管银行为客户提供管理账户另路查询服务,客户借助存管银行和证券公司提供的查询手段和对账机制,通过对比存管银行端管理账户与证券公司端资金台账数据的一致性,有效监控自己的资金安全。

4) 全方位客户资金监管体系

通过合理的业务分工和制度安排,证券公司、存管银行、客户和监管机构共同构建了一个全方位的客户资金监管体系,保障客户资金安全。其中存管银行不直接对客户负债,也不直接控制证券公司的法人交收等业务操作,只是负责总分核对和为客户提供另路查询,提供协助监管职能。

5) 客户可自主选择存管银行

多银行存管机制有助于满足客户不同的银行偏好,而且兼容性强,能够比较好地适应国内现有证券交易产品和清算交收规则,也能适应未来证券市场的产品创新和制度进步。

2.3.4 办理第三方存管的流程

(1) 选择一家证券公司开立资金账户,同时签署第三方存管协议。

(2) 提供本人身份证件、资金账户、协议书和银行卡到指定银行办理确认手续。

投资者必须在股市开市期间携带有效身份证件和股东卡、对应的同名银行存折/卡到证券公司营业部或服务部签署《第三方存管协议》。由证券商负责办理投资者存管银行的预指定手续后,投资者还要到存管银行营业网点办理第三方存管的"签约"确认手续,第三方存管才能最后开通。

模块 3　股票交易

3.1　新股申购

自上世纪 90 年代初,沪深两个证券交易所先后建立以来,新股发行与申购的规则经历了相当大的变化,这里不一一赘述。

沪深两交易所 2016 年 1 月 1 日开始实施最新的发行与申购规则(由于 IPO 分为网下和网上两个发行渠道来发行,而一般自然人投资人只能参与网上发行的申购,因此下文不再涉及网下发行的规则)。

3.1.1　新股申购的基本规则

(1) 投资人持有沪深交易所非限售 A 股股份市值(以下简称"市值")1 万元以上(含 1 万元)方可参与网上发行。

(2) 投资者持有的市值以投资者为单位,按其 T−2 日(T 日为发行公告确定的网上申购日,下同)前 20 个交易日(含 T−2 日)的日均持有市值计算。

(3) 投资者持有多个证券账户的,多个证券账户的市值合并计算。融资融券客户信用证券账户的市值合并计算到该投资者持有的市值中,证券公司转融通担保证券明细账户的市值合并计算到该证券公司持有的市值中。投资者相关证券账户持有市值按其证券账户中纳入市值计算范围的股份数量与相应收盘价的乘积计算。

(4) 根据投资者持有的市值确定其网上可申购额度,沪市每 1 万元市值可申购 1 个申购单位,深市每 5 000 元市值可申购 1 个申购单位,不足 1 万(5 000)元的部分不计入申购额度。

(5) 每 1 个申购单位沪市为 1 000 股,深市为 500 股。申购数量应当为 1 个申购单位或其整数倍,但最高不得超过当次网上初始发行股数的 1‰,如超过则该笔申购无效。

(6) 投资者可以根据其持有市值对应的网上可申购额度,使用所持沪深市场证券账户在 T 日申购该交易所发行的新股。申购时间为 T 日 9:30—11:30 和 13:00—15:00。

3.1.2　新股申购的流程

(1) T−1 日,中国结算沪深两个分公司将纳入投资者市值计算的证券账户 T−2 日前 20 个交易日(含 T−2 日)的日均持有市值及 T−2 日账户组对应关系数据发给交易所,交易所据此计算每一投资者可申购额度数据,并发送至证券公司。

(2) T 日,投资者可以通过其指定交易的证券公司查询其持有市值或可申购额度,并根据其持有的市值数据,在申购时间内通过指定交易的证券公司进行申购委托。

(3) T 日投资者有效申购数量经确认后,按照以下原则配售新股:

① 当网上申购总量等于网上发行总量时,按投资者实际申购量配售股票。

② 当网上申购总量小于网上发行总量时,按投资者实际申购量配售股票后,余额部分

按照招股意向书和发行公告确定的方式处理。

③ 当网上申购总量大于网上发行总量时,交易所按照每一个申购单位配一个号的规则对有效申购进行统一连续配号。

交易所于 T 日盘后向证券公司发送配号结果数据,各证券公司营业部应于 T＋1 日向投资者发布配号结果。

(4) T＋1 日,主承销商公布中签率,并在有效申购总量大于网上发行总量时,在公证部门监督下根据总配号量和中签率进行摇号抽签,于 T＋2 日公布中签结果。每一个中签号可认购一个申购单位的新股。

(5) 交易所于 T＋1 日盘后向证券公司发送中签结果数据,各证券公司营业部应于 T＋2 日向投资者发布中签结果。

(6) T＋1 日,结算分公司根据中签结果进行新股认购中签清算,并在日终向各参与申购的结算参与人发送中签清算结果。结算参与人据此通知投资者准备认购资金。

(7) T＋2 日日终,中签的投资者应确保其资金账户有足额的新股认购资金,不足部分视为放弃认购。结算参与人应于 T＋3 日 15:00 前,将其放弃认购部分向结算分公司申报。结算分公司于 T＋3 日 15:00—16:00,根据结算参与人申报的放弃认购数据,计算各结算参与人实际应缴纳的新股认购资金。

(8) T＋3 日 16:00,结算分公司从结算参与人的资金交收账户中扣收实际应缴纳的新股认购资金,并于当日划至主承销商的资金交收账户。

(9) 截至 T＋3 日 16:00,结算参与人资金交收账户资金不足以完成新股认购资金交收的,按无效认购处理,并将无效认购数据和结算参与人申报的放弃认购数据汇总结果提供给主承销商。

(10) 主承销商于 T＋4 日向市场公告网上发行结果。

(11) T＋4 日 8:30 后,主承销商可依据承销协议将新股认购资金扣除承销费用后划转到发行人指定的银行账户。

(12) 结算分公司根据新股认购资金交收结果完成网上发行股份登记。对于主承销商根据包销或按其他方式处理的新股,网上发行结束后,主承销商自行与发行人完成相关资金的划付,由发行人向结算分公司提交股份登记申请,结算分公司据此完成相应股份的登记。股份登记完成后,结算分公司将新股《证券登记证明》交给发行人。

3.2　股票交易

3.2.1　交易委托

(1) 投资者买卖证券,应当开立证券账户和资金账户,并与证券公司签订证券交易委托协议。协议生效后,投资者即成为该证券公司经纪业务的客户。

(2) 投资者可以通过书面或电话、自助终端、互联网等自助委托方式委托证券公司买卖证券。通过电话、自助终端、互联网等自助委托应当按相关规定操作。

(3) 除交易所另有规定外,投资者的委托指令应当包括下列内容:

① 证券账户号码;

② 证券代码;

③ 买卖方向;

④ 委托数量;

⑤ 委托价格;

⑥ 交易所及证券公司要求的其他内容。

(4) 投资者可以采用限价委托或市价委托的方式委托证券公司买卖证券。

限价委托是指投资者委托证券公司按其限定的价格买卖证券。证券公司必须按限定的价格或低于限定的价格申报买入证券,按限定的价格或高于限定的价格申报卖出证券。

市价委托是指投资者委托证券公司按市场价格买卖证券。

(5) 投资者可以撤销委托的未成交部分。

3.2.2　委托的申报

(1) 交易所接受证券公司竞价交易申报的时间为每个交易日 9:15 至 9:25,9:30 至 11:30,13:00 至 15:00。

(2) 交易所接受证券公司的限价申报和市价申报。

沪市有以下两种市价申报:

① 最优 5 档即时成交剩余撤销申报:即该申报在对手方实时最优 5 个价位内以对手方价格为成交价逐次成交,剩余未成交部分自动撤销。

② 最优 5 档即时成交剩余转限价申报:即该申报在对手方实时 5 个最优价位内以对手方价格为成交价逐次成交,剩余未成交部分按本方申报最新成交价转为限价申报;如该申报无成交的,按本方最优报价转为限价申报;如无本方申报的,该申报撤销。

深市有以下 5 种市价申报:

① 对手方最优价格申报:即以申报进入交易主机时集中申报簿中对手方队列的最优价格为其申报价格。

② 本方最优价格申报:即以申报进入交易主机时集中申报簿中本方队列的最优价格为其申报价格。

③ 最优 5 档即时成交剩余撤销申报:即以对手方价格为成交价格,与申报进入交易主机时集中申报簿中对手方最优 5 个价位的申报队列依次成交,未成交部分自动撤销。

④ 即时成交剩余撤销申报:即以对手方价格为成交价格,与申报进入交易主机时集中申报簿中对手方所有申报队列依次成交,未成交部分自动撤销。

⑤ 全额成交或撤销申报:即以对手方价格为成交价格,如与申报进入交易主机时集中申报簿中对手方所有申报队列依次成交能够使其完全成交的,则依次成交,否则申报全部自动撤销。

(3) 限价申报指令应当包括证券账号、营业部代码、证券代码、买卖方向、数量、价格等内容。市价申报指令应当包括申报类型、证券账号、营业部代码、证券代码、买卖方向、数量等内容。

(4) 通过竞价交易买入股票、基金、权证的,申报数量应当为 100 股(份)或其整数倍。卖出股票、基金、权证时,余额不足 100 股(份)的部分,应当一次性申报卖出。单笔申报最大数量不超过 100 万股(份)。

(5) 价格最小变动单位 A 股为 0.01 元人民币,基金、权证为 0.001 元人民币,B 股为 0.001 美元。

（6）股票、基金交易实行价格涨跌幅限制，涨跌幅比例为 10％，其中 ST 股票和＊ST 股票价格涨跌幅比例为 5％。

股票、基金涨跌幅价格的计算公式为：

$$涨跌幅价格＝前收盘价×（1±涨跌幅比例）$$

计算结果按照四舍五入原则取至价格最小变动单位。

属于下列情形之一的，首个交易日无价格涨跌幅限制：

① 首次公开发行上市的股票和封闭式基金；

② 增发上市的股票；

③ 暂停上市后恢复上市的股票。

（7）买卖有价格涨跌幅限制的证券，在价格涨跌幅限制以内的申报为有效申报，超过价格涨跌幅限制的申报为无效申报。

买卖无价格涨跌幅限制的证券，集合竞价阶段的股票交易申报价格不高于前收盘价格的 200％，且不低于前收盘价格的 50％；基金交易申报价格最高不高于前收盘价格的 150％，且不低于前收盘价格的 70％。

买卖无价格涨跌幅限制的证券，连续竞价阶段的有效申报价格不高于即时揭示的最低卖出价格的 110％且不低于即时揭示的最高买入价格的 90％；同时不高于上述最高申报价与最低申报价平均数的 130％且不低于该平均数的 70％。

（8）申报当日有效。每笔参与竞价交易的申报不能一次全部成交时，未成交的部分继续参加当日竞价。

（9）股票委托申报的单位、数量和价格。交易单位：100 股，每股面额 1 元；每笔申报限制：流通股数＜3 000 万的，申购数量不得超过 10 万股；3 000 万≤流通股数＜1 亿的，申购数量不得超过 20 万股；委托价格最小变动单位：0.01 元人民币。

3.2.3　竞价成交

1）竞价交易的方式

证券竞价交易分为集合竞价和连续竞价两种方式。集合竞价是指在规定时间内接受的买卖申报一次性集中撮合的竞价方式；连续竞价是指对买卖申报逐笔连续撮合的竞价方式。每个交易日 9：15～9：25 为开盘集合竞价时间，上午 9：30～11：30 和下午 13：00～15：00 为连续竞价时间。9：20～9：25 期间不可以撤单（另外，深市每个交易日 9：25～9：30 不接受竞价交易申报，14：57～15：00 也不可以撤单）；连续竞价阶段未成交申报可以撤销。集合竞价期间未成交的买卖申报，自动进入连续竞价。

2）竞价交易的原则

证券竞价交易按价格优先、时间优先的原则撮合成交。

成交时价格优先的原则为：较高价格买入申报优先于较低价格买入申报成交，较低价格卖出申报优先于较高价格卖出申报成交。

成交时时间优先的原则为：买卖方向、价格相同的，先申报者优先于后申报者成交。先后顺序按交易主机接受申报的时间确定。

3）集合竞价时，成交价格的确定原则

（1）可实现最大成交量的价格。

（2）高于该价格的买入申报与低于该价格的卖出申报全部成交的价格。

（3）与该价格相同的买方或卖方至少有一方全部成交的价格。

集合竞价的所有交易以同一价格成交。

4）连续竞价时，成交价格的确定原则

（1）最高买入申报价格与最低卖出申报价格相同，以该价格为成交价格。

（2）买入申报价格高于即时揭示的最低卖出申报价格的，以即时揭示的最低卖出申报价格为成交价格。

（3）卖出申报价格低于即时揭示的最高买入申报价格的，以即时揭示的最高买入申报价格为成交价格。

5）交易生效时间

买卖申报经交易主机撮合成交后，交易即告成立。符合本规则各项规定达成的交易于成立时生效，买卖双方必须承认交易结果，履行清算交收义务。

证券交易的清算交收业务，应当按照交易所指定的登记结算机构的规定办理。

3.3 交易的其他相关事项

3.3.1 开盘价与收盘价

1）开盘价

证券的开盘价为当日该证券的第一笔成交价格。证券的开盘价通过集合竞价方式产生，若集合竞价不能产生开盘价，则以连续竞价方式产生。

2）收盘价

沪市的收盘价为当日该证券最后一笔交易前1分钟所有交易的成交量加权平均价（含最后一笔交易）。

深市的收盘价以最后3分钟的集合竞价方式产生。收盘集合竞价不能产生收盘价的，以当日该证券最后一笔交易前1分钟所有交易的成交量加权平均价（含最后一笔交易）为收盘价。

当日无成交的，以前收盘价为当日收盘价。

3.3.2 T+1 制度

T+1交易制度，是指本交易日买进的股票，要到下一交易日才能卖出。自1995年1月1日起，为了保证股票市场的稳定，防止过度投机，中国股市实行T+1交易制度。同时，对资金仍然实行T+0，即当日回笼的资金马上可以使用。

2001年2月，沪深两市的B股市场对内放开，依然执行T+0回转交易方式。这样，内地投资者在沪深两市做A股、B股交易时，分别执行T+1和T+0两种交收模式，因此有人建议两市尽快统一此项制度。2001年12月，沪深两市B股由T+0调整为T+1。

我国《证券法》第106条也明文规定："证券公司接受委托或者自营，当日买入的证券，不得在当日再行卖出"。从法律角度规定了我国股市的交易采取T+1方式。

3.3.3 特别处理股票

所谓特别处理股票，就是通常所说的ST股票。这类股票的风险极大，投资者在日常交易中一般应尽量回避。投资者若要买入ST股票，就应加强对于目标上市公司基本面的研究。ST 股票分为以下两种情况：

1）退市风险警示

上市公司出现以下情形之一的，对其股票交易实行退市风险警示：

① 最近两年连续亏损（以最近两年年度报告披露的当年经审计净利润为依据）；

② 因财务会计报告存在重大会计差错或者虚假记载，公司主动改正或者被中国证监会责令改正后，对以前年度财务会计报告进行追溯调整，导致最近两年连续亏损；

③ 因财务会计报告存在重大会计差错或者虚假记载，被中国证监会责令改正但未在规定期限内改正，且公司股票已停牌两个月；

④ 未在法定期限内披露年度报告或者半年度报告，公司股票已停牌两个月；

⑤ 处于股票恢复上市交易日至恢复上市后第一个年度报告披露日期间；

⑥ 在收购人披露上市公司要约收购情况报告至维持被收购公司上市地位的具体方案实施完毕之前，因要约收购导致被收购公司的股权分布不符合《中华人民共和国公司法》（以下简称我国《公司法》）规定的上市条件，且收购人持股比例未超过被收购公司总股本的 90％；

⑦ 法院受理关于公司破产的案件，公司可能被依法宣告破产。

退市风险警示的处理措施包括：

(1) 在公司股票简称前冠以"＊ST"字样，以区别于其他股票。

(2) 股票报价的日涨跌幅限制为 5％。

2）其他特别处理

上市公司出现以下情形之一的，对其股票交易实行其他特别处理：

① 最近一个会计年度的审计结果表明其股东权益为负值；

② 最近一个会计年度的财务会计报告被会计师事务所出具无法表示意见或者否定意见的审计报告；

③ 撤销退市风险警示后，最近一个会计年度的审计结果表明公司主营业务未正常运营，或者扣除非经常性损益后的净利润为负值；

④ 由于自然灾害、重大事故等导致公司主要经营设施被损毁，公司生产经营活动受到严重影响且预计在三个月以内不能恢复正常；

⑤ 主要银行账号被冻结；

⑥ 董事会会议无法正常召开并形成董事会决议。

其他特别处理的处理措施包括：

(1) 在公司股票简称前冠以"ST"字样，以区别于其他股票。

(2) 股票报价的日涨跌幅限制为 5％。

3.3.4 信息披露

投资者进行证券交易时，看懂、全面把握、准确分析公开披露的信息是作出投资决策的重要前提。证券交易所公开披露的信息包括以下几个方面：

1）即时行情

(1) 每个交易日 9:15 至 9:25 开盘集合竞价期间，即时行情内容包括：证券代码、证券简称、前收盘价格、虚拟开盘参考价格、虚拟匹配量和虚拟未匹配量。

(2) 连续竞价期间，即时行情内容包括：证券代码、证券简称、前收盘价格、最新成交价格、当日最高成交价格、当日最低成交价格、当日累计成交数量、当日累计成交金额、实时最高 5 个买入申报价格和数量、实时最低 5 个卖出申报价格和数量。

2）证券指数

（1）综合指数　包括上证指数、深证综指、中小板综指等。

（2）成份指数　包括上证 50、上证 180、深证成指、深证 100、沪深 300 等。

（3）分类指数　包括上证工业指数、上证商业指数、上证地产指数、上证公用指数、上证综合指数及深证各种分类指数。

关于指数的内容详见模块 9。

3）证券交易公开信息

（1）有价格涨跌幅限制的股票、封闭式基金竞价交易出现下列情形之一的，交易所公布当日买入、卖出金额最大的 5 家会员营业部的名称及其买入、卖出金额。

① 日收盘价格涨跌幅偏离值达到 ±7% 的各前 3 只股票（基金）。

收盘价格涨跌幅偏离值的计算公式为：

$$收盘价格涨跌幅偏离值 = 单只股票（基金）涨跌幅 - 对应分类指数涨跌幅$$

② 日价格振幅达到 15% 的前 3 只股票（基金）。

价格振幅的计算公式为：

$$价格振幅 = （当日最高价格 - 当日最低价格）/当日最低价格 \times 100\%$$

③ 日换手率达到 20% 的前 3 只股票（基金）。

换手率的计算公式为：

$$换手率 = 成交股数（份额）/流通股数（份额）\times 100\%$$

（2）无价格涨跌幅限制的股票、封闭式基金，交易所公布当日买入、卖出金额最大的 5 家会员营业部的名称及其买入、卖出金额。

（3）股票、封闭式基金竞价交易出现下列情形之一的，属于异常波动，交易所分别公告该股票、封闭式基金交易异常波动期间累计买入、卖出金额最大的 5 家会员营业部的名称及其买入、卖出金额。

① 连续 3 个交易日内日收盘价格涨跌幅偏离值累计达到 ±20% 的；

② ST 股票和 *ST 股票连续 3 个交易日内日收盘价格涨跌幅偏离值累计达到 ±15% 的；

③ 连续 3 个交易日内日均换手率与前 5 个交易日的日均换手率的比值达到 30 倍，并且该股票、封闭式基金连续 3 个交易日内的累计换手率达到 20% 的。

3.3.5　挂牌、摘牌、停牌与复牌

（1）交易所对上市证券实行挂牌交易。

（2）证券上市期届满或依法不再具备上市条件的，交易所终止其上市交易，并予以摘牌。

（3）股票、封闭式基金交易出现异常波动的，交易所可以决定停牌，直至相关当事人作出公告当日的上午 10:30 予以复牌。

（4）交易所可以对涉嫌违法违规交易的证券实施特别停牌并予以公告，相关当事人应按照交易所的要求提交书面报告。

（5）证券停牌时，交易所发布的行情中包括该证券的信息；证券摘牌后，行情中无该证

券的信息。

（6）证券开市期间停牌的，停牌前的申报参加当日该证券复牌后的交易；停牌期间，可以继续申报，也可以撤销申报；复牌时对已接受的申报实行集合竞价，集合竞价期间不揭示虚拟开盘参考价格、虚拟匹配量、虚拟未匹配量。

（7）证券挂牌、摘牌、停牌与复牌的，交易所予以公告。

3.3.6 分红派息与除权除息

1）分红派息

我国《公司法》规定："公司股东作为出资者，按投入公司的资本额……享有所有者的资产权益"。这种资产受益的权利就是股东的分红权。

上市公司可以以下 3 种形式实现分红权：

（1）以上市公司当年利润派发现金；

（2）以公司当年利润送红股；

（3）以公司盈余公积金转增股本。

上市公司分红派息的条件如下：

（1）以当年利润派发现金须满足以下条件：

① 公司当年有利润；

② 已弥补和结转递延亏损；

③ 已提取 10%的法定公积金和 5%～10%的法定公益金。

（2）以当年利润送红股除满足第（1）项条件外，还要满足以下条件：

① 公司前次发行股票已募足并间隔一年；

② 公司在最近 3 年财务会计文件无虚假记录；

③ 公司预期利润率可达到同期银行存款利率。

（3）以盈余公积金转增股本除满足第（2）项条件外，还要满足以下条件：

① 公司在最近 3 年连续盈利，并可向股东支付股利；

② 分配后的法定公积金留存额不得少于注册资本的 50%。

除此之外，根据有关规定，上市公司股利的分配必须由董事会提出分配预案，按法定程序召开股东大会进行审议和表决并由出席股东大会的股东所代表的 1/2（现金分配方案）或 2/3（红股分配方案）以上表决权通过时方能实施。

2）除权除息

（1）上市证券发生权益分派、公积金转增股本、配股等情况，交易所在权益登记日（B 股为最后交易日）的下一交易日对该证券作除权除息处理。

（2）除权（息）参考价格的计算公式为：

$$除权（息）参考价格＝[（前收盘价格－现金红利）＋配（新）股价格×流通股份变动比例] ÷（1＋流通股份变动比例）$$

除权（息）日即时行情中显示的该证券的前收盘价为除权（息）参考价。

（3）除权（息）日证券买卖，按除权（息）参考价格作为计算涨跌幅度的基准。

3.4 大宗交易

所谓大宗交易是指单笔交易规模远大于市场平均单笔交易规模的交易现象。证券交易所为了防止大笔买单及卖单影响股价,造成市场人为波动,从而设置大宗交易机制。当买卖某方的单笔交易申报量超过一定幅度后,交易所便规定其在一个专用的席位内进行双边询价式的交易(即投资者要自己去寻找交易的对象,不再参加集合竞价),成交价格也不再计入该股票的收盘价格。

(1) 在交易所进行的证券买卖符合以下条件的,可以采用大宗交易方式:

① A 股单笔买卖申报数量应当不低于 50 万股,或者交易金额不低于 300 万元人民币。

② B 股单笔买卖申报数量应当不低于 50 万股,或者交易金额不低于 30 万美元。

③ 基金大宗交易的单笔买卖申报数量应当不低于 300 万份,或者交易金额不低于 300 万元。

④ 国债及债券回购大宗交易的单笔买卖申报数量应当不低于 1 万手,或者交易金额不低于 1 000 万元。

⑤ 其他债券单笔买卖申报数量应当不低于 1 000 手,或者交易金额不低于 100 万元。

⑥ 持有解除限售存量股份的股东预计未来一个月内公开出售解除限售存量股份的数量超过该公司股份总数 1% 的,应当通过证券交易所大宗交易系统转让所持股份。所谓存量股份,是指已经完成股权分置改革、在沪深主板上市的公司有限售期规定的股份以及新老划断后在沪深主板上市的公司于首次公开发行前已发行的股份。

(2) 交易所接受大宗交易申报的时间为每个交易日 9:30 至 11:30、13:00 至 15:30。

(3) 大宗交易的申报包括意向申报和成交申报。

① 意向申报指令应包括证券账号、证券代码、买卖方向等。

② 成交申报指令应包括证券代码、证券账号、买卖方向、成交价格、成交数量等。

(4) 有涨跌幅限制证券的大宗交易成交价格,由买卖双方在当日涨跌幅价格限制范围内确定。无涨跌幅限制证券的大宗交易成交价格,由买卖双方在前收盘价的上下 30% 或当日已成交的最高、最低价之间自行协商确定。

(5) 买卖双方达成协议后,向交易所交易系统提出成交申报,申报的交易价格和数量必须一致。成交申报一经交易所确认,不得变更或撤销,买卖双方必须承认交易结果。

3.5 模拟实验

在教师的指导下,要求学生在初步了解沪深交易所各种规章制度和交易规则的基础上,通过通达信软件,进一步认识在两市挂牌交易的各种股票和基金的行情信息,并在开市期间,通过世华财讯软件或国泰君安叩富网进行股票和基金的模拟交易。

国信通达信的操作流程见模块 11,叩富网的操作流程见模块 10。世华财讯的操作流程如下:

3.5.1 登录与主界面

1) 登录步骤

在 Windows 系统中,依次点击"开始→程序→模拟股票投资者端",或直接双击桌面快捷图标 ![图标], 系统弹出"世华财讯模拟股票交易系统(投资者端)"登录窗口,如图 3-1 所示。

图 3 - 1　股票模拟交易系统登录窗口

输入登录名称及密码,单击"确认"。

注:一个用户名在同一时刻只允许一个登录。同一个用户名的第二个登录将被提示用户已在线。

2)主界面

登录成功后,系统进入"世华财讯股票模拟交易系统(投资者端)"主界面,如图 3 - 2 所示,界面上方为功能模块区,系统设有首页、交易、排行榜、在线咨询共 4 个模块;界面下方为每个功能模块操作区,显示每个功能模块对应的详细内容。

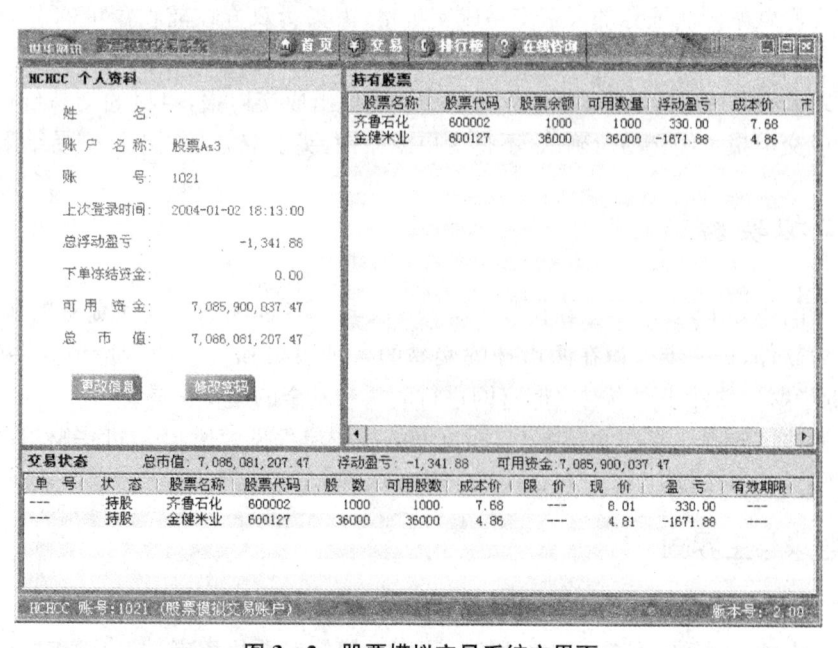

图 3 - 2　股票模拟交易系统主界面

3）系统退出

单击图 3-2 所示主界面右上角系统关闭的快捷键，系统退出。

3.5.2　行情显示

进入交易界面，左侧部分即是行情信息部分，显示股票产品的最新动态行情，如图 3-3 所示。用户可以根据自己的需要选择查看产品。

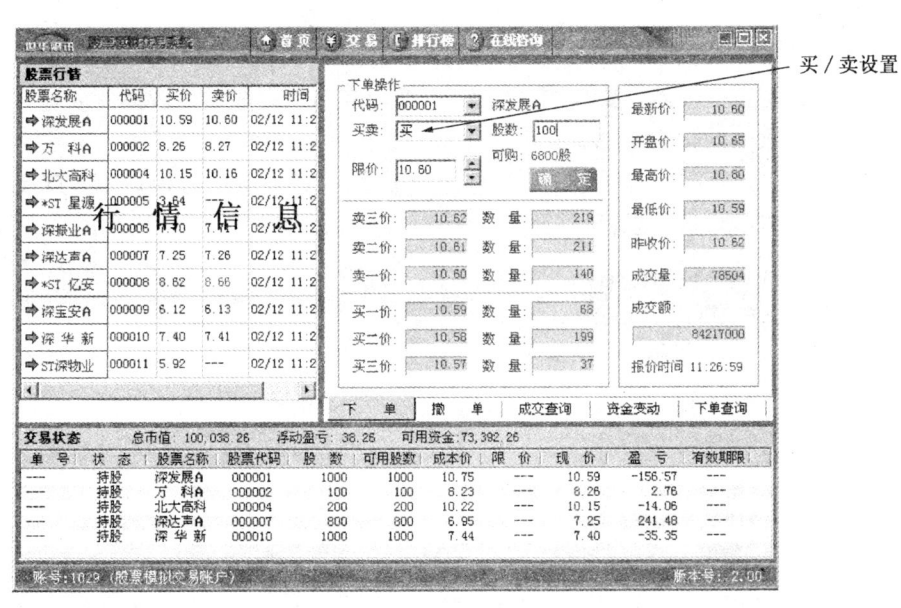

图 3-3　行情显示

在行情显示页面，点击鼠标右键，在弹出菜单里选择自选产品，即可进入自选产品界面，如图 3-4 所示。

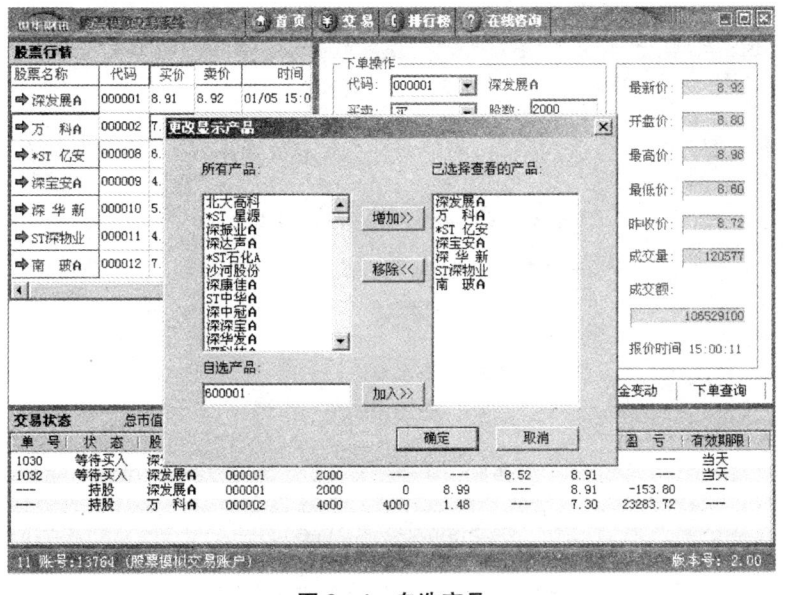

图 3-4　自选产品

选择左侧产品列表中的产品(可以复选),然后点击增加,右边即显示自选产品列表,自选产品最多为 20 个,且自选产品列表产品不能重复。

也可以在自选产品里直接输入产品代码,点击加入按钮直接加入代码所对应的产品。点击"确定"保存自选产品列表。

3.5.3 委托

1) 委托买入

进入交易界面,点击"下单",进入买卖委托操作区,如图 3 - 5 所示。

在代码编辑框内输入要购买的股票的代码,右边立即显示该股票的名称,然后行情区域会显示这个股票的相应信息。

在买卖栏选择"买",然后填入适当的交易股数,买入股数必须是 100 或 100 的整数倍。也可以通过双击行情信息窗口的产品实现快速买入操作,如图 3 - 5 所示。

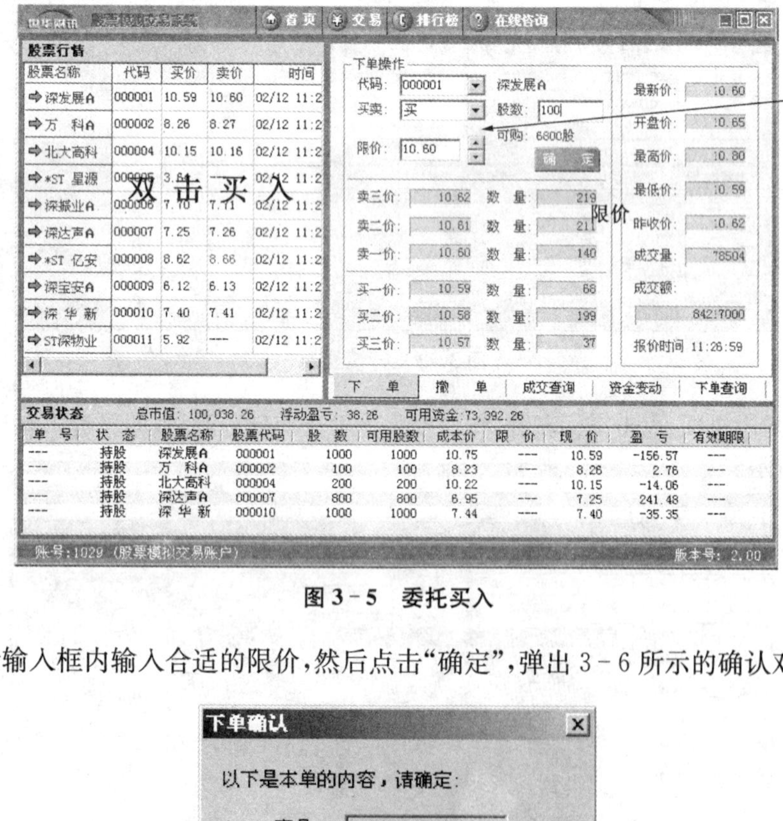

图 3 - 5 委托买入

在限价输入框内输入合适的限价,然后点击"确定",弹出 3 - 6 所示的确认对话框。

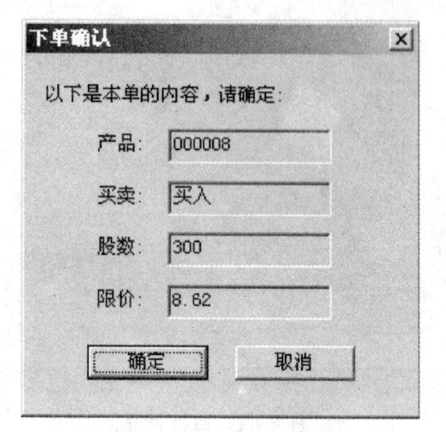

图 3 - 6 确认对话框

点击"确定"确认下单,点击取消重新下单。

下单成功则显示图 3-7 所示成功提示界面,否则显示 3-8 所示的出错提示。

图 3-7 成功提示

图 3-8 错误提示

2)委托卖出

进入交易界面,点击"下单",进入买卖委托操作区,如图 3-5 所示。

在代码编辑框内输入要卖的股票的代码,右边会立即显示该股票的名称,行情区域会显示这个股票的相应信息

在买卖栏选择"卖",该产品的可卖出股数即显示在股数编辑框内。也可以通过双击委托状态栏里的持股列表实现快速卖出操作。

在限价输入框内输入合适的限价,然后填入适当的卖出股数点击"确定",再点击确认对话框的"确定"按钮进行下单。卖出股数也必须是 100 或 100 的整数倍,只有在全卖的时候才允许卖出少于 100 的股数。

下单成功则显示成功提示界面,否则出错提示。

3)委托撤单

点击"撤单",进入撤单操作区。系统显示等待成交的委托单明细,如图 3-9 所示。

双击委托单明细列表中欲撤销的委托单,出现如图 3-10 所示提示框,点击"确定"按钮完成撤单。

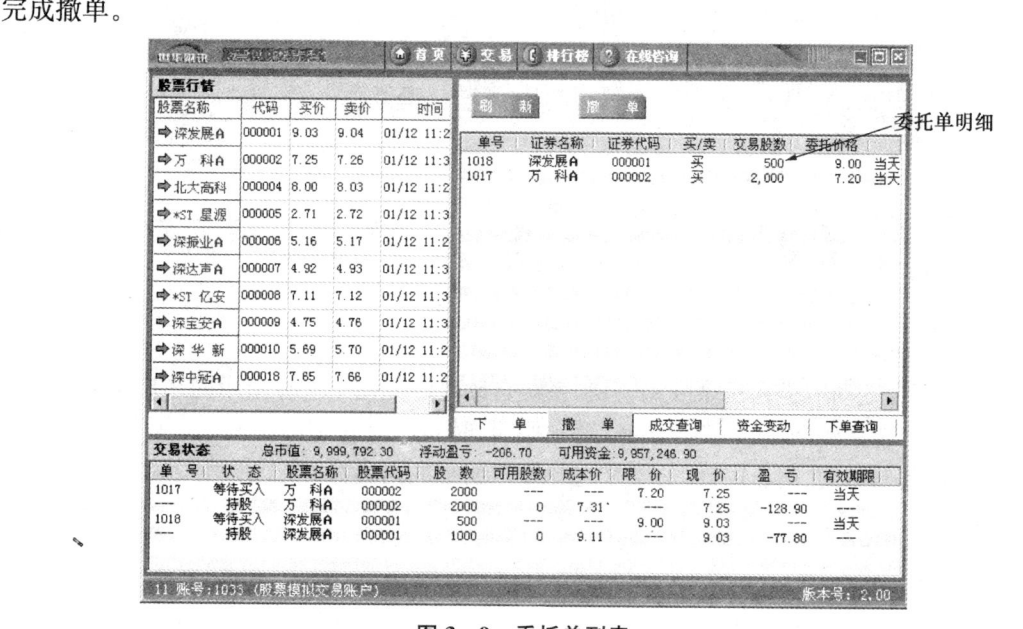

图 3-9 委托单列表

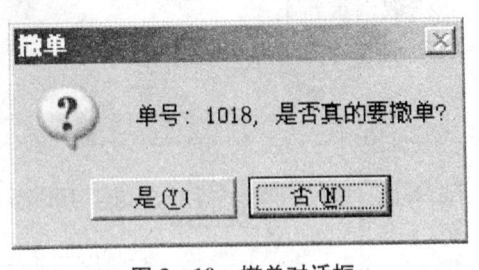

图 3-10 撤单对话框

3.5.4 查询

1) 查询下单委托记录

(1) 点击"下单查询",进入下单查询操作区,系统自动显示当天委托记录,如图 3-11 所示。

(2) 通过"起始时间"及"终止时间"选择查询委托的起始时间,如图 3-11 所示。单击"查询"键即可查看该起始范围内的所有委托记录。

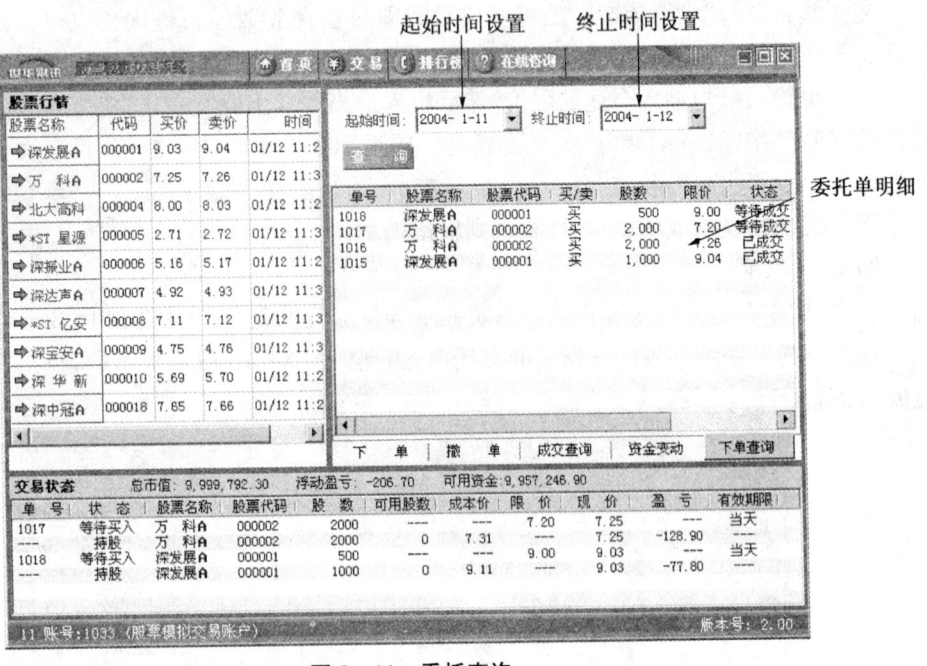

图 3-11 委托查询

2) 查询资金变动

单击"资金变动",进入资金变动模块,系统自动显示如图 3-12 所示的账户明细。账户明细显示内容包括变动金额、资金余额、变动原因、时间等信息。

可根据起始时间、终止时间、分类来选择账户明细的内容。

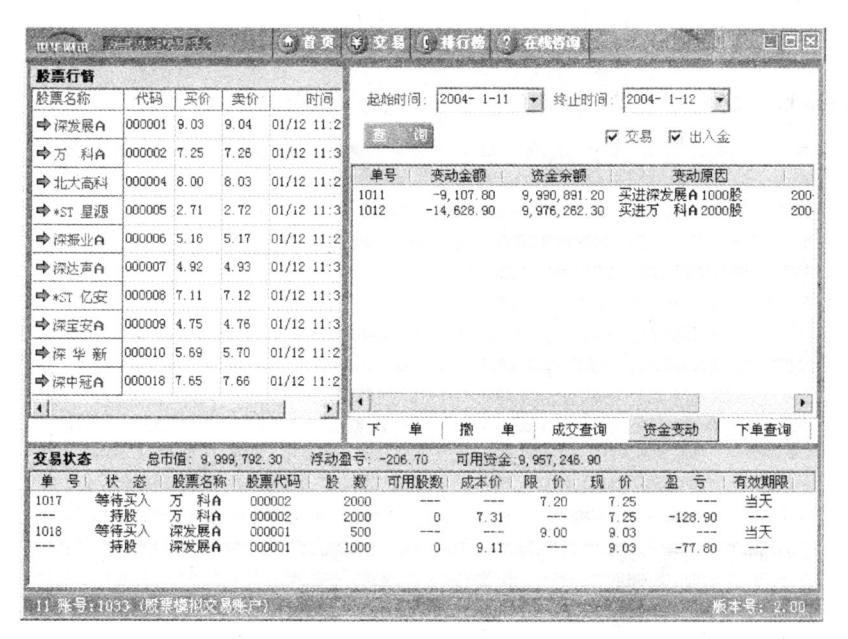

图 3-12　账户明细

3）查询成交

点击"成交查询"键，系统弹出图 3-13 所示界面。成交单明细内容包括产品名称、股票代码、买卖方向、交易股数等信息。

默认情况下显示昨天到今天的成交单明细。用户也可通过选择起始时间和终止时间查看成交单的明细。

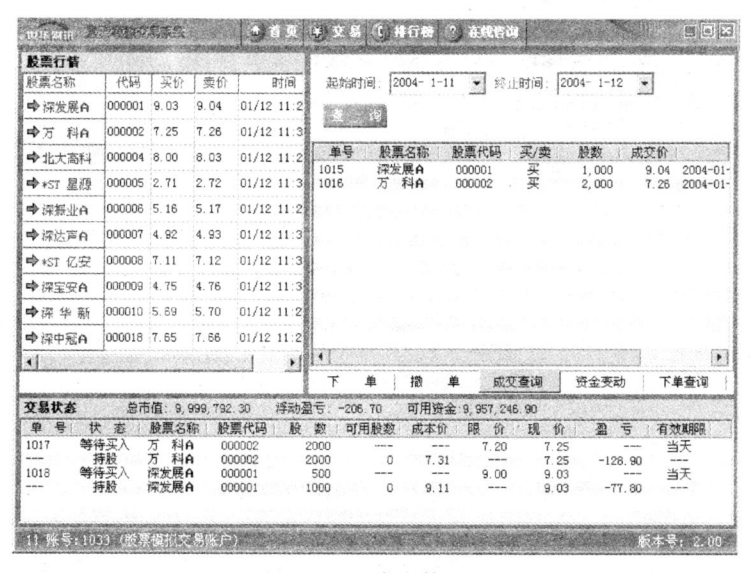

图 3-13　成交单明细

4）查询持股和委托状态

交易状态实时显示在操作界面上，以利于用户随时查询自己的持股及委托情况，如图 3-14所示。

交易状态显示市值、浮动盈亏、可用资金等重要信息。

交易状态明细内显示各种股票持仓的信息明细,包括状态、产品名称、产品代码、买卖方向、股数、成本价、限价、盈亏等信息。

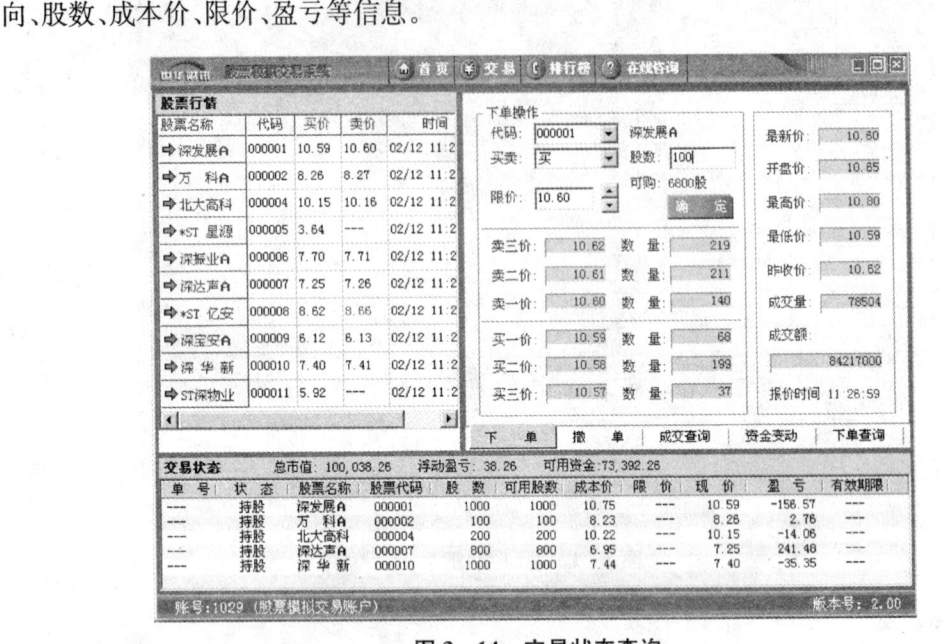

图 3-14　交易状态查询

双击委托状态栏的"持股"子项可以进行快速平仓操作,双击"等待买入"或者"等待卖出"的子项可以进行快速撤单,其功能与撤单页面的相同。

3.5.5　修改登录密码和个人信息

(1) 进入首页,点击"密码修改",进入密码修改模块操作区,如图 3-15 所示。输入旧密码,并两次输入新密码,即可修改密码。

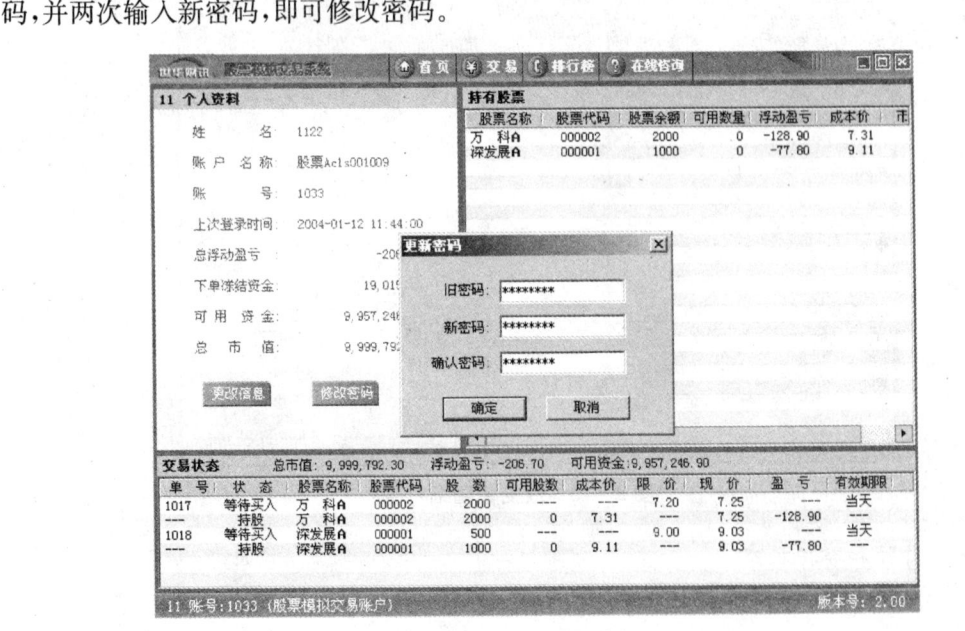

图 3-15　更新密码

模块 3　股票交易　　**29**

（2）点击"更改信息"，进入更改信息模块操作区，如图 3-16 所示。输入昵称、姓、名即可修改个人信息，并在首页显示，如图 3-17 所示。

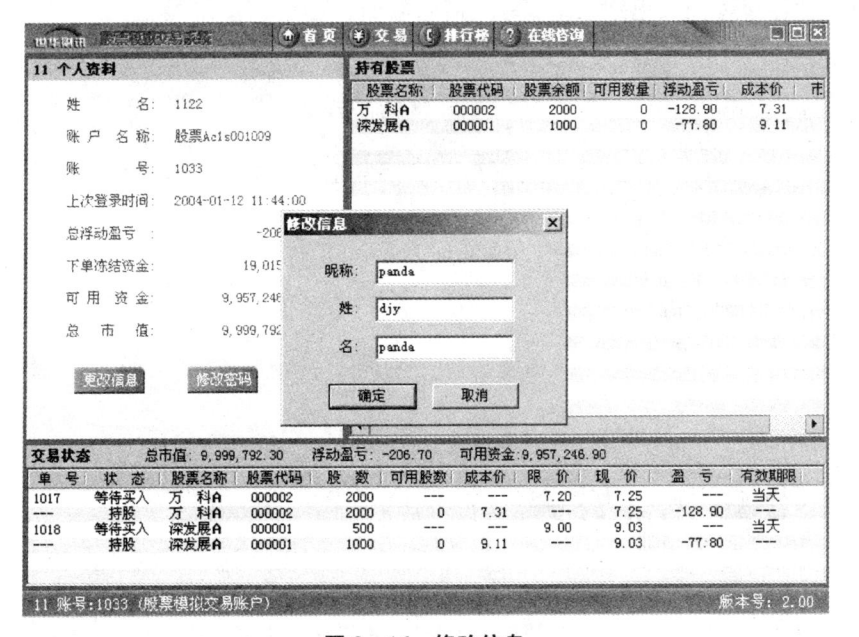

图 3-16　修改信息

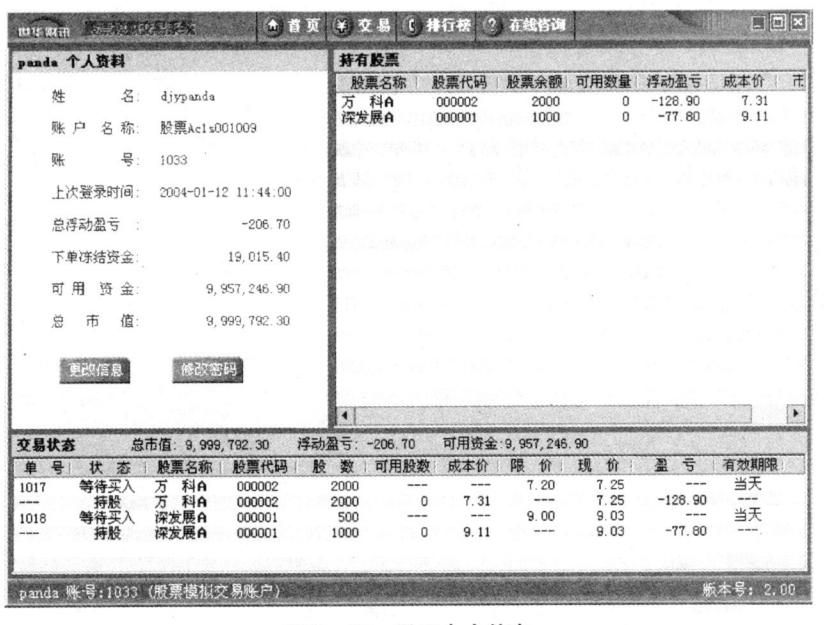

图 3-17　显示个人信息

3.5.6 在线咨询

（1）点击"在线咨询"，出现如图3-18所示界面。

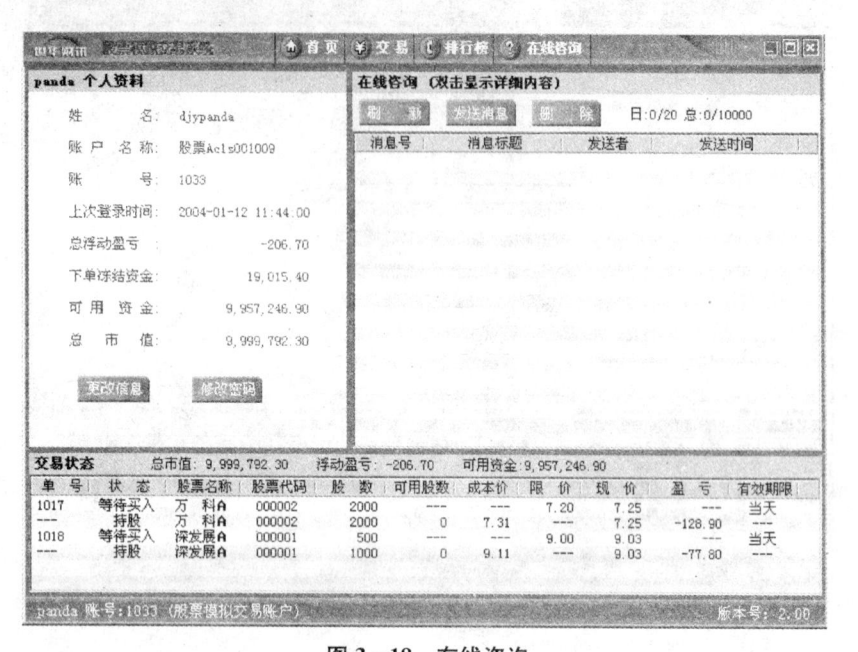

图3-18 在线咨询

（2）在线咨询通过交易员和管理员相互发送消息的方式给交易员提供在线帮助。点击"发送消息"，出现如图3-19所示界面，然后填写消息内容，点击"发送"即可。

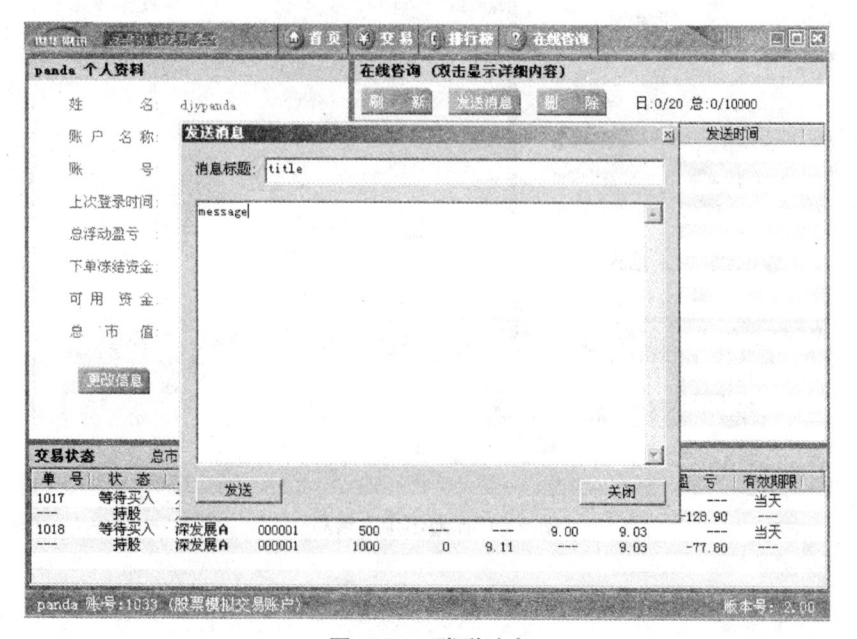

图3-19 发送消息

双击消息列表子项即显示消息的详细信息。

模块 4　融资融券业务

4.1　融资融券业务的概念

融资融券又称证券信用交易,是指投资者向具有证券交易所会员资格的证券公司提供担保物,借入资金买入交易所上市证券或借入交易所上市证券并卖出的行为;包括券商对投资者的融资、融券和金融机构对券商的融资、融券。交易流程如图 4-1 所示。

(1)融资是借钱买证券,证券公司借款给投资者购买证券,投资者到期偿还本息。投资者向证券公司融资买进证券称为"买空"。

(2)融券是借证券来卖,然后以证券归还,证券公司出借证券给投资者出售,投资者到期返还相同种类和数量的证券并支付利息。投资者向证券公司融券卖出称为"卖空"。

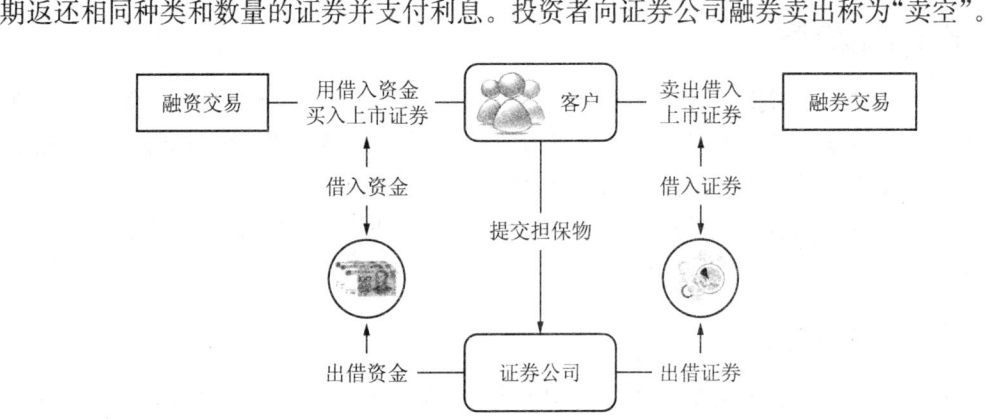

图 4-1　融资融券交易流程

4.2　我国融资融券账户开立流程

4.2.1　确认交易资格

只有在具有融资融券交易资格的券商处开立证券账户,才能在后续开立融资融券账户。

1)个人投资者申请条件

(1)年满 18 周岁的中国公民。

(2)普通账户开户满 6 个月以上,交易结算资金纳入第三方存管。

(3)普通账户须是规范账户,且为实名制账户。

(4)普通账户资产 50 万元以上,近 6 个月内具有 5 笔以上成交记录。

(5)普通账户资产来源合法合规,且没有设立任何抵押或担保。

(6)具有一定的证券投资经验和风险承受能力,无重大违约记录,信用记录良好。

(7)具有合法的证券投资资格,不存在法律法规和证券交易所规则禁止或限制进入证券市场的情形。

（8）通过公司的融资融券基础知识测试及风险测评。

（9）公司或证券交易所规定的其他条件。

2）机构投资者申请条件

（1）普通账户开户满 6 个月以上，交易结算资金纳入第三方存管。

（2）普通账户必须是规范账户，且为实名制账户。

（3）注册资本 500 万元以上。

（4）普通账户资产来源合法合规，且没有设立任何抵押或担保。

（5）具有一定的证券投资经验和风险承受能力，无重大违约记录，信用记录良好。

（6）公司在试点初期适当提高标准，将选择在本公司开户满 18 个月、普通账户资产 100 万元以上的投资者开展融资融券业务。

4.2.2　确认开通资格

规定的门槛是投资者在开户券商开立账户时间满 6 个月，个人资产大于等于 10 万元。

4.2.3　通过征信流程

一般征信的目的是对投资者的交易风格、个人财产等基本信息做详尽的了解。只有满足券商征信条件的投资者才可以开立融资融券账户。对于不满足证券公司征信要求、在该公司从事证券交易不足半年、交易结算资金未纳入第三方存管、证券投资经验不足、缺乏风险承担能力或者有重大违约记录的投资者，以及证券公司的股东、关联人，证券公司不得向其融资、融券。

4.2.4　签订合同

投资者融资融券授信额度批准后，证券公司向投资者发送《融资融券投资者开户通知单》，通知投资者到柜台签署合同及风险揭示书，办理信用账户开立的相关手续。合同中对投资者、证券公司的权利义务关系作出详细而明确的规定。未通过审核的投资者再次提出申请的时间应距前次申请 60 个工作日以上。

4.2.5　开立账户

投资者持开户所需资料（二代身份证和股东代码卡）到证券公司填写开户资料、拍照并设置密码，完成开立信用证券账户。需要注意的是，投资者必须到证券公司指定的商业银行开立信用资金账户。开立账户流程如图 4-2 所示。

模块 4　融资融券业务　　**33**

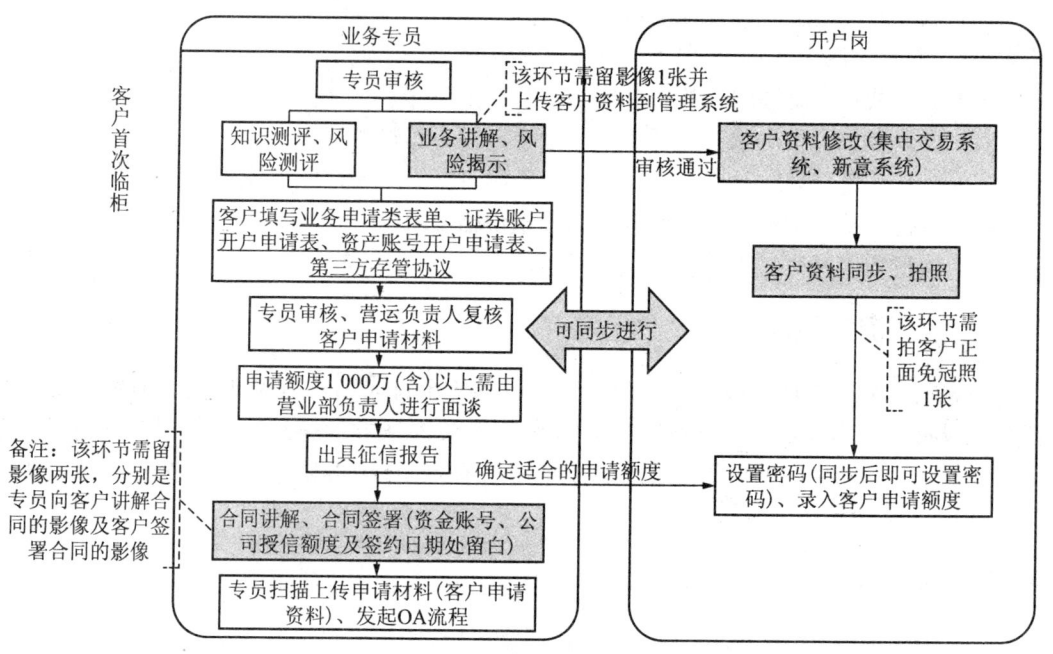

图 4 - 2　开立账户流程

4.2.6　转入担保物

投资者通过银行将担保资金划入信用资金账户,将可抵保证金的证券从普通证券账户划转至信用证券账户。

4.2.7　评估授信

证券公司根据投资者信用账户整体担保资产,评估确定可提供给投资者的融资额度及融券额度。

4.3　融资融券交易

融资时,投资者可在融资额度范围内用融资款买入标的证券,证券公司以自由资金为其提供融资,资金不划入投资者信用账户,而是代投资者完成和证券登记结算机构的交收;融券时,证券公司以融券专用账户中的自有证券代投资者完成和证券登记结算机构的证券交收。

4.3.1　融资融券交易方式

交易方式主要包括融资买入、融券卖出、卖券还款、买券还券、直接还款、直接还券等。

1) 投资者融资买入证券时,至少满足以下 5 个条件

(1) 证券公司有足够的资金可供融出。

(2) 融资买入品种属于标的证券。

(3) 投资者加上本次融资金额的累计融资金额不超过融资额度。

(4) 执行该笔交易投资者所需的保证金不超过其当时账户的保证金可用余额。

（5）执行的该笔交易符合各项风控指标。

2）投资者融券卖出时，至少满足以下 5 个条件

（1）证券公司有足够的证券可供融出。

（2）投资者加上本次融券金额的累计融券金额不超过融券额度。

（3）执行该笔交易的投资者所需保证金不超过其当时账户的保证金可用余额。

（4）委托价格满足证券交易所规定的申报价格要求。

（5）执行的该笔交易符合各项风控指标。

4.3.2　偿还资金和证券

在融资交易中，投资者进行卖出交易时，所得资金首先归还所欠证券公司的款项，余额留存在投资者信用账户中；在融券交易中，投资者买入证券返还给证券公司并支付融券费用。此外，投资者还可以按照合同约定直接用现有资金、证券偿还对证券公司的融资融券债务。

4.3.3　结束信用交易

当投资者全部偿清证券公司的融资融券债务后，投资者可向证券公司申请将其信用账户中的剩余资产转入其普通账户以结束信用交易。

4.4　我国融资融券的相关规则

（1）投资者只能与一家证券公司签订融资融券合同，向一家证券公司融入资金和证券。证券公司与投资者签订融资融券合同前，应当指定专人向投资者讲解业务规则和合同内容，并将融资融券交易风险揭示书交由投资者签字确认。

（2）投资者若进行信用交易，应开立投资者信用证券账户。投资者用于一家证券交易所上市证券交易的信用证券账户只能有一个，并与其普通证券账户开户人的姓名或名称一致。

证券公司应当委托证券登记结算机构根据清算、交收结果等，对投资者信用证券账户内的数据进行变更。

证券公司应当参照投资者交易结算资金第三方存管的方式，与其投资者及商业银行签订投资者信用资金存管协议。证券公司在与投资者签订融资融券合同后，应当通知商业银行根据投资者的申请，为其开立实名信用资金账户。投资者只能开立一个信用资金账户。

商业银行根据证券公司提供的清算、交收结果等，对投资者信用资金账户内的数据进行变更。

（3）证券公司与投资者约定的融资、融券期限不得超过 6 个月，且不得展期；融资利率不得低于中国人民银行规定的同期金融机构贷款基准利率。

（4）投资者融资买入证券的，应当以卖券还款或者直接还款的方式偿还向证券公司融入的资金。投资者融券卖出的，应当以买券还券或者直接还券的方式偿还向证券公司融入的证券。投资者融资买入、融券卖出的证券，不得超出证券交易所规定的范围。

投资者未能按期交足担保物或者到期未偿还融资融券债务的，证券公司应当根据约定采取强制平仓措施，处分投资者担保物，不足部分可以向投资者追索。

（5）在划转指令发送截止时间 15：00 前，投资者的融资融券指令可以撤销。

（6）投资者融资产生融资利息，融券产生融券费用，证券交易产生各项交易手续费，逾期未偿还债务的需要向证券公司支付违约金。

（7）投资者融资的时候只能还钱，融券的时候只能还券。除非证券公司对投资者信用账户强制平仓。其中投资者偿还融资的方法包括：投资者可通过向信用资金账户存入资金，或者卖券还款两种方式偿还融资。投资者在向信用资金账户存入与融资数量及应计利息等额的现金后，即认为投资者已偿还融资，无需再提出另外的申请。投资者偿还融券的方式包括：投资者通过买券还券的方式，或者直接还券的方式偿还融入的证券。投资者选择买券还券时，交收的证券将由中国证券登记结算有限责任公司划至公司融券专用账户。现券还券时，投资者信用证券账户中必须已有相关证券。现券还券是非交易过户委托，费用按照登记公司规定收取。

（8）投资者卖出信用证券账户内证券所得价款，须先偿还其融资欠款。

（9）未了结相关融券交易前，投资者融券卖出所得价款除买券还券外不得他用。

（10）投资者信用证券账户不得买入或转入除担保物和相关细则所述标的证券范围以外的证券，不得用于从事交易所债券回购交易。

（11）融券卖出的申报价格不得低于该证券的最近成交价；当天还没有产生成交的，其申报价格不得低于前收盘价。低于上述价格的申报为无效申报。

（12）融券期间，投资者通过其所有或控制的证券账户持有与融券卖出标的相同证券的，卖出该证券的价格应遵守前款规定，但超出融券数量的部分除外。

（13）当投资者维持担保比例超过 300% 时，投资者可以提取保证金可用余额中的现金或冲抵保证金的证券部分，但提取后的维持担保比例不得低于 300%。

（14）融资利息根据投资者实际使用资金及实际使用时间计算，按每笔融资交易计算利息，按月结息，每月最后一天为结息日。融资利率为证券公司公布的结息日利率，计息期间遇利率调整时应分段计息，即从利率调整生效日起，未了结合约、新开仓合约按新利率每日计提利息。每月第一个交易日为利息收取日。

（15）可提交的担保物包括现金和可充抵保证金的证券。其中，可充抵保证金的证券名单由证券公司确定，并在公司网站融资融券专栏、交易系统中予以公布。

（16）投资者信用证券账户不得用于以下事项：

① 买入除可冲抵保证金的证券及公司公布的标的证券范围以外的证券。

② 融资买入非公司公布融资买入标的证券范围以外的证券。

③ 融券卖出非公司公布融券卖出标的证券范围以外的证券。

（17）投资者提交的保证金和融资买入标的证券（或融券卖出标的证券所得资金）一起作为担保物对投资者融资融券所生债务提供担保，满足相应的保证金比例即可进行融资融券交易。

（18）可充抵保证金的证券暂停交易且在当日收盘前未恢复交易的，折算率临时调为零，待恢复交易时再将其折算率恢复。

（19）若证券被调出可充抵保证金证券范围，投资者可申请将该证券从信用证券账户划转至其普通证券账户中，但划转后维持担保比例不得低于 300%，如果触及预警线、警戒线、平仓线，应及时补充、替换担保物。

（20）授信额度是投资者可融资融券额度的上限，投资者实际可使用的融资融券额度需要根据投资者在信用账户内的担保物的价值来确定。

（21）投资者开立信用账户后，在进行第一笔融资融券交易之前，需要提交一定比例的资金或证券担保物作为投资者融资或融券交易的保证金。

（22）担保物转入信用账户后，要在 T+1 日到账。

（23）授信过程中，投资者的金融资产市值发生变化，授信额度影响程度视情况而定。如果金融资产市值因市场变动而发生变化，视市值变化程度来决定调整授信额度；变化情况较小的，一般不做调减授信额度处理。如果投资者在授信过程中，把账户中的资产转出导致资产不足 50 万元的，总部将会暂停对其审批，待投资者转入资产重新恢复到 50 万元以上后，才可重新审批。

（24）投资者授信额度的有效期为一年，自合同生效之日起开始计算，到下一年的对应日届满，下一年若没有对应日，则以对应月的最后一日届满。

（25）投资者授信到期处理途径包括：

① 届满前一月，如公司和投资者均对授信无异议，授信额度自动延续一年。

② 若双方存在异议不延续授信期，公司将通知投资者在授信期届满前第 5 个交易日通知投资者在授信期终止前了结交易，否则将被强制平仓。

4.5　模拟实验

要求学生模拟融资融券开立信用账户与交易的全过程，由教师进行点评。

模块 5　债券交易

5.1　国债

国债即国家债券,它是国家为筹措资金而向投资者出具的书面借款凭证,并承诺在一定时期内按约定的条件,按期支付利息和到期归还本金。

我国的国债专指财政部代表中央政府发行的国家公债,由国家财政信用作担保,信用度非常高,历来有"金边债券"之称。

5.1.1　国债的种类

国债的种类繁多,按国债的券面形式可分为四大品种:无记名式(实物)国债、凭证式国债、记账式国债和电子式储蓄国债。其中无记名式国债已不多见,而其他种类则为目前的主要形式,尤其电子式储蓄国债是近年的国债新品种。

1) 无记名式(实物)国债

无记名式国债是一种票面上不记载债权人姓名或单位名称的债券,通常以实物券形式出现,又称实物券或国库券。

无记名式国债是我国发行历史最长的一种国债。新中国成立以来,50 年代发行的国债和从 1981 年起发行的国债主要是无记名式国债。

无记名式国债发行时通过各银行储蓄网点、财政部门的国债服务部以及国债经营机构的营业网点面向社会公开销售,投资者也可以利用证券账户委托证券经营机构在证券交易所场内购买。

无记名式国债的现券兑付,由银行网点和财政国债中介机构办理;或实行证券交易场所场内兑付。

无记名式国债的一般特点是:不记名、不挂失,可以上市流通。由于不记名、不挂失,其持有的安全性不如凭证式和记账式国债,但购买手续简便。由于可上市转让,流通性较强。上市转让价格随二级市场的供求状况而定,当市场因素发生变动时,其价格会产生较大波动,因此具有获取较大利润的机会,同时也伴随着一定的风险。一般来说,无记名式国债更适合金融机构和投资意识较强的购买者。

2) 凭证式国债

凭证式国债是指采取非实物券,而用填制"国库券收款凭证"的方式发行的国债。我国从 1994 年开始发行凭证式国债。凭证式国债其票面形式类似于银行定期存单,利率通常比同期银行存款利率高,具有类似储蓄又优于储蓄的特点,通常被称为"储蓄式国债",是以储蓄为目的的个人投资者理想的投资方式。

凭证式国债通过各银行储蓄网点和财政部门的国债服务部面向社会发行,从投资者购买之日起开始计息,可以记名、可以挂失,但不能上市流通。

投资者购买凭证式国债后如需变现,可以到原购买网点提前兑取。提前兑取时,除偿还本金外,利息按实际持有天数及相应的利率档次计付,经办机构按兑取本金的 2‰收取手续费。对于提前兑取的凭证式国债,经办网点还可以二次卖出。

与储蓄相比,凭证式国债的主要特点是安全、方便、收益适中。其一般特点是:

(1) 凭证式国债发售网点多,购买和兑取方便、手续简便。

(2) 可以记名挂失,持有的安全性较好。

(3) 利率比银行同期存款利率高 1~2 个百分点(但低于无记名式和记账式国债),提前兑取时按持有时间采取累进利率计息。

(4) 凭证式国债虽不能上市交易,但可提前兑取,变现灵活,地点就近,投资者如遇特殊需要,可以随时到原购买点兑取现金。

(5) 利息风险小,提前兑取按持有期限长短取相应档次利率计息,各档次利率均高于或等于银行同期存款利率,可以规避定期储蓄存款提前支取只能活期计息的风险。

(6) 没有市场风险,凭证式国债不能上市,提前兑取时的价格(本金和利息)不随市场利率的变动而变动,可以避免市场价格风险。

3) 记账式国债

记账式国债又称无纸化国债,它是指将投资者持有的国债登记于证券账户中,投资者仅取得收据或对账单以证实其所有权的一种国债。

我国从 1994 年推出记账式国债这一品种。记账式国债的券面特点是国债无纸化、投资者购买时并没有得到纸券或凭证,而是在其债券账户上记上一笔。记账式国债具有成本低、收益好、安全性好、流通性强的特点。其一般特点是:

(1) 记账式国债可以记名、挂失,以无券形式发行可以防止证券的遗失、被窃与伪造,安全性好。

(2) 可上市转让,流通性好。

(3) 期限有长有短,但更适合短期国债的发行。

(4) 记账式国债通过交易所电脑网络发行,从而可降低证券的发行成本。

(5) 上市后价格随行就市,有获取较大收益的可能,但同时也伴有一定的风险。

由于记账式国债的发行、交易特点,它主要是针对金融意识较强的个人投资者以及有现金管理需求的机构投资者进行资产保值、增值的要求而设计的国债品种,投资者将其托管在指定券商的席位上,便于流通交易,变现能力强,不易丢失,还可以通过低买高卖获得利润。

4) 电子式储蓄国债

电子式储蓄国债简称储蓄式国债,是指以电子方式记录债权的、不可流通的一种国债。

我国于 2006 年起首次发行电子式储蓄国债,新的债券品种丰富了投资者的投资渠道,改进了国债债权管理模式,提高了国债发行效率。

电子式储蓄国债只面向境内中国公民,机构投资者不能购买。投资者须在发行期内在各代销银行网点柜台或网上银行购买。电子式储蓄国债以 100 元为赎买单位,并按单期国债设个人国债账户最低、最高购买限制额,以区别于居民储蓄。同时电子式储蓄国债以电子记账的方式记录投资人买了多少国债,需要开立一个国债托管账户,区别于凭证式国债。

电子式储蓄国债的一般特点是:

(1) 电子式储蓄国债如持有到期,持有人会得到可观的收益,但提前兑取时要收取手续费,而且利率也会相应降低。若未持有到期,收益会大打折扣。因此电子式储蓄国债可谓一支无风险债券,只是在提前兑取时会有一些损失,但这些损失都是在发行前已经规定好的,完全可以预知。

（2）无纸质债权证明，以电子方式记录债权，可多种方式查询，持有安全。

（3）仅在发行期内于各代销银行网点柜台购买，需开立储蓄国债托管账户，并以"借记卡"或存折账户活期资金进行购买；同一批电子式储蓄债券统一日期开始计息；不可流通转让，且只能在原代销银行办理提兑、兑付。

（4）发行6个月后可提前兑取变现，发行期内不可提前兑现。变动期限储蓄国债在分挡到期时可终止投资变现，由试点代销银行自动将投资者应得本金和利息转入活期资金账户，并自动由代销银行按活期存款利率计付利息。

（5）电子式储蓄国债一年一付息，目前利率有3年利率、5年利率两种。利息免征所得税。到期后，承办银行自动将投资者应收本金和利息转入其资金账户。

5.1.2　国债发行方式

我国对国债的发行规模实行年度额度管理制度，即本年第四季度编制下一年度国债发行计划。对国家财政预算收支情况的测算，是编制国债发行计划的主要依据。这个计划将作为国家预算的一部分上报国务院，由国务院在下一年三月的全国人民代表大会上提请审议。一旦通过，国债发行计划就如同法律文本一样具有法律效力。倘若在年度内，国际国内经济形势发生变化，需要追加或削减国债，政府无权随意为之，必须像修改法律法规一样，上报全国人民代表大会常务委员会，经其审议批准后才能执行。

在我国，国债的发行方式几经变迁，时至今日，已演变为4种发行方式并存，它们分别是：直接发行、代销发行、承购包销发行、招标拍卖发行。

1）直接发行方式

直接发行是指财政部面向全国直接销售国债。这种发行方式共分3种情况：一是各级财政部门或代理机构销售国债，单位和个人自行认购；二是20世纪80年代的摊派方式，采用行政分配的方式，摊派发行国债，属于强制性的认购；第三种是所谓的"私募定向方式"，财政部直接对特定投资者发行国债，例如，对银行、保险公司、养老保险基金等机构定向发行特种国债、专项国债等。

国债每次发行的额度相当大，我国每次发行的国债至少达上百亿元人民币，如果仅靠发行主体直接发行巨额国债有一定难度，因此这种发行方式很少使用。

2）代销发行方式

代销发行是发行人委托代销者负责国债的销售。代销者按预定的发行条件，在约定日期内代为推销。代销期终止，未销出的余额全部退给发行者，代销者不承担任何风险与责任。我国曾经在20世纪80年代后期和90年代初期运用过这种方式发行国债。

代销发行方式的优势是可以充分利用代销者的网点，扩大面向众多机构和社会公众的发行覆盖面。缺点是代销者只是按预定的发行条件，在约定日期内代为推销，代销期结束以后，未销出的余额，全部退给发行者，发行风险完全由发行人承担。

代销发行方式存在诸多弊端：一是不能按市场的供求情况而形成合理的发行条件；二是推销效率难尽如人意；三是发行期较长，因此代销发行方式只适用于证券市场不发达、金融市场秩序不良、机构投资者缺乏承销条件和积极性的时期。

3）承购包销发行方式

承购包销发行是指由机构投资者组成承购包销团，按一定条件向财政部承购包销国债，

并由其负责在市场上转售,任何未售出的余额均由承销者包购。承购包销发行方式的特征是:

(1)承购包销的初衷是要求承销者向社会再出售,其发行条件的确定,由作为发行主体的财政部与承销团达成协议,一切承购手续完成后,国债方能与最终投资者见面,因而承销团只是作为发债主体与投资者间的媒介。

(2)承购包销是用经济手段发行国债的标志,并可用招标方式决定发行条件,是国债发行转向市场化的一种形式。自上世纪90年代中后期开始,承购包销成为我国国债发行的主要发行方式。事实上,不仅我国,世界上很多国家都采用这种方式。

我国的国债承购包销团(简称承销团),一般由银行、证券公司、社保基金等机构组成,其承购包销资格每年由财政部、央行、银监会等主管部门审查公布。表5-1为2015—2017年储蓄国债承销团成员名单,表5-2为2015—2017年记账式国债承销团成员名单。

表5-1 2015—2017年储蓄国债承销团名单

机构代码	机构名称	机构代码	机构名称
1001	中国工商银行股份有限公司	1023	杭州银行股份有限公司
1002	中国农业银行股份有限公司	1026	青岛银行股份有限公司
1003	中国银行股份有限公司	1028	成都银行股份有限公司
1004	中国建设银行股份有限公司	1030	西安银行股份有限公司
1005	交通银行股份有限公司	1034	富滇银行股份有限公司
1006	中信银行股份有限公司	1035	哈尔滨银行股份有限公司
1007	中国光大银行股份有限公司	1037	宁波银行股份有限公司
1009	华夏银行股份有限公司	1041	徽商银行股份有限公司
1010	上海浦东发展银行股份有限公司	1063	汉口银行股份有限公司
1011	兴业银行股份有限公司	1075	大连银行股份有限公司
1012	招商银行股份有限公司	1084	乌鲁木齐市商业银行股份有限公司
1013	平安银行股份有限公司	1100	恒丰银行股份有限公司
1014	中国民生银行股份有限公司	1102	晋商银行股份有限公司
1015	北京银行股份有限公司	1111	江苏银行股份有限公司
1016	上海银行股份有限公司	1114	包商银行股份有限公司
1017	南京银行股份有限公司	5008	中国邮政储蓄银行股份有限公司
1020	广发银行股份有限公司	5011	北京农村商业银行股份有限公司
1021	天津银行股份有限公司	5014	上海农村商业银行股份有限公司
1022	河北银行股份有限公司	5015	青岛农村商业银行股份有限公司

模块 5　债券交易　　**41**

表 5-2　2015—2017 年记账式国债承销团成员名单

机构代码	机构名称	机构代码	机构名称
甲类成员			
1001	中国工商银行股份有限公司	1010	上海浦东发展银行股份有限公司
1002	中国农业银行股份有限公司	1012	招商银行股份有限公司
1003	中国银行股份有限公司	1017	南京银行股份有限公司
1004	中国建设银行股份有限公司	2041	平安证券有限责任公司
1005	交通银行股份有限公司	2047	中信证券股份有限公司
1006	中信银行股份有限公司	5008	中国邮政储蓄银行股份有限公司
1007	中国光大银行股份有限公司		
乙类成员			
1009	华夏银行股份有限公司	1112	渣打银行(中国)有限公司
1011	兴业银行股份有限公司	1113	摩根大通银行(中国)有限公司
1013	平安银行股份有限公司	1115	国家开发银行股份有限公司
1014	中国民生银行股份有限公司	2001	中信建投证券股份有限公司
1015	北京银行股份有限公司	2003	国泰君安证券股份有限公司
1016	上海银行股份有限公司	2007	华泰证券股份有限公司
1020	广发银行股份有限公司	2009	广发证券股份有限公司
1021	天津银行股份有限公司	2012	申银万国证券股份有限公司
1022	河北银行股份有限公司	2048	光大证券股份有限公司
1023	杭州银行股份有限公司	2049	国信证券股份有限公司
1037	宁波银行股份有限公司	2050	招商证券股份有限公司
1041	徽商银行股份有限公司	2057	东方证券股份有限公司
1055	长沙银行股份有限公司	2059	中国国际金融有限公司
1095	洛阳银行股份有限公司	2078	国海证券股份有限公司
1100	恒丰银行股份有限公司	2080	安信证券股份有限公司
1107	宁波鄞州农村合作银行	2082	第一创业证券股份有限公司
1108	汇丰银行(中国)有限公司	5011	北京农村商业银行股份有限公司
1109	浙商银行股份有限公司	5014	上海农村商业银行股份有限公司
1111	江苏银行股份有限公司		

4) 招标拍卖发行方式

在招标拍卖方式之下,国债的认购价格、利率及收益率等要由投标竞价来确定。

(1) 招标发行方式　招标按具体方式划分,分为竞争性招标和非竞争性招标;按对象或标的物划分,分为缴款期招标、价格招标和收益率招标;而按中标规则划分,分为"荷兰式"招标和"美国式"招标。

① 在竞争性招标条件下，投标者把认购价格和数量提交招标人，招标人据此开标以决定发行利率的高低。投标者认购价格高，招标者受益就大，所以出价高者胜出。实行竞争性投标，只有出价最高的投标者获得国债发行权，而出价最高的利率水平就确定为本次国债发行的利率。

② 通过非竞争性的招标方式发行国债，在中标价格确定上，有两种有代表性的招标规则："荷兰式"招标和"美国式"招标两种。所谓"荷兰式"招标，指的是中标价格为单一价格，这个单一价格通常是投标人报出的最低价，每个投标者按照这个价格，分得各自的国债发行份额。而"美国式"招标，中标价格为投标方各自报出的价格。举个例子，在一场招标中，有 3 个投标人 A、B、C，他们投标价格分别是 85 元、80 元、75 元，那么按照"荷兰式"招标，中标价格为 75 元。倘若按照"美国式"招标，则 A、B、C 三者的中标价分别是 85 元、80 元和 75 元。我国目前短期贴现国债主要运用"荷兰式"价格招标方式予以发行。

缴款期招标，是指在国债的票面利率和发行价格已经确定的条件下，按照承销机构向财政部缴款的先后顺序获得中标权利，直至满足预定发行额为止。价格招标主要用于贴现国债的发行，按照投标人所报买价自高向低的顺序中标，直至满足预定发行额为止。收益率招标主要用于付息国债的发行，规则与上述价格招标相似。

机构投资者中标认购后，没有再向社会销售的义务，因而中标者即为国债认购者，当然中标者也可以按一定价格向社会再行出售。相对承购包销发行方式，招标发行不仅实现了发行者与投资者的直接见面，减少了中间环节，而且使竞争机制及其他市场机制通过投资者对发行条件的自主选择投标而得以充分体现，有利于形成公平合理的发行条件，也有利于缩短发行期限，提高市场效率，降低发行体的发行成本，是国债发行方式市场化的进一步加深。

基于以上优点，招标发行已成为我国国债发行体制改革的主要方向。我国从 1996 年开始，将竞争机制引入国债发行，从 2003 年起，财政部对国债发行招标规则又进行了重大调整，即在原来单一"荷兰式"招标基础上，增加"美国式"招标方式，招标的标的确定为三种，依次是利率、利差和价格。

(2) 拍卖发行方式　拍卖发行方式是指在拍卖市场上，按照例行的经常性的拍卖方式和程序，由发行主体主持，公开向投资者拍卖国债，完全由市场决定国债发行价格与利率。国债的拍卖发行实际是在公开招标发行基础上更加市场化的做法，是国债发行市场高度发展的标志。由于该种发行方式更加科学合理、高效，所以目前西方发达国家的国债发行多采用这种形式。

5.1.3　国债的申购

1) 凭证式国债的申购

凭证式国债主要面向个人投资者发行。其发售和兑付是通过各大银行的储蓄网点和财政部门的国债服务部办理，投资者购买凭证式国债可在发行期间内到各网点填单购买，其购买手续和银行定期存款办理手续类似。在发售网点填制凭证式国债收款凭单，其内容包括购买日期、购买人姓名、购买券种、购买金额、身份证件号码等，填完后交购买者收妥。从购买之日开始计息，到期一次还本付息，不计复利，逾期兑付不加计利息。

2) 无记名式国债及记账式国债的申购

无记名式国债及记账式国债均可通过交易所交易系统进行公开发行。国债发行期间，投资者可到其开户的证券公司办理委托手续，通过交易所交易系统直接认购；投资者也可向认定的国债承销商直接认购。其申购规则如表 5 - 3 所示。

表 5 - 3　国债申购规则

项　　目	要　　求
分销认购方式	国债采用挂牌分销和合同分销两种方式： ① 挂牌分销为承销商在交易所交易市场挂牌卖出，各会员单位自营或代理投资者通过交易席位申报认购 ② 合同分销为承销商同其他机构或个人投资者签订分销合同进行分销认购
申购账户	沪深证券账户或基金账户
申购代码	深市：1016××或 1017×× 沪市：751×××
申购价格	挂牌认购价格为 100 元
申购单位	以"手"为单位(1 手为 1 000 元面值)，为 1 手或其整数倍
申购费用	无需缴纳任何费用

无记名式国债及记账式国债申购的操作要点如下：

(1) 投资者认购沪深证券交易所上市发行的国债需经过证券公司委托。

(2) 投资者认购沪深证券交易所上市发行的国债需通过沪深证券账户或基金账户进行。

(3) 沪深证券市场挂牌国债的申购代码为分销证券公司的代码，并不是证券的上市代码。例如，2001 年记账式(十五期)国债上网发行申购代码 101620，是指"长城证券"挂牌分销的国债，即投资者作为买方认购的是"长城证券"作为国债卖方的当期国债。每次上网发行公布的申购代码有许多个，投资者可以任选一个。认购成功后，在上市前此代码自动转换成正式的国债上市代码，如 101620 转为 100115。

(4) 上网申购发行的国债申报数量以手为单位，1 手为 1 000 元面值。

(5) 采用挂牌分销方式认购国债的委托、成交、清算等手续均按交易所业务规则办理。

(6) 投资者办理交易所上网发行国债的认购手续时不需缴纳手续费用。

(7) 投资者通过场内认购的国债，其债权由交易所所属的证券登记结算公司直接记录在其证券账户或基金账户内，待该国债发行期结束后即可上市流通交易。投资者通过场外认购的国债，必须指定一个证券公司办理国债的托管手续，并待该国债发行期结束上市后，方可委托该证券公司在交易所交易市场上进行国债现货交易。

3) 电子式储蓄国债的申购

(1) 电子式储蓄国债向个人投资者发行，个人应首先开通证券交易业务，投资者只需持身份证在银行网点办理理财卡，并申请开通证券交易即可，也可在网上银行申请开通。同时投资者还需开立国债账户，即国债托管账户。开通证券交易业务时，可以同时开立一个国债账户，也可以在网上银行办理。

(2) 投资者可以在银行网点办理电子储蓄国债的全部相关业务，如认购、兑取、过户等，银行会收取一定的手续费。在网上银行一般只能进行认购和查询。从购买次日起，投资者可以通过各种方式进行余额查询。

(3) 在付息日和兑付日，本金和利息会自动转入投资者的理财卡中，没有手续费。投资者可以通过银行的电话、中央国债登记结算有限责任公司的电话和到银行网点等方式进行电子储蓄国债的余额查询和复核。

（4）凭证式国债提前支取需按照兑取本金的1‰缴纳手续费，其利息是分挡计算的，只有存期存满了才能拿到国债票面利率。其计算方式是：

投资者提前兑取可获得资金＝提前兑取的储蓄国债面值＋提前兑取应计利息－提前兑取应扣利息－提前兑取手续费

提前兑取应计利息＝提前兑取面值金额×执行利率（％）×自上一付息日起至提前兑取日的实际持有天数÷当前计息年度实际天数

如2015年1期凭证式国债提前支取利率计算方式为：不满1年0.36％，满1年不满2年1.71％，满2年不满3年2.52％，满3年不满4年3.69％，满4年不满5年3.87％。

5.1.4 国债的交易

上市债券的交易方式大致有债券的现货交易、回购交易、期货交易。在交易所债券市场，国债与公司债券一样，其交易包括现券交易和回购交易两种交易方式。

1）债券现券交易

债券现券交易是指交易双方以约定的价格转让债券所有权的交易行为，即一次性的买断行为。证券交易所的债券现券交易，与股票、基金等品种的交易大同小异，这里不再赘述。

2）债券回购交易

债券回购交易是指国债的持有人在卖出一笔国债的同时，与买方签订协议，约定一定期限和价格，将同一笔国债再购回的交易活动。

（1）债券回购交易包括债券买断式回购交易和债券质押式回购交易等。债券买断式回购交易是指债券持有人将债券卖给购买方的同时，交易双方约定在未来某一日期，卖方再以约定价格从买方购回相等数量同种债券的交易。债券质押式回购交易是指债券持有人在将债券质押的同时，将相应债券以标准券折算比率计算出的标准券数量为融资额度而进行质押融资，交易双方约定在回购期满后返还资金和解除质押的交易。

（2）债券回购交易的期限按日历时间计算。如到期日为非交易日，顺延至下一个交易日结算。

（3）债券买断式回购交易以人民币1 000元面值债券为1手；债券质押式回购交易以人民币1 000元标准券为1手。在债券的竞价交易中，债券质押式回购交易的申报数量应当为100手或其整数倍，单笔申报最大数量应当不超过1万手；债券买断式回购交易的申报数量应当为1 000手或其整数倍，单笔申报最大数量应当不超过5万手。

（4）债券买断式回购交易的申报价格最小变动单位为0.01元；债券质押式回购交易申报价格最小变动单位为0.005元。

5.1.5 国债的还本付息

1）凭证式国债

凭证式国债从购买之日起计息。在持有期内，持券人如遇特殊情况需要提取现金，可以到购买网点提前兑取。提前兑取时，除偿还本金外，利息按实际持有天数及相应的利率档次计算，经办机构按兑付本金的1‰收取手续费。

2）贴现国债

贴现国债指国债券面上不附有息票，发行时按规定的折扣率，以低于债券面值的价格发行，到期按面值兑付本息的国债。贴现国债的发行价格与其面值的差额即为债券的利息。

如投资者以 70 元的发行价格认购了面值为 100 元的 5 年期国债,那么,在 5 年到期后,投资者可兑付到 100 元的现金,其中 30 元的差价即为国债的利息,年息平均为 8.57%。我国 1996 年开始发行贴现国债,期限分别为 3 个月、6 个月和 1 年。

3)附息国债

附息国债是指债券券面上附有息票的国债,是按照债券票面载明的利率及支付方式支付利息的债券。息票上标有利息额、支付利息的期限和债券号码等内容。持有人可从债券上剪下息票,并据此领取利息。附息国债的利息支付方式一般是在偿还期内按期付息,如每半年或一年付息一次。

我国发行的国债多数是到期一次还本付息的债券,1993 年的第三期国债则实行按年付息,成为我国发行的第一期附息国债,1996 年发行的 10 年期国债也实行按年付息。自此,附息国债开始成为我国国债的一个重要品种。

5.2 地方债

地方债即地方政府债券,它是由地方政府及地方公共机构发行的债券,是地方政府根据信用原则以承担还本付息责任为前提而筹集资金的债务凭证。同中央政府发行的国债一样,地方政府债券一般也是以当地政府的税收能力作为还本付息的担保。我国地方债发债主体限定为:经国务院批准的省、自治区、直辖市和计划单列市政府。地方政府债券的安全性较高,被认为是安全性仅次于国债的一种债券。

我国地方债是作为地方政府筹措财政收入的形式而发行的,其收入列入地方政府预算,由地方政府安排调度。

5.2.1 地方债的种类

地方政府债券按资金用途和偿还资金来源分类,可以分为一般债券(普通债券)和专项债券(收益债券)。前者是地方政府为缓解资金紧张或解决临时经费不足而发行的债券;后者是为筹集资金建设某项具体工程而发行债券。地方政府一般债券是指省、自治区、直辖市政府为没有收益的公益性项目发行的;地方政府专项债券是为有一定收益的公益性项目发行的。对于一般债券的偿还,地方政府通常以本地区的财政收入作担保,而对专项债券,地方政府往往以项目建成后取得的收入作保证。其中一般债券期限为 1 年、3 年、5 年、7 年和 10 年,专项债券期限为 1 年、2 年、3 年、5 年、7 年和 10 年。

通过发行地方政府债券所募集的资金主要用于两项支出:一是中央投资地方所配套的公益性建设项目;二是其他难以吸引社会、民间投资的相关公益性建设项目支出。地方政府不得将资金安排用于经常性支出,并严格控制将资金安排用于可以通过市场化行为筹资的投资项目。所募资金的使用范围主要限定在:农村民生工程和农村基础设施、保障性安居工程、生态建设工程、教育文化、医疗卫生等社会事业基础设施,地震后灾区恢复重建以及其他涉及民生的项目建设与配套工程。各级地方政府财政部门须根据已批准的预算,将债券的支出情况批复有关部门与单位。各相关部门、单位要严格按照批复的预算,进行预算支出的安排,实行项目管理,不得随意变更资金用途。

5.2.2 地方债的发行

地方政府债券统一由财政部代理,按照记账式国债发行方式,面向记账式国债承销团甲类成员招标发行。地方财政部门指定观察员现场观察招标过程。中标的承销机构可以采取场内挂牌和场外签订分销合同的方式分销。地方政府债券发行后,可按规定在全国银行间债券市场和证券交易所市场上市流通。凡在中央国债登记结算有限责任公司开立债券账户及在中国证券登记结算有限责任公司开立股票和基金账户的各类投资者(包括个人投资者)都可以购买地方债。同时,由于债券利率随行就市,投资者可以根据自己意愿选择投资组合。

1) 地方政府债券由地方政府在限额内按照市场化原则自发自还

省、自治区、直辖市(含经省政府批准自办债券发行的计划单列市)人民政府(以下简称省级政府)依法自行组织本地区一般债券发行、利息支付和本金偿还。一般债券发行兑付有关工作由省级政府财政部门(以下简称地方财政部门)负责办理。发行债券的总规模不得超过当年本地区一般债券限额,地方财政部门、一般债券承销团成员(以下简称承销团成员)、信用评级机构及其他相关主体,不得以非市场化方式干扰一般债券发行工作。地方财政部门应当根据财政部有关制度规定,结合本地区实际情况,制定本地区发行有关制度。

2) 一般债券原则上应当避开同期限记账式国债发行时段。不同地区相同期限的一般债券原则上不在同一时段发行

专项债券期限原则上应当与对应项目建设周期、收益回收期等相协调。项目建设周期3年以上的,原则上应当根据各年资金需求量等情况采取分期发行专项债券的方式融资。地方财政部门应当合理设计债券期限结构,避免今后因地方政府债券集中到期而出现偿债高峰,确保对应的政府性基金或专项收入能够足额支付债券本息。地方财政部门可选择通过财政部国债发行招投标系统、财政部证券交易所国债发行招投标系统(以下统称发行系统)等途径发行专项债券。专项债券原则上不与同期限记账式国债、同期限一般债券在同一时段发行。不同地区相同期限的专项债券原则上不在同一时段发行。

地方财政部门应当不迟于发行日前7个工作日将发行安排报财政部备案,财政部统筹把握一般债券发行节奏和进度,按照"先备案先得"的原则协调各地地方债券发行时间等发行安排。

3) 单一期次债券发行额在5亿元以上(含5亿元)的应当通过招标方式发行

地方财政部门应当制定一般债券招标发行规则,合理设定投标区间、中标方式和中标原则等。一般债券投标区间上下限由地方财政部门根据具体情况合理设定,下限不得低于发行日前1至5个工作日相同待偿期记账式国债收益率平均值。招投标系统客户端出现技术问题,承销团成员可按规定进行应急投标。专项债券投标区间上下限由地方财政部门根据具体情况合理设定,下限不得低于发行日前1至5个工作日相同待偿期记账式国债收益率平均值。

4) 一般债券采用承销方式发行时,地方财政部门应当与主承销商协商,合理确定一般债券的承销规则,明确申购办法和定价、配售方式等

簿记管理人应当提前向承销团成员和投资人询价,并记录询价情况。根据询价情况,簿记管理人应当同地方财政部门和其他主承销商议决定发行利率区间,一般债券发行利率区间下限不得低于发行日前1至5个工作日相同待偿期记账式国债收益率平均值,并及时向社会公布。簿记管理人应当严格按照承销规则中披露的定价、配售方式确定发行利率,组织配售,并做好书面记录和说明。

专项债券采用承销方式发行时,簿记管理人应当根据询价情况同地方财政部门和其他主承销商商议决定发行利率区间,专项债券发行利率区间下限不得低于发行日前 1 至 5 个工作日相同待偿期记账式国债收益率平均值,并及时向社会公布。

5）遵循公开、公平、公正的原则组建承销团

地方债主要通过承销团面向全国银行间债券市场、证券交易所债券市场发行。地方财政部门根据市场环境和本地区地方债券发行规模等因素,确定承销团成员和主承销商(如有)的目标数量、选择方式、承销团组建流程和时间安排等。专项债券可单独组建承销团或与地方政府一般债券(以下简称一般债券)合并组建承销团。一般债券根据组团通知中规定的选择方式择优选择承销团成员。分销期内,中标的承销团成员可在交易场所采取场内挂牌和场外签订分销合同的方式向符合规定的投资者分销,承销团成员间不得分销。非承销团成员通过分销获得的一般债券额度,在分销期内不得转让。承销团成员根据市场情况自定分销价格。地方财政部门应当按照《中华人民共和国合同法》等有关规定,与承销团成员在平等自愿基础上签订本地区专项债券承销协议。此前已组建地方政府债券承销团的地区,承销协议仍在有效期之内的,经双方协商,发行专项债券时可继续沿用此前的承销团。

6）规范开展专项债券债项信用评级工作,原则上对不同专项债券分别开展信用评级

地方财政部门应当按照公开、公平、公正的原则,从具备中国境内债券市场评级资质的信用评级机构中依法竞争择优选择一家信用评级机构,并按规定通过本单位门户网站、中国债券信息网等网站(以下简称指定网站)及时披露所选定的信用评级机构。地方债券只需进行债项信用评级,即信用评级机构对影响一般债券的诸多信用风险因素进行分析研究,就债券发行人按时、足额偿还债券的能力和意愿出具意见。其中,地方财政部门、信用评级机构应当对于一般债券在信用评级协议中明确债券存续期内每年出具跟踪评级报告的时间,一般债券信用评级的等级划分为三等九级,符号表示为 AAA、AA、A、BBB、BB、B、CCC、CC、C。

7）按照政府信息公开和债券市场监管有关规定进行信息披露

对于专项债券,重点披露专项债券对应的政府性基金、调入专项收入情况和项目主要情况。

5.2.3　地方债的申购

投资者可像购买国债一样购买地方债,具体发行渠道须以具体发行通知为准。企业和个人取得的地方债利息收入,免征企业所得税和个人所得税。

5.2.4　地方债的还本付息

专项债券采用记账式固定利率附息形式,一般债券采用记账式固定利率附息形式。

5.3　公司债券

公司债券是指公司依照法定程序发行,约定在一年以上期限内还本付息的有价证券。

2015 年 1 月,中国证监会颁布实施了《公司债券发行与交易管理办法》,对公司债券的发行方式、发行条件、发行程序、承销管理、信息披露、债券持有人权益保护等方面做出了详尽的规定。今后,我国公司债券管理向"宽进严管"过度,在发行方面口径有所放宽,但发行后的监管会进一步强化,尤其加强交易和转让活动的管理,更好地发挥市场机制在公司债券市场发展中的基础作用。

5.3.1 公司债券的发行

1) 主管部门对发行公司债券的要求

(1) 公司的生产经营符合法律、行政法规和公司章程的规定,符合国家产业政策。

(2) 公司内部控制制度健全,内部控制制度的完整性、合理性、有效性不存在重大缺陷。

(3) 公司最近一期末经审计的净资产额应符合法律、行政法规和中国证监会的有关规定;股份有限公司的净资产不低于人民币3 000万元,有限责任公司的净资产不低于人民币6 000万元。

(4) 最近3个会计年度实现的年均可分配利润不少于公司债券一年的利息。

可分配利润是指公司依法缴纳各种税金,依法弥补亏损并提取公积金、法定公益金后所剩余的利润。如果在发行公司债券之前的3年中公司所有的可分配利润平均之后,一年的可分配利润足以支付公司债券的一年的利息,那么公司就可以按照约定的期限向债券持有人支付约定的利息,而不会发生迟延支付利息的情况,从而保障投资者的利益。

(5) 本次发行后累计公司债券余额不超过最近一期期末净资产额的40%;金融类公司的累计公司债券余额按金融企业的有关规定计算。

(6) 筹集资金的投向符合国家产业政策。

发行公司债券募集的资金,必须符合股东会或股东大会核准的用途,且符合国家产业政策。

(7) 债券利率不得超过国务院限定的利率水平。

公司在发行债券时,债券的利率越高,它所要偿还的债务就越多,就会因负债过多而可能无法清偿其债务,损害债权人利益。所以公司发行债券的利率不得超过国务院限定的利率水平。根据《公司债券管理条例》的规定,公司债券的利率不得高于银行同期居民储蓄存款利率的40%。

若公司存在下列情形之一的,不得发行公司债券:

(1) 最近36个月内公司财务会计文件存在虚假记载,或公司存在其他重大违法行为。

(2) 发行申请文件存在虚假记载、误导性陈述或者重大遗漏。

(3) 对已发行的公司债券或者其他债务有违约或者迟延支付本息的事实,仍处于继续状态。

(4) 严重损害投资者合法权益和社会公共利益的其他情形。

2) 公司债券的发行条件

债券发行的条件指债券发行者发行债券筹集资金时所必须考虑的有关因素,具体包括发行额、面值、期限、偿还方式、票面利率、付息方式、发行价格、发行费用、有无担保等。公司决定发行公司债券后,接着就要考虑发行何种类型的债券以及发行债券的条件。

由于公司债券通常是以发行条件进行分类的,所以,确定发行条件的同时也就确定了所发行债券的种类。适宜的发行条件可使筹资者顺利地筹集资金,使承销机构顺利地销售出债券,也使投资者易于作出投资决策。在选择债券发行条件时,公司应根据债券发行条件的具体内容综合考虑下列因素:

(1) 发行额 债券发行额指债券发行人一次发行债券时预计筹集的资金总量。公司应根据自身的资信状况、资金需求程度、市场资金供给情况、债券自身的吸引力等因素进行综合判断后再确定一个合适的发行额。发行额过高,会造成发售困难;发行额过低,又不易满足筹资的需求。

（2）债券面值　债券面值即债券票面上标出的金额。公司可根据不同认购者的需要，使债券面值多样化，既有大额面值，也有小额面值。

（3）债券的期限　从债券发行日起到偿还本息日止的这段时间称为债券的期限。公司通常根据资金需求的期限、未来市场利率走势、流通市场的发达程度、债券市场上其他债券的期限情况、投资者的偏好等来确定发行债券的期限结构。一般而言，当资金需求量较大，债券流通市场较发达，利率有上升趋势时，可发行中、长期债券，否则，应发行短期债券。

（4）债券的偿还方式　按照债券的偿还日期的不同，债券的偿还方式可分为期满偿还、期中偿还和延期偿还三种或可提前赎回和不可提前赎回两种；按照债券的偿还形式的不同，可分为以货币偿还、以债券偿还和以股票偿还三种。公司可根据自身实际情况和投资者的需求灵活作出决定。

（5）票面利率　票面利率可分为固定利率和浮动利率两种。一般情况下，公司应根据自身资信情况、公司承受能力、利率变化趋势、债券期限的长短等决定选择何种利率形式与利率的水平。

（6）付息方式　付息方式一般可分为一次性付息和分期付息两种。公司可根据债券期限情况、筹资成本要求、对投资者的吸引力等确定不同的付息方式，如对中长期债券可采取分期付息方式，按年、半年或按季度付息等，对短期债券可以采取一次性付息方式等。

（7）发行价格　债券的发行价格即债券投资者认购新发行的债券时实际支付的价格。债券的发行价格可分为平价发行（按票面值发行）、折价发行（以低于票面值的价格发行）和溢价发行（以高于票面值的价格发行）三种。选择不同发行价格的主要考虑因素是使投资者得到的实际收益与市场收益率相近。因此，公司可根据市场收益率和市场供求情况相机抉择。

（8）发行方式　公司可根据市场情况、自身信誉和销售能力等因素，选择采取向特定投资者发行的私募方式，还是向社会公众发行的公募方式；是自己直接向投资者发行的直接发行方式，还是让证券中介机构参与的间接发行方式；是公开招标发行方式，还是与中介机构协商议价的非招标发行方式等。

（9）是否记名　记名公司债券转让时必须在债券上背书，同时还必须到发行公司登记，而不记名公司债券则无需如此。因此，不记名公司债券的流动性要优于记名公司债券。公司可根据市场需求等情况决定是否发行记名债券。

（10）担保情况　发行的债券有无担保，是债券发行的重要条件之一。一般而言，由信誉卓著的第三方担保或以公司自己的财产作抵押担保，可以增加债券投资的安全性，减少投资风险，提高债券的吸引力。公司可以根据自身的资信状况决定是否以担保形式发行债券。通常，大金融机构、大公司发行的债券多为无担保债券，而信誉等级较低的中小公司大多发行有担保债券。

（11）债券选择权情况　附有选择权的公司债券指在债券发行中，发行者给予持有者一定的选择权，如可转换公司债券、有认股权证的公司债券、可退还的公司债券等。一般说来，有选择权的债券利率较低，也易于销售。但可转换公司债券在一定条件下可转换成公司发行的股票，有认股权证的债券持有人可凭认股权证购买所约定的公司的股票等，因而会影响到公司的所有权。可退还的公司债券在规定的期限内可以退还给发行人，因而增加了公司的负债和流动性风险。公司可根据自身资金需求情况、资信状况、市场对债券的需求情况以及现有股东对公司所有权的要求等选择是否发行有选择权的债券。

（12）发行费用　债券发行费用，是指发行者支付给有关债券发行中介机构和服务机构的费用。债券发行者应尽量降低发行费用,在保证发行成功和有关服务质量的前提下,选择发行费用较低的中介机构和服务机构。

3) 公司债券的发行程序

(1) 申请发行公司债券,应当由公司董事会制订方案,由股东会或股东大会对下列事项作出决议:

① 发行债券的数量;

② 向公司股东配售的安排;

③ 债券期限;

④ 募集资金的用途;

⑤ 决议的有效期;

⑥ 对董事会的授权事项。

(2) 发行人全体董事、监事、高级管理人员应当在债券募集说明书上签字,承诺不存在虚假记载、误导性陈述或者重大遗漏。

募集说明书中应当载明下列事项:

① 公司名称;

② 债券总额和债券的票面金额;

③ 债券的利率;

④ 还本付息的期限和方式;

⑤ 债券发行的起止日期;

⑥ 公司净资产额;

⑦ 已发行的尚未到期的公司债券总额;

⑧ 公司债券的承销机构。

债券募集说明书所引用的审计报告、资产评估报告、资信评级报告,应当由有资格的证券服务机构出具,并由至少两名有从业资格的人员签署。债券募集说明书所引用的法律意见书,应当由律师事务所出具,并由至少两名经办律师签署。债券募集说明书不得使用超过有效期的资产评估报告或者资信评级报告。债券募集说明书自最后签署之日起 6 个月内有效。

为债券发行出具专项文件的注册会计师、资产评估人员、资信评级人员、律师及其所在机构,应当按照依法制定的业务规则、行业公认的业务标准和道德规范出具文件,并声明对所出具文件的真实性、准确性和完整性承担责任。

(3) 公开发行公司债券,应当委托具有从事证券服务业务资格的资信评级机构进行信用评级。非公开发行公司债券是否进行信用评级由发行人确定,并在债券募集说明书中披露。

(4) 公司在作出发行公司债券的决议或者决定后,必须依照我国《公司法》的规定,向中国证监会提交规定的申请文件,报请批准,所提交的申请文件必须真实、准确、完整。向国务院授权部门提交的申请文件包括:公司登记证明、公司章程、公司债券募集办法、资产评估报告和验资报告等。

(5) 中国证监会依照法定条件负责批准公司债券的发行,该部门应当自受理公司债券发行申请文件之日起 3 个月内作出决定,不予审批的,应当作出说明。

(6) 发行公司债券,可以申请一次核准,分期发行。自中国证监会核准发行之日起,公司应在 6 个月内首期发行,剩余数量应当在 24 个月内发行完毕。超过核准文件限定的时效未发行的,须重新经中国证监会核准后方可再次发行。

模块 5　债券交易　**51**

公开发行公司债券的募集说明书自最后签署之日起 6 个月内有效。采用分期发行方式的,发行人应当在后续发行中及时披露更新后的债券募集说明书,并在每期发行完成后 5 个工作日内报中国证监会备案。

(7) 公司应当在发行公司债券前的 2~5 个工作日内,将经中国证监会核准的债券募集说明书摘要刊登在至少一种中国证监会指定的报刊,同时将其全文刊登在中国证监会指定的互联网网站。公司全体董事、监事、高级管理人员应当在债券募集说明书上签字,保证不存在虚假记载、误导性陈述或者重大遗漏,并声明承担个别和连带的法律责任。

(8) 公司发行公司债券应当置备公司债券存根簿。发行记名公司债券的,应当在公司债券存根簿上载明下列事项:

① 债券持有人的姓名或者名称及住所;

② 债券持有人取得债券的日期及债券的编号;

③ 债券总额、债券的票面金额、债券的利率、债券还本付息的期限和方式;

④ 债券的发行日期。

(9) 中国证监会对已经批准发行的公司债券,如果发现不符合法律、行政法规规定的,应当予以撤销;尚未发行的,应停止发行;已经发行公司债券的,发行公司应当向认购人退还所缴款项并加算银行同期存款利息。

(10) 发行公司应当为债券持有人聘请债券受托管理人,并订立债券受托管理协议;在债券存续期限内,由债券受托管理人依照协议的约定维护债券持有人的利益。

债券受托管理人由本次发行的保荐人或者其他经中国证监会认可的机构担任。为本次发行提供担保的机构不得担任本次债券发行的受托管理人。

债券受托管理人应当为债券持有人的最大利益行事,不得与债券持有人存在利益冲突。债券受托管理人应当履行下列职责:

① 持续关注发行公司和保证人的资信状况,在出现可能影响债券持有人重大权益的事项时,召集债券持有人会议;

② 公司为债券设定担保的,债券受托管理协议应当约定担保财产为信托财产,债券受托管理人应在债券发行前取得担保的权利证明或其他有关文件,并在担保期间妥善保管;

③ 在债券存续期内勤勉处理债券持有人与公司之间的谈判或者诉讼事务;

④ 预计公司不能偿还债务时,要求公司追加担保,或者依法申请法定机关采取财产保全措施;

⑤ 公司不能偿还债务时,受托参与整顿、和解、重组或者破产的法律程序;

⑥ 债券受托管理协议约定的其他重要义务。

4) **公司债券的发行方式**

(1) 按照发行对象可分为私募发行和公募发行两种方式。

① 私募发行是指面向少数特定的投资者发行债券,一般以少数关系密切的单位和个人为发行对象,不对所有的投资者公开出售。具体发行对象有两类:一类是机构投资者,如大金融机构或与发行者有密切业务往来的企业等;另一类是个人投资者,如发行单位自己的员工,或是发行者的上下游客户等。私募发行一般多采取直接销售的方式,不经过证券发行中介机构,不必向证券管理机关办理发行注册手续,可以节省承销费用和注册费用,手续比较简便。但是私募债券不能公开上市,流动性差,利率比公募债券高,发行数额一般不大。

② 公募发行是指公开向广泛且不特定的投资者发行债券。公募债券发行者必须向证

券管理机关办理发行注册手续。由于发行数额一般较大,通常要委托证券公司等中介机构承销。公募债券信用度高,可以上市转让,因而发行利率一般比私募债券利率低。

（2）按照债券的实际发行价格和票面价格的异同,债券的发行可分平价发行、溢价发行和折价发行。

① 平价发行是指债券的发行价格和票面额相等,因而发行收入的数额和将来还本数额也相等。前提是债券发行利率和市场利率相同,这在西方国家比较少见。

② 溢价发行是指债券的发行价格高于票面额,以后偿还本金时仍按票面额偿还。只有在债券票面利率高于市场利率的条件下才能采用这种方式发行。

③ 折价发行是指债券发行价格低于债券票面额,而偿还时却要按票面额偿还本金。折价发行是因为规定的票面利率低于市场利率。

5.3.2 公司债券的申购配售

投资者申购公司债券之前,应详细阅读《公司债券募集说明书》和《公司债券申购和配售办法说明》。

1）申购配售的时间安排

T−2日:发行人在国家有关主管部门指定媒体刊登募集说明书、募集说明书摘要和申购配售说明,簿记管理人开始接收订金。

T−1日:簿记管理人接收订单和投资者资料进行簿记;发行人与主承销商讨论决定本期债券的最终基本利差（"发行利差"）及最终票面利率（"发行利率"）和是否行使债券回拨选择权等事宜;当日北京时间24:00之前,发行人将最终发行规模及发行利率报国家有关主管部门备案。

T日（即发行首日）,簿记管理人向本期债券的获配投资者发出"配售缴款通知书"。债券将被托管至牵头主承销商在中央国债登记公司的账户;获得配售的投资者开始缴款。发行人不迟于发行首日于有关主管部门指定媒体刊登簿记建档结果公告。

T+1日:获得配售的投资者应按配售缴款通知书的要求将各自的获配款项划至募集款项账户。

T+2日:牵头主承销商完成将债券过户给获得配售且按时缴款的投资者的登记与托管手续。

2）基本申购程序

（1）拟申购本期债券的投资者应按申购配售说明的具体要求,正确填写订单,并准备相关资料。投资者应不迟于订单截止时间,将订单及投资者资料,传真至簿记管理人指定的传真号码。投资者在填写订单时,可参考《某某公司债券订单填报说明》。

（2）簿记管理人根据所收到的订单、投资者资料及订金,进行簿记建档,统计有效订单的数量。

（3）簿记建档结束后,根据簿记结果,发行人与主承销商将按照募集说明书规定的债券回拨机制协商一致,将最终发行规模和发行利率报国家有关主管部门备案,然后对所有有效订单进行配售。

（4）簿记管理人将向获配债券的投资者发出配售缴款通知书,列明其获配的债券数量、其应补缴的认购款金额/应退还的未获配售订金、缴/退款时间、认购款的收款银行账户信息等。

（5）投资者应按簿记管理人发出的配售缴款通知书按时、足额缴款。

（6）主承销商按中央国债登记公司的相关规程，不迟于 T＋2 日为投资者办理债券过户手续。

（7）发行人聘请相关公证机构，对簿记过程进行公证。

3）投资者应提交的资料

投资者应于规定的期限内准确填写投资者基本信息表，并加盖单位公章后连同其他资料传真至簿记管理人指定的传真号码。投资者须在每一页注明发送的总页数及投资者的联系人和联系电话。

（1）境内法人投资者申购时须向簿记管理人提交下列资料：

① 有效的法人营业执照（副本）复印件（加盖单位公章），或其他有效的法人资格证明文件复印件（加盖单位公章）；

② 经办人身份证复印件；

③ 投资者基本信息表。

（2）境内非法人机构投资者申购时须向簿记管理人提交下列资料：

① 有效的非法人机构相关证明复印件（加盖单位公章）；

② 经办人身份证复印件；

③ 投资者基本信息表。

4）缴款办法

公司债券的获配投资者应按照配售缴款通知书的要求，按时足额将认购款项划至配售缴款通知书指定账户。

5.3.3 公司债券的上市交易

公司债券获批在交易所上市后，按如下规则进行交易：

1）公司债券的现货交易

（1）公司债券现货交易可在交易所竞价交易系统和固定收益证券综合电子平台同时进行，并使用相同的证券代码和证券简称。

（2）投资者按证券账户进行申报，并实行净价交易、全价结算。公司债券现货净价交易比照国债相关规定执行。

（3）在电子平台采取报价交易的，每笔买卖报价数量为 1 000 手或其整数倍，报价按每 1 000 手逐笔进行成交。

（4）当日通过竞价系统（电子平台）买入的公司债券，可于当日通过该系统（平台）卖出，也可于次一交易日通过电子平台（竞价系统）卖出。

（5）电子平台的一级交易商可向交易所申请，对在电子平台挂牌的公司债券进行做市及办理与其客户的协议交易。

2）公司债券的回购交易

（1）经发行人申请，并由交易所和中国证券登记结算有限责任公司认定，符合条件的公司债券可作为质押券用于新质押式回购，由交易所在上市通知中予以公布。交易所可根据市场情况，终止特定的公司债券用于新质押式回购。

（2）公司债券进行新质押式回购通过交易所竞价系统进行；公司债券申报和转回作为质押券业务通过电子平台进行，电子平台的交易商可代理客户进行质押券的申报和转回。

当日买入的公司债券可当日进行质押券申报。当日申报质押券入库的，下一交易日可在竞价系统进行相应的债券回购业务。当日申报转回的质押券,下一交易日可在竞价系统和电子平台卖出。

(3) 符合以下条件之一的公司债券,可作为新质押式回购的质押券:

① 公司债券发行人是中央直属的国有独资企业;

② 公司债券由中国工商银行股份有限公司、中国银行股份有限公司、中国建设银行股份有限公司、中国农业银行股份有限公司、中国交通银行股份有限公司、国家开发银行之一提供全额无条件不可撤销连带责任担保或者提供足额资产抵押担保;

③ 主体评级和债券评级为 AAA 级;

④ 经中国证监会认可的其他公司债券。

(4) 公司债券发行人应按照《上海证券交易所公司债券上市规则》相关规定,履行持续信息披露义务。

(5) 公司债券发行人出现影响或可能影响公司债券还本付息的重大事件,交易所可以视情况暂停公司债券现货及回购交易,暂停及恢复交易的时间和方式由交易所决定。

(6) 交易所对公司债券交易实行实时监控,对交易出现异常波动或涉嫌违法违规交易的公司债券可实施特别停牌并予以公告,停牌及复牌的时间和方式由交易所决定。对异常交易及其他违法违规行为,按照交易所相关规定处理。

(7) 公司债券发行人为交易所上市公司的,其股票停牌,交易所可以视情况决定暂停公司债券的现货交易及回购交易,直至相关当事人作出公告的下一交易日予以复牌。

(8) 公司债券的登记、托管和结算及标准券折算比率等事宜按照中国证券登记结算有限责任公司的相关规定办理。

5.3.4 公司债券的还本付息

1) 公司债券的还本

发行人在债券到期后,应按照发行时的约定偿还债券持有者本金。在债券的整个存续期内,溢价和折价都已摊销完毕,因此,债券最后到期兑付时,可以不考虑债券的溢价和折价,全部按债券的票面价值进行兑付。

2) 公司债券的付息

(1) 债权登记日 发行人在付息公告中公告债权登记日,截至该日下午收市后,该期债券投资者对托管账户所记载的债券余额享有本年度利息。

(2) 除息交易日 债权登记日的下一个交易日为除息交易日。

(3) 付息时间

① 集中付息时间:自除息交易日之后的第 3 个工作日起的 20 个工作日内。

② 常年付息时间:集中付息期间未领取利息的投资者,可到原认购网点领取利息。

(4) 付息办法

① 公司债券未上市部分,即托管在中央国债登记结算有限责任公司由一级托管客户持有的公司债券利息款,由中央国债登记结算有限责任公司按期划付至一级托管客户指定的银行账户。

② 从二级市场购买公司债券并持有到债权登记日的投资者,利息款通过中国证券登记结算有限责任公司清算系统进入该投资者开户的证券公司营业部的资金账户中,再由该营业部向该投资者付息。

③ 从一级发行市场购买公司债券并持有到债权登记日的投资者,在原认购债券的营业网点办理付息手续。具体手续如下:

a. 个人投资者办理公司债券利息领取手续时,应出示本人身份证和原托管凭证,如由他人代办,应出示投资者身份证、代理人身份证和原托管凭证;

b. 机构投资者办理公司债券利息领取手续时,应出示原托管凭证和经办人身份证,并提交单位授权委托书(加盖认购时预留的印鉴)正本、法人营业执照复印件(加盖该机构投资者的公章)和税务登记证(地税)复印件(加盖该机构投资者的公章)以及经办人身份证复印件;

c. 投资者的托管凭证遗失或损毁,须按照原认购网点的具体规定办理挂失手续,并于集中付息结束后由本人持有效身份证明办理,不得由他人代办;

d. 在集中付息期间未领取利息的投资者,仍到原认购网点领取利息;

e. 如投资者原认购网点已迁址、更名或合并,则根据托管凭证上注明的二级托管人名称或加盖的公章,咨询该二级托管人。

④ 根据有关规定,个人投资者的公司债券利息收入,应按利息额的20%缴纳个人所得税,统一由各付息网点在向持有债券的个人支付利息时负责代扣代缴,就地入库。

5.4 可转换公司债券

可转换公司债券(简称"转债"),又称可换股债券。它可以转换为债券发行公司的股票,其转换比率一般在发行时确定。可转换债券通常具有较低的票面利率,因其可以转换成股票的权利是对债券持有人的一种补偿。另外,可转换债券转换为普通股时,所换得的股票价值一般远大于原债券价值。从本质上讲,可转换债券是在发行公司债券的基础上,附加了一份期权,并允许投资人在规定的时间内将其购买的债券转换成发行公司的股票。

5.4.1 可转换公司债券的优势

可转换公司债券具有股票和债券的双重属性,对投资者来说是"能够保证本金的股票"。可转换公司债券对投资者具有强大的市场吸引力,其优势在于:

(1)可转换公司债券使投资者获得最低收益权,它与股票的不同在于它具有债券的特性,即便当它失去转换意义后,作为一种低息债券,它仍然会有固定的利息收入,这时投资者可以获得固定的利息收益。如果实现转换,则会获得出售普通股的收入或获得股息收入。当股价上涨时,投资者可将债券转为股票,享受股价上涨带来的盈利;当股价下跌时,则可不实施转换而享受每年的固定利息收入,待期满时兑现本金。

(2)可转换公司债券当期收益较普通股的红利高,投资者在持有可转换公司债券期间,可以取得定期的利息收入。如果可转换公司债券当期收益较普通股红利低,则可转换公司债券将很快被转换成股票。

(3)可转换公司债券比股票有优先偿还的要求权。可转换公司债券属于次等信用债券。在清偿顺序上,同普通公司债券、长期负债(银行贷款)等具有同等追索权利,但排在一般公司债券之后,同可转换优先股、优先股和普通股相比,可得到优先清偿。

5.4.2 可转换公司债券的发行条件

上市公司发行可转换为股票的公司债券,除应当符合发行公司债券的条件外,还应当符

合关于公开发行股票的条件,并报国务院证券监督管理机构核准:

(1) 最近 3 个会计年度加权平均净资产收益率平均不低于 6%。扣除非经常性损益后的净利润与扣除前的净利润相比,以低者作为加权平均净资产收益率的计算依据。

(2) 本次发行后累计公司债券余额不超过最近一期末净资产额的 40%。

(3) 最近 3 个会计年度实现的年均可分配利润不少于公司债券 1 年的利息。

发行人有下列情形之一的,主管部门不予核准其发行申请:

(1) 最近 3 年内存在重大违法违规行为的。

(2) 最近一次募集资金被擅自改变用途而未按规定加以纠正的。

(3) 信息披露存在虚假记载、误导性陈述或重大遗漏的。

(4) 公司运作不规范并产生严重后果的。

(5) 成长性差,存在重大风险隐患的。

(6) 中国证监会认定的其他严重损害投资者利益的情形。

5.4.3 可转换公司债券的发行程序和发行条件

(1) 发行人申请发行可转换公司债券,应由股东大会做出决议。股东大会做出的决议至少应包括发行规模、转股价格的确定及调整原则、债券利率、转股期、还本付息的期限和方式、赎回条款及回售条款、向原股东配售的安排、募集资金用途等事项。

(2) 发行人及有关中介机构应按照中国证监会的有关规定制作申请文件。主承销商负责向中国证监会推荐,出具推荐意见,并负责报送发行申请文件。推荐函的内容至少应包括:明确的推荐意见及其理由,对发行人发展前景的评价,有关发行人是否符合可转换公司债券发行上市条件及其他有关规定的说明,发行人主要问题和风险的提示,简介证券公司内部审核程序及审核意见。

(3) 为发行可转换公司债券提供服务的中介机构应认真履行义务,并承担相应的法律责任。主承销商还应对可转换公司债券发行申请文件进行核查。有关核查的程序和原则应参照股票发行内核工作的有关规定执行。主承销商应向中国证监会申报核查中的主要问题及其结论。

(4) 发行人律师出具相关的法律意见书和律师工作报告,应针对可转换公司债券发行的特点,对可转换公司债券发行上市的实质条件、发行方案及发行条款、担保和资信情况等进行核查验证,明确发表意见。发行人最近 3 年财务会计报告均由注册会计师出具标准无保留意见审计报告的,发行人应在申请文件中提供最近 3 年经审计的财务会计报告,发行申请于下半年提出的,还应提供申请当年公司公告的中期财务会计报告。

(5) 可转换公司债券按面值发行,每张面值 100 元,最小交易单位为面值 1 000 元。

(6) 可转换公司债券的期限最短为 1 年,最长为 6 年,由发行人和主承销商根据发行人具体情况商定。

(7) 可转换公司债券的转股价格应在募集说明书中约定。转股价格应不低于募集说明书公告日前 20 个交易日该公司股票交易均价和前 1 个交易日的均价。

(8) 可转换公司债券自发行之日起 6 个月后方可转换为公司股票。可转换公司债券的具体转股期限应由发行人根据可转换公司债券的存续期及公司财务情况确定。

(9) 发行人应明确约定可转换公司债券转股的具体方式及程序。

(10) 可转换公司债券计息起始日为可转换公司债券发行首日。

模块 5　债券交易　　**57**

　　（11）可转换公司债券应每半年或 1 年付息 1 次；到期后 5 个工作日内应偿还未转股债券的本金及最后一期的利息。具体付息时间、计息规则等应由发行人约定。

　　（12）发行人设置赎回条款、回售条款、转股价格修正条款的，应明确约定实施这些条款的条件、方式和程序等。条款应体现权利与义务对等的原则，不得损害可转换公司债券持有人的利益。

　　（13）发行人应依法与担保人签订担保合同。担保应采取全额担保；担保方式可采取保证、抵押和质押，其中以保证方式提供担保的应为连带责任担保；担保范围应包括可转换公司债券的本金及利息、违约金、损害赔偿金和实现债权的费用。

5.4.4　可转换公司债券的申购

　　投资者应当详细阅读可转换公司债券募集说明书和发行公告书，按照发行公告的提示进行申购，基本申购程序如下：

　　（1）申购当日（T 日），投资者凭证券账户卡申请认购可转换公司债券，每个账户的申购不少于 1 000 元面值，超过 1 000 元面值必须是 1 000 元的整数倍，每个账户的认购上限为公开发行总额的 1‰，并由交易所反馈认购情况。

　　（2）T+1 日，由交易所结算公司将申购资金冻结在申购专户中。

　　（3）T+2 日，由主承销商和有从事证券业务资格的会计师事务所对申购资金进行验资，并由会计师事务所出具验资报告。

　　（4）T+3 日，由主承销商负责组织摇号抽签，并于当日公布中签结果。

　　（5）T+4 日，对未中签的申购款予以解冻。

5.4.5　可转换公司债券的转股

　　可转债转股是指可转债持有人可以依据转债募集说明书的条件，按照当时生效的转股价格在转股期内的"转股申请时间"，随时申请转换为发行转债上市公司的流通股股票。转债持有人申请转股将通过交易所的交易系统按报盘方式进行，其具体步骤为：

　　（1）在转股期内交易所将专门设置一交易代码供可转债持有人申请转股，持有人可以将自己账户内的可转债全部或部分申请转为该公司股票。

　　在上交所上市流通的可转债，上交所将专门提供一个与转债对应的转股代码，投资者输入该转股代码，以转债的面值为交易价格，键入所需要转股的转债数量就可以了。

　　而对于在深交所上市的转债，需要投资者到所开户的营业部提出申请，营业部将利用专门的设备将该申请转交给交易所。在该过程中，深交所提供的交易代码往往为该转债本身的代码。在输入该代码后，投资者需要通过一定的选项进入转股程序，然后营业部将客户需要转换的债券数量按照当期的转股价格计算出所转换股票数量，并申报到交易所。

　　（2）与转股申请相应的可转债总面值必须是 1 000 元的整数倍。申请转股的股份须是整数股，当尾数不足 1 股时，公司将在转股日后的 5 个交易日内以现金兑付该部分可转债的票面金额以及利息。

　　（3）转股申请一经确认不能撤单。

　　（4）若转债持有人申请转股的数量大于该持有人实际持有可转债能转换的股份数，深交所将只对其最大的可转换股票部分进行转股，申请超过部分予以取消。

　　（5）转债持有人一经转股，该部分可转债便不能享受当期利息。转股所增加的股票将自动登记入投资者的股票账户,与该公司已发行在外的普通股享有同等权益,可参与当年股利分配。

（6）当交易所对转股申请确认有效后,将记减（冻结并注销）持有人的可转债数额,同时记加持有人相应的股份数额。登记机构将根据托管券商的有效申报,对持有人账户的股票和可转债的持有数量做相应的变更登记。提出转股申请的持有人在转股申请的下一个交易日办理交割确认后,其持有的因转股而配发的股票便可上市流通。

（7）转股过程中有关税费由持有人自行负担,除非该公司应该缴纳该类税费或者法律明确规定该公司对该类税费负有代扣代缴义务。

（8）可转换公司债券在自愿申请转股期内,债券交易不停市。可转换公司债券上市交易期间,未转换的可转换公司债券数量少于 30 000 万元时,交易所将立即予以公告,并于 3 个交易日后停止其交易。可转换公司债券在停止交易后、转换期结束前,持有人仍然可以依据约定的条件申请转股。

（9）转债发行人因增发新股、配股、分红派息而调整转股价格时,交易所将停止该可转换公司债券转股流程。停止转股的时间由发行人与交易所商定,最长不超过 15 个交易日,同时交易所还依据公告信息对其转股价格进行调整,并于股权登记日的下一个交易日恢复转股。恢复转股后采用调整后的转股价格。

5.4.6　可转换公司债券的赎回

在某些债券的发行合同中规定,债券发行人有权于一定期间、按一定价格提前购回发行在外的债券,这就是债券的赎回。赎回的债券应予注销。

赎回是指发行人股票价格在一段时期内连续高于转股价格达到某一幅度时,发行人按事先约定的价格买回未转股的可转换公司债券。发行人行使债券的赎回权,可以减轻利息负担。赎回条款是为了保护发行人而设计的,旨在迫使转债持有人提前将转债转换成公司股票,从而达到增加股本、降低负债的目的,也避免了利率下调造成的利率损失。为了补偿提前赎回对债券持有人的损害,赎回价格通常高于债券面值或账面价值,从而形成赎回损失;如果赎回价格低于债券的账面价值,则产生赎回利益。赎回利益或赎回损失在公司账面上列为营业外收入或支出。为了正确计算债券赎回损益,必须计算并调整自上个付息日至赎回日的应计利息及溢价、折价摊销额,赎回的债券以及相关的溢价、折价账面余额。

赎回条款一般又分无条件赎回和有条件赎回,无条件赎回即在赎回期内按照事先约定的赎回价格赎回转债;有条件赎回即在基准股价上涨到一定程度（通常为正股股价持续数天高于转股价格 130%～200%）,发行人有权行使赎回权。

关于可转换公司债券的赎回操作,目前有如下相关规定:

（1）转债发行人每年可按约定条件行使一次赎回权。每年首次满足赎回条件时,发行人可赎回部分或全部未转股的可转换公司债券。但若首次不实施赎回的,当年不应再行使赎回权。

（2）赎回条件满足时,发行人可以全部或按一定比例赎回未转股的可转换公司债券,也可以不行使赎回权。

（3）转债发行人行使赎回权时,应在赎回条件满足后的 5 个工作日内在中国证监会指定报刊和互联网网站连续发布赎回公告至少 3 次,赎回公告应载明赎回的程序、价格、付款方法、时间等内容。赎回公告发布后,不得撤销赎回决定。赎回期结束,应公告赎回结果及对发行人的影响。

（4）当可转换公司债券赎回条件满足、发行人刊登公告行使赎回权时，交易所于赎回日停止该债券的交易和转股。发行人根据停止交易后登记在册的债券数量，于赎回日后3个交易日内将赎回债券所需的资金划入交易所指定的资金账户。交易所于赎回日后第4个交易日将资金划入券商清算头寸账户，同时记减投资者相应的可转换公司债券。各券商于赎回日后第5个交易日将兑付款划入投资者开设的资金或保证金账户。未赎回的可转换公司债券于赎回日后下一个交易日恢复交易和转股。

5.4.7 可转换公司债券的回售

回售条款是为可转换公司债券持有人提供的一项安全性保障。当可转换公司债券的转换价值远低于债券面值时，投资人依据一定的条件可以要求发行人以面值加计利息补偿金的价格收回可转换公司债券。

回售条款赋予可转换公司债券持有人一种权利，可以根据市场的变化而选择是否行使这种权利。这一条款在一定程度上保护了投资者的利益，这相当于发行公司提前兑付本息。回售可以增加转债的期权价值。

1）回售方式

回售条款分为无条件回售和有条件回售。

（1）无条件回售是无特别原因而进行的回售，通常有固定回售时间，一般在可转换公司债券偿还期的后1/3或一半之后进行。无条件回售条款在某种意义上可视为发行人对可转换公司债券投资者的提前兑付本息，从而增加了期权价值。

（2）有条件回售是当公司股票价格在一段时期内连续低于转股价格并达到一定幅度时，可转换公司债券持有人按事先约定的价格将所持债券卖给发行人。回售价格一般比市场利率确定的价格稍低，但比债券票面利率高，在股票价格持续低迷的情况下，回售条款尤其具有意义。

2）相关规定

关于可转换公司债券的回售操作，目前有如下相关规定：

（1）可转换公司债券的持有人每年可依照约定的条件行使一次回售权。每年首次满足回售条件时，持有人可回售部分或全部未转股的可转换公司债券。首次不实施回售的，当年不应再行使回售权。

（2）发行人应当在每年首次满足回售条件后的5个工作日内在中国证监会指定报刊和互联网网站连续发布回售公告至少3次，回售公告应载明回售的程序、价格、付款方法、时间等内容。行使回售权的可转换公司债券持有人应在回售公告期满后的5个工作日内通过证券交易所交易系统进行回售申报，发行人应在回售申报期结束后5个工作日内，按事先确定的价格及支付方式支付相应的款项。回售期结束，应公告回售的结果及对发行人的影响。

（3）当回售条件每年首次满足时，发行人应当在2个交易日内公告。发行人公告后，可转换公司债券持有人可以全部或部分回售未转换为股份的可转换公司债券，也可以不行使回售权。

（4）可转换公司债券持有人行使回售权时，应当在公告后的10个交易日内以书面形式正式通知发行人。发行人应当在接此通知后的10个交易日内，按事先确定的价格及支付方式买回要求回售的可转换公司债券。通知发出后，股价变化不影响回售决定。

（5）当可转换公司债券的回售条件生效后，持有人依公告时间，通过交易所交易系统以规定的价格申报卖出。在回售终止日后，由交易所统计回售量并通知发行人。发行人根据交易所汇总的回售申报量和约定的价格将资金划入交易所指定的资金账户。在资金到账后，交易所登记公司负责为申请回售的投资者进行资金清算和债券登记。

5.4.8　可转换公司债券的还本付息

（1）可转换公司债券的利率及其调整，由发行人根据本次发行的市场情况以及可转换公司债券的发行条款确定。

（2）可转换公司债券计息起始日为可转换公司债券发行首日。

（3）可转换公司债券应每半年或1年付息一次；到期后5个工作日内应偿还未转股债券的本金及最后一期的利息。具体付息时间、计息规则等由发行人约定。

（4）可转换公司债券转股当年的利息、股利以及转股不足1股金额的处理办法由发行人约定。

（5）到期一次性还本付息的可转换公司债券，交易所于转换期结束时自动终止交易后2个交易日内，将交易结束时的债券数据通知发行人，发行人于到期日前将相应本息款划入交易所指定的资金账户。交易所于到期日后第3个交易日将本息款划入券商清算头寸账户，各券商于到期日后第5个交易日将本息款划入投资者开设的资金或保证金账户。

5.4.9　分离交易的可转换公司债券

分离交易可转换公司债券（简称可转债）的全称是"认股权和债券分离交易的可转换公司债券"，它是债券和股票的混合融资品种。分离交易可转债由两大部分组成：一是可转换债券；二是股票权证。可转换债券是上市公司发行的一种特殊的债券，债券在发行的时候规定了到期转换的价格，持有人可以根据市场行情把债券转换成股票，也可以把债券持有到期取得本金并获得利息。股票权证是指在未来规定的期限内，按照规定的协议价买卖股票的选择权证明，根据买或卖的不同权利，可分为认购权证和认沽权证。因此，对于分离交易可转债业已简单地理解成"买债券送权证"的创新品种。

关于"分离交易的可转债"的发行、交易、回售等程序，目前有如下相关规定：

（1）上市公司公开发行分离交易的可转换公司债券，除应当符合发行公司债券的条件外，还应当符合下列规定：

①　公司最近一期末经审计的净资产不低于人民币15亿元。

②　最近3个会计年度实现的年均可分配利润不少于公司债券1年的利息。

③　最近3个会计年度经营活动产生的现金流量净额平均不少于公司债券1年的利息（最近3个会计年度加权平均净资产收益率平均不低于6％的公司除外）。

④　本次发行后累计公司债券余额不超过最近一期末净资产额的40％，预计所附认股权全部行权后募集的资金总量不超过拟发行公司债券金额。

（2）分离交易的可转换公司债券应当申请在上市公司股票上市的证券交易所上市交易。分离交易的可转换公司债券中的公司债券和认股权分别符合证券交易所上市条件的，应当分别上市交易。

（3）分离交易的可转换公司债券的期限最短为1年。债券的面值、利率、信用评级、偿还本息、债权保护等适用可转换公司债券的规定。

（4）发行分离交易的可转换公司债券，发行人提供担保的，适用本办法第 20 条第 2 款至第 4 款的规定。

（5）认股权证上市交易的，认股权证约定的要素包括行权价格、存续期间、行权期间或行权日、行权比例。认股权证的行权价格不低于公告募集说明书前 20 个交易日公司股票均价和前 1 个交易日的均价。认股权证的存续期间不超过公司债券的期限，自发行结束之日起不少于 6 个月。募集说明书公告的权证存续期限不得调整。

（6）认股权证自发行结束满 6 个月起方可行权，行权期间为存续期限届满前的一段期间，或者是存续期限内的特定交易日。

（7）分离交易的可转换公司债券募集说明书应当约定：上市公司改变公告的募集资金用途的，赋予债券持有人一次回售的权利。

5.5 债券的交易

5.5.1 债券交易市场

我国债券交易市场分为银行间债券市场和交易所债券市场。

银行间债券市场依托中国外汇交易中心暨全国银行间同业拆借中心（简称同业中心）和中央国债登记结算公司（简称中央登记公司）、银行间市场清算所股份有限公司（上海清算所）的交易平台，为境内商业银行、非银行金融机构、非金融机构、可经营人民币业务的外国银行分行等机构提供债券交易服务。其主要交易方式包括债券现货交易和债券回购，主要交易品种包括政府债券、金融债券和中央银行债券等记账式债券。

交易所债券市场是指上海和深圳证券交易所通过交易所的固定收益证券综合电子平台进行交易的整体体系，包括参与主体、交易客体、交易方式和交易制度等几个方面。

由于自然人不能参与银行间债券市场的交易，因此下面只讲交易所债券市场的内容。

5.5.2 交易所债券市场的交易品种

交易所债券市场交易的债券包括国债、公司债券、企业债券、分离交易的可转换公司债券中的公司债券等，交易方式既包括现货交易，也包括质押式回购交易。

5.5.3 交易所债券市场的交易方式

上海和深圳证券交易所的债券交易采用竞价撮合的交易方式，即按照时间优先、价格优先的原则，由交易系统对投资者买卖指令进行匹配最后达成交易。近年来两个交易所在沿用传统的竞价撮合交易方式外，也在相应的平台上引入了场外交易方式。

交易所的固定收益电子平台定位于机构投资者，为大额现券交易提供服务。该平台包括两层市场：一层为交易商之间的市场，采用报价制和询价制；另一层为交易商与普通投资者之间的市场，采用协议交易的模式，通过成交申报进行交易。该平台可以进行现券交易、买断式回购操作以及质押券的申报和转回，但不能进行质押式回购操作。

交易所市场的竞价和询价系统之间也可以进行交易，但本系统内债券实行 T＋0 交易，跨系统实行 T＋1 交易。即当日通过竞价系统买入的债券，可于当日通过该系统卖出，但要于次一交易日才能通过固定收益综合电子平台卖出。

5.5.4 交易所债券市场的托管清算

中国证券登记结算公司(以下简称中证登)负责交易所债券市场的登记、托管和结算。其中,上海证券交易所交易债券的托管和结算由中证登上海分公司负责,深圳证券交易所交易债券的托管和结算由中证登深圳分公司负责。

中证登采取集中登记、二级托管和集中净额结算制度。作为交易双方共同的交收对手方,中证登对债券交收负有担保责任。对于竞价交易系统达成的交易,中证登分别与各结算参与人进行结算,资金清算基本上通过交易所与各结算参与人指定的清算银行实施。对于固定收益电子平台达成的交易,中证登提供了两种清算模式;对于交易商间的交易,中证登作为中央担保者并根据交易所成交结果与交易商进行净额结算,但交易商与客户达成的交易,则实行纯券交割的结算模式。

5.6 模拟交易

5.6.1 认识交易所债券市场

(1)登录国信通达信软件系统,进入沪深交易所债券页面
① 打开通达信系统;
② 点击"报价分析"快捷键;
③ 点击"沪深分类";
④ 点击"上证债券";
⑤ 点击"深证债券";
⑥ 认识沪深交易所上市债券品种及相关指标。
(2)登录沪深交易所网站,进入债券列表页面
① 打开上海证券交易所网站;
② 点击"指数与证券";
③ 点击"债券品种信息";
④ 点击"债券总貌",总体了解沪市上市债券状况;
⑤ 点击"债券基本信息";与通达信软件系统上的债券行情相对应,详尽了解每个债券品种的相关信息;
⑥ 打开深圳证券交易所网站;
⑦ 点击"行情走势";
⑧ 点击"债券",打开债券列表,与通达信软件系统上的债券行情相对应,详尽了解每个债券品种的相关信息;
⑨ 点击"可转换债券",打开债券列表,与通达信软件系统上的债券行情相对应,详尽了解每个转债品种的相关信息。

5.6.2 模拟国债、公司债券和可转换公司债券的交易

在教师的指导下,要求学生买卖若干个国债、公司债券和可转换公司债券品种。

模块6　证券投资基金交易

6.1　证券投资基金概述

基金最早的萌芽,可以追溯到19世纪初的荷兰。荷兰国王威廉一世在1822年创立了世界上第一支私人基金,委托专业投资人员操作,投资于外国政府证券,这也是最早的证券投资基金。

真正意义上的基金诞生于工业文明的发祥地——英国。1868年,英国政府批准成立了一家海外投资实体——"海外及殖民地政府信托"(the Foreign and Colonial Government Trust)。由投资者集体出资、专职经理人负责管理和运作。为确保资本的安全和增值,还委托律师签订了文字契约。由此,世界上第一只投资基金——一种新型的信托契约型间接投资模式便由此产生了。本质上看,这家基金更类似于股票,没有期限,不能退股,也不能兑现,投资者在购买了基金后只能按期获得分红和股息。但它毕竟在诸多方面为现代基金业的产生奠定了基础,所以,金融史学家们均将它视为现代基金的雏形。

中国内地基金发展较晚,起源于1992年。1998年3月,基金开元、基金金泰、基金兴华、基金安信和基金裕阳这5只基金公开发行上市,我国基金业的发展得以规范化。

2001年9月,由华安基金管理公司成立了我国第一支开放式证券投资基金——华安创新基金,使我国基金业的发展进入了一个崭新的阶段。

证券投资基金是一种利益共享、风险共担的集合证券投资方式,即通过发行基金单位,集中投资者的资金,由基金托管人托管,由基金管理人管理和运用资金,从事股票、债券等金融工具投资。国际经验表明,基金对引导储蓄资金转化为投资,稳定和活跃证券市场,提高直接融资的比例,完善社会保障体系,完善金融结构具有极大的促进作用。我国证券投资基金的发展历程也表明,基金的发展与壮大,推动了证券市场的健康稳定发展和金融体系的健全完善,在国民经济和社会发展中日益发挥着重要的作用。

证券投资基金的种类繁多,从不同的角度可以进行如下不同的分类:

1) 根据投资基金的组织形式的不同,可分为公司型基金与契约型基金

(1) 公司型基金是依据《公司法》而成立的投资基金,投资者购买公司股份成为股东,由股东大会选出董事、监事,再由董事、监事投票委任某一投资管理公司来管理公司的资产。

(2) 契约型投资基金是根据信托法组建的,也就是由委托者、受托者和受益者三方订立信托投资契约,由基金管理公司根据契约运用信托财产,由受托者(信托公司或银行)负责保管信托财产,而投资成果则由投资者(受益者)享有的一种基金。

2) 根据投资基金投资对象的不同,可分为货币基金、债券基金、股票基金等

(1) 货币基金是以国库券、大额银行可转让存单、商业票据、公司债券等货币市场短期有价证券为投资对象的投资基金。

(2) 债券基金是以债券为投资对象的基金。

(3) 股票基金是以股票为主要投资对象的投资基金。

3）根据投资风险与收益的目标不同，可分为成长型投资基金、收入型投资基金和平衡型投资基金

（1）成长型投资基金又可分为积极成长型投资基金、成长型投资基金、成长加收益型投资基金。积极成长型投资基金多追求高风险、高回报，投资收益主要来自股票买卖的差价收入；成长型投资基金也追求高风险获取资本的长期利得，但其不仅仅着眼于当期的收入；成长加收益型投资基金兼顾资本利得和股息收入两种目标，力图把资本的长期增值与股息的稳定收入结合起来。

（2）收入型投资基金的主要目标是稳定的、最大的当期收入，而不强调资本的长期利得和成长，首要关注点是目前的收益性；次要关注点是未来的成长性，并希望能保住本金。

（3）平衡型投资基金通常有三个投资目标：一是投资者的原始本金保值；二是获取当期收入；三是促进本金和收入的长期增长。为此它通常会把 25%～50% 的资金投向优先股和债券，以确保资金的安全性，其余的资金则投向普通股票。一般来说，平衡型基金所承担的风险比成长型基金要小，特别是在股市下跌时，其表现比只投资股票的基金好。

4）根据基金单位能否随时认购或赎回及转让方式的不同，可分为开放式基金和封闭式基金

（1）开放式基金是指总份数不固定，基金管理公司可以依据经营需要追加发行基金的份数，投资者可以按其基金净值在国家规定的营业场所申购或赎回的基金。

（2）封闭式基金是指发行总额事先确定，基金规模总数不变，基金上市后投资者通过证券市场（一般是交易所）转让、买卖的基金。

5）按照通行的分类方法可将基金分为系列基金、保本基金、ETF 交易所交易基金、LOF 上市开放式基金、FOF 基金

这些统称为特殊基金。FOF 基金目前我国还没有推出。

6）按募集方式的不同分为公募基金和私募基金

（1）公募基金是指面对广大社会公众公开发售的一类基金，必须遵守相关基金法律法规的约束，接受监管部门的严格监管，并定期向全社会披露相关信息。

（2）私募基金是采取非公开方式，面向特定投资者募集发售的基金。私募基金不能进行公开的发售和宣传推广，投资金额要求高，投资者的资格及人数也常常受到严格限制。但私募基金在运作上具有较大的灵活性，来自法律法规的限制和约束也较少，它既可以投资于衍生金融产品，也可以进行汇率、商品期货的投资投机交易。私募基金的投资风险较高，主要以具有较强风险承受能力的富裕阶层为目标客户。

6.2 封闭式基金

在基金发展历史上，最早出现的是封闭式基金，在投资基金的初创阶段，人们总是希望基金运行更具稳定性，因此创立之初，基金的发起人限定了基金单位的发行总额，筹足总额后，基金即宣告成立，并进行封闭，在一定时期内不再接受新的投资。

封闭式基金属于信托基金，有固定的存续期，存续期间规模固定。由于此类基金一般在证券交易所上市交易，交易过程中通常采用竞价的方式，交易价格受市场供求关系的影响而不必然反映基金的净资产值，故交易价格有溢价、折价现象。投资者通过证券交易所的二级市场买卖基金。封闭式基金在一段时间内不接受新资金进入和流出，直到新一轮的开放，一

般开放时间是一周而封闭时间是一年。

6.2.1 发行和认购

1）发行

封闭式基金的发行流程主要包括以下环节：

（1）基金管理公司代表基金发起人在监管机构指定的报刊上刊登发行公告、招募说明书和基金期限等文件，同时，进行路演等一系列的推介活动。

（2）基金发行期间，通过证券营业网点和商业银行代销渠道，向投资人发售基金单位。封闭式基金的募集期限为 3 个月，自该基金批准之日起计算。

（3）发行期结束后，基金管理人不得动用已募集的资金进行投资，应将募集的资金划入验资账户，由具有资格的机构和个人进行验资。封闭式基金自批准之日起 3 个月内募集的资金超过该基金批准规模的 80% 的，该基金方可成立。

（4）封闭式基金募集期满时，其所募集的资金少于该基金批准规模的 80% 的，该基金不得成立。基金发起人必须承担基金募集费用，并在 30 天内将所募资金并加计银行活期存款利息退还基金认购人。

从发行渠道看，封闭式基金有网上发行和网下发行两种方式。前者是指通过证券营业网点发售；后者是指通过证券营业网点以外的渠道如商业银行进行发售。在实际操作中，还采用网上发行和网下发行相结合的方式。

基金的发行价格是指投资者购买基金的单价。在我国，基金的发行价格由两部分构成：一为基金面值，人民币 1.00 元；二为发行费用，人民币 0.01 元。合计每份基金单位发行价格为 1.01 元。基金的发行费用是指发行基金份额而向投资者收取的费用。在我国，上网定价发行手续费由上交所、深交所按实际认购基金成交金额的 2.5‰ 提取，对投资者只按正常交易收取申购委托费，不收取佣金、过户费与印花税等费用，申购委托单费由各地证券经营机构按原有标准自行收取，不得随意涨价。上网定价发行结束后，上交所和深交所按各参加上网定价发行的证券营业部的实际认购量，将该笔手续费自动划转到各证券营业部账户。封闭式基金交易的主要收费项目是交易佣金。

2）认购

基金发行人首次发售基金单位称为基金募集，在基金募集期内购买基金单位的行为称为基金的认购，一般认购期最长为 1 个月。通常认购会享受一定的费率优惠。

封闭式基金的认购方式比较简单，投资者只能在基金发行期内认购。认购手续如下：

（1）投资者凭身份证、印章到基金管理公司或指定的承销机构，填写申请认购表并留下印签。

（2）按所认购的份额缴纳价款和手续费，取得缴款单，等候领取基金的通知。

（3）通常在几天后，投资者得到领取基金的通知，再凭通知和缴款单到指定地点领取基金，完成认购过程。

6.2.2 委托交易

1）交易流程

封闭式基金一般在交易所上市或在柜台市场交易。上市后，投资者通过二级市场进行交易。与交易股票一样，交易封闭式基金的第一步就是到证券营业部开立账户，其中包括基金账户和资金账户。

个人开户,必须提供身份证件;公司或企业开户,则必须提供公司的营业执照副本、法人证明书、法人授权委托书和经办人身份证。投资人如果已开立有股票账户,就不需要另外再开立基金账户,原有的股票账户可以用于交易封闭式基金,但基金账户不能用来交易股票,只能用来交易基金和国债。

在开始交易封闭式基金之前,必须在第三方存管银行存入现金,然后将资金转入证券营业部的资金账户里,之后可以通过证券营业部委托申报或通过无形报盘、电话委托申报买入和卖出基金单位。

封闭式基金的交易流程如图6-1所示。

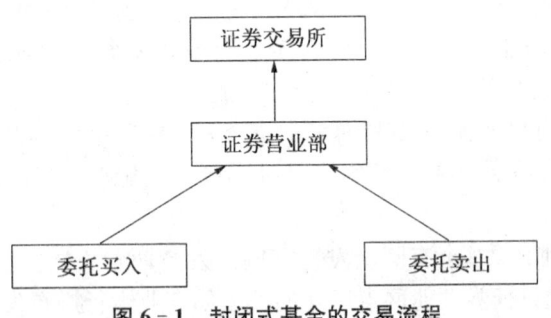

图6-1 封闭式基金的交易流程

2) 封闭式基金上市交易有4个特点

(1) 基金单位的交易委托采用"价格优先、时间优先"的原则。

(2) 基金交易委托以标准手数为单位进行。

(3) 基金单位的交易价格以基金单位资产净值为基础,受市场供求关系的影响而波动。

(4) 投资人在证券交易所的交易时间内可以随时委托交易基金单位。

3) 沪深交易所对封闭式基金的委托交易的相关规定

(1) 开盘价的确定原则同A股一样,实行集合竞价。

(2) 同股票一样实行"T+1"交收。

(3) 基金交易也实行全面指定交易制度,用基金账户购买基金的,也须事先办妥指定交易。

(4) 除上市首日外,两市基金交易同样适用10%涨跌幅限制。

(5) 基金交易的最小单位为100份基金单位,超过100份的,必须是100的整数倍。

(6) 基金交易申报价格以1份基金单位面值为计价单位,最小交易申报价格以1份基金单位面值为计价单位,最小变动价格单位为0.001元。

(7) 投资者交易基金,证券商不收取委托手续费,投资者仅须支付交易佣金,佣金不高于成交金额的0.15%,不足5元的按5元收取。

(8) 免交印花税。

6.2.3 分红

所谓基金分红,就是基金实现投资净收益后,将其分配给投资人。基金净值和累计净值都是反映基金盈利能力的重要指标。若一只基金进行大比例分红说明了该基金运作良好、资金充裕,具有长期增值能力。基金净收益是指基金收益扣除相关费用后的余额,包括基金投资所得红利、股息、债券利息、交易证券差价、银行存款利息以及其他收益。除此之外,运用基金资产带来的成本或费用的节约也应计入基金收益中。基金分红应具备以下几个条件：

(1) 基金当年收益弥补以前年度亏损后方可进行分配；

(2) 基金收益分配后,单位净值不能低于面值；

(3) 基金投资当期出现净亏损则不能进行分配。

对于封闭式基金,由于基金份额固定,收益分配只能采用现金形式。

以基金裕隆为例,根据基金招募说明书,基金裕隆的收益分配制度如下：

(1) 基金收益的构成 交易证券已实现的价差,基金投资已获取的股息红利、债券利息,存款利息,已实现的其他合法收入。因运用基金资产带来的成本或费用的节约记入收益。

(2) 收益分配原则 基金收益分配采取现金方式,每年分配一次,管理人应在基金每一会计年度结束后 90 个工作日内公布上一会计年度的收益分配方案,并于 120 个工作日内完成分配方案的实施;基金收益分配比例不得低于基金当年可分配收益的 90%,其具体分配数额及比例由基金管理人拟定;基金当年收益应先弥补上一年度亏损后,才可以进行当年收益分配;基金投资当年亏损,则不进行收益分配;每一基金单位享有同等分配权。

(3) 收益分配方案的确定与公告 本基金收益分配方案由基金管理人拟定,由基金托管人核实后确定,在报中国证监会备案后 5 个工作日内在中国证监会指定的报刊上公告。

根据上述规定,基金裕隆 2007 年 12 月 31 日的分红方案为每 10 份基金单位派发现金 17.10 元,分配后单位净资产是 3.75 元。

近期,上海证券交易所增加了一个新的概念——"创新封闭式基金"。创新封闭式基金作为封闭式基金的一种,采用封闭式运作方式,是指经核准的基金单位总额在基金合同期限内固定不变,基金单位可以在依法设立的证券交易场所交易,但基金单位持有人不得申请赎回的基金。与传统封闭式基金不同的是,创新封闭式基金的投资标的范围和投资者买卖门槛不同。创新封闭式基金不仅仅投资于二级市场股票及债券等,其投资范围还包括非上市公司股权以及其他经证券监督管理机构认可的产品。投资者通过二级市场买入创新封闭式基金(如嘉实元和),最小买入单位为 10 000 份,买入数量应为 10 000 份的整数倍。

6.3 开放式基金

开放式基金在设立基金时,发行的基金单位总数不固定,可以根据经营策略的实际需要连续发行,投资者可以随时申购基金单位,也可以随时要求基金管理人赎回其基金单位,申购或赎回基金单位的价格按基金的净资产值计算。由此,自由赎回是开放式基金最基本的要求。目前,开放式基金已成为国际基金市场,包括美国、英国、中国香港、中国台湾等地的主流基金,在这些地区,开放式基金占其基金市场的 90%。

基金发行人首次发售基金单位的行为称为基金募集,在基金募集期内购买基金单位的行为称为基金的认购,一般募集期最长为 1 个月。在募集期结束后申请购买基金单位的行为称为基金的申购。通常认购会享受一定的费率优惠。

6.3.1 开放式基金的设立

1) 设立条件

在我国,开放式基金设立应具备以下几项条件：

(1) 发起人为按照国家有关规定设立的证券公司、信托公司、基金管理公司。

（2）每个发起人的实收资本不少于 3 亿元,主要发起人有 3 年以上从事证券投资经验、连续盈利的记录,但是基金管理公司除外。

（3）发起人、基金托管人、基金管理人有健全的组织机构和管理制度,财务状况良好,经营行为规范。

（4）基金托管人、基金管理人有符合要求的营业场所、安全防范设施和与业务有关的其他设施。

（5）中国证监会规定的其他条件。

开放式基金由基金管理人设立,申请设立开放式基金,除应当遵守上述第 3、4、5 项的规定外,还应当具备的条件有:

（1）必须在人才和技术设施上能够保证每周至少一次向投资者公布基金资产净值和申购、赎回价格。

（2）有明确的、合法的、合理的投资方向。

（3）有明确的基金组织形式和运作方式。

（4）基金托管人、基金管理人近 1 年内无重大违法、违规行为。

2）设立程序

我国开放式基金的设立经过基金申报、证监会审核、专家评议、批准通过 4 个步骤,如图 6-2 所示。

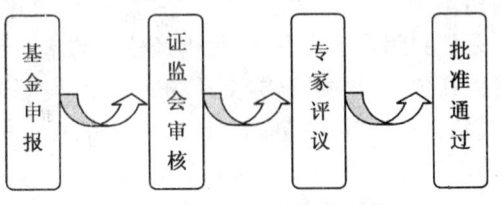

图 6-2　开放式基金设立的程序

（1）基金申报　基金管理公司组织申报材料并上报中国证监会。申报材料的主要包括:

① 申请报告:基金发行简要情况,如基金名称、类型、规模、发行对象与价格,发行费率,认购、申购及赎回安排,拟任基金管理人和托管人等;设立基金的可行性;基金管理人签字、盖章。

② 基金契约:应当清晰界定基金契约当事人的各项权利义务关系,持有人大会召开的规则及具体程序,基金产品的特性等涉及投资人重大利益的事项,充分体现基金管理人、基金托管人遵守国家法律法规、最大限度地保护基金持有人的合法权益的诚意。

③ 托管协议:应当清晰界定基金托管人和基金管理人之间在基金资产保管、基金持有人名册保管及基金运作监督等活动中的权利、义务关系。

④ 招募说明书:应当清晰地说明基金认购、申购与赎回安排,基金投资、风险揭示、信息披露及基金持有人服务等内容,最大限度地披露影响投资人决策的全部事项,充分保护基金投资人的利益,方便投资人作出投资决策。

⑤ 代销协议:应当清晰界定基金销售代理人和基金管理人在开放式基金销售和服务等业务活动中的权力、义务关系。

⑥ 基金管理人董事会决议:主要内容包括基金管理人董事会有关开放式基金发行申请的决议,对基金经理人选的审核意见等,独立董事的意见应当单独列明。

⑦ 发行方案：内容应当包括：

a. 基金产品方案准备情况说明；

b. 开放式基金技术保障系统准备情况说明；

c. 开放式基金危机处理计划准备情况说明；

d. 募集方案及发行公告；

e. 与管理新基金有关的投资、交易及清算技术准备情况；

f. 基金经理人员情况；

g. 拟发行基金与公司目前所管理基金在品种设计上的特点比较分析。

⑧ 基金管理人财务报告。

⑨ 代销机构情况说明

a. 代销机构资格条件说明；

b. 代理销售技术系统准备情况说明；

c. 内部监察和控制制度。

⑩ 基金注册登记机构相关情况说明。

⑪ 法律意见书：具有从事证券法律业务资格的律师事务所及其律师对基金托管人和基金管理人、代销机构资格以及基金发行文件等出具法律意见。

⑫ 附加参考材料：关于公司规范运作的情况说明；关于公司管理的其他同类基金的情况说明；至该公司申请前，最近其他公司发行的同类基金发行典型方案的分析报告，分析的案例不少于3个，内容至少包括对案例涉及的基金契约要点、招募说明书要点和基金发行活动组织方案的比较以及基金类型与风格的比较等。

（2）证监会审核　中国证监会正式受理申报材料，并由相关业务部门进行审核。同时根据基金从业人员资格管理的有关规定，对基金管理公司的高级管理人员和拟任基金经理最近一年职业操守情况进行检查。

（3）专家评议　中国证监会在基金发行设立审核过程中，实行专家咨询委员会（以下简称"咨询委员会"）评议制度，有关咨询意见供基金管理公司及其相关当事人和中国证监会参考。咨询委员会的委员由中国证监会从熟悉证券投资基金运作的境内外专家中临时聘请。咨询委员会根据国家有关法律、法规和相关国际惯例，审阅基金发行设立申报材料，并重点就基金治理结构、相关当事人内部合规控制制度、基金品种设计方案、有关基金发行工作的组织方案等内容提出咨询意见。咨询委员会会议在业务部门审核工作结束后召开。

（4）批准通过　中国证监会自正式受理基金发行设立申报材料之日起60个工作日内（不包括相关当事人修改、补充申报材料的时间）作出批准、暂停审核或者不予批准的决定。决定批准的，出具批复文件；暂停审核或不予批准的，书面通知基金管理公司，并说明理由。对暂停审核的，在暂停审核的情形消除后，中国证监会作出恢复审核的决定，并书面通知基金管理公司。基金管理公司有义务将通知内容告知相关当事人。

6.3.2　开放式基金的发行

开放式基金的发行是指基金的申报获得中国证监会批准后，基金管理人利用其自身的直销网点和符合条件的销售代理人的营业网点向投资者首次销售基金份额的行为。根据《开放式证券投资基金试点办法》的规定，我国开放式基金以公开募集的方式发行。在基金管理公司的直销网点和与基金管理公司建立代理销售关系的银行和证券公司的指定营业网点,向投资者公开发行。

6.3.3 开放式基金的购买和赎回

1) 购买前的准备工作

(1) 阅读有关法律文件 投资人购买基金前,需要阅读有关基金的招募说明书、基金契约及开户程序、交易规则等文件,并对准备购买基金的风险、收益水平有一个总体评估,并据此作出投资决定。按照规定,各基金销售网点应具备上述文件,以备投资人随时查阅。

(2) 开立基金账户 开放式基金的开户手续包含3个要点:

① 要到基金管理公司、拥有基金代销资格的银行或证券营业部等基金销售网点填写开户申请表、办理开户。

② 提交相应的资料。

③ 预留一个接受赎回款项的银行存款账户。

个人投资者开户时应提交的资料:

a. 本人有效身份证件(身份证、军官证、士兵证、护照等)的原件及复印件;

b. 预留印签卡;

c. 填妥的业务申请表;

d. 指定银行账户的证明文件及复印件;

e. 代办人有效身份证件原件、复印件和本人的授权委托书(适用于非本人亲自办理的情况)。

机构投资者开户时应提交的资料:

a. 加盖单位公章的企业法人营业执照复印件及有效的副本原件,事业法人、社会团体或其他组织提供民政部门或主管部门颁发的注册登记证书原件及加盖公章的复印件;

b. 法定代表人授权委托书;

c. 法定代表人身份证复印件;

d. 业务经办人身份证原件及复印件;

e. 预留印签卡;

f. 填妥的业务申请表;

g. 指定银行账户的证明文件及复印件。

2) 开放式基金的购买和交易

投资者购买或交易开放式基金的渠道有多种,如证券公司、银行柜台和网上银行、基金公司直销中心、"上证基金通"等。

(1) 通过证券公司交易基金 在证券公司交易基金的主要优势是:专业化的投资理财服务;方便快捷;还可以同时进行封闭式基金和上市型开放式基金(LOF)、交易所基金(ETF)的场内交易;代销基金种类较多。

(2) 通过银行柜台和网上银行交易基金 通过银行柜台交易基金的好处是:交易网点多,存取款方便;可以面对面地和柜台人员交流,得到建议和帮助。不便之处是:需要亲临网点,需在工作日规定时间办理,需填写表格,手续费没有优惠或优惠幅度较小;在银行购买基金可能还面临着一个"商品短缺"的问题;针对不同基金公司的产品,投资人需要开设不同的账户。通过网上银行买基金属于银行代销,只是把办手续过程从柜台转移到网上,认购或申购费一般没有优惠或优惠幅度较小。

(3) 通过基金公司直销中心交易基金 利用这种方式的最大好处是费率优惠,此外,投资者还可以通过互联网办理开户、认购或申购、赎回等手续,享受手续费优惠,不受时间地点的限制。缺点是客户若购买多家基金公司的产品时需要在多家基金公司办理相关手续,投资管理比较复杂,另外,投资者还需要有相应的设备和上网条件,具备较强的网络知识和运用能力。

（4）利用"上证基金通"交易基金　"上证基金通"是上海证券交易所开发的开放式基金销售系统,可为开放式基金的认购、申购、赎回等相关业务提供高效、自动、一体化的技术支持。

3）开放式基金的日常申购和赎回

开放式基金的日常申购是以书面或其他认可的方式进行的,基金管理人接到投资者的购买申请时,按照当日公布的基金单位净值加收一定的申购费作为申购价格。

开放式基金申购流程如下:

（1）办理手续　投资者必须根据基金销售网点规定的手续,在交易日的交易时间段内向基金销售网点提出申购申请,并填写"申购申请表"。

（2）通过审核　基金销售网点接受"申购申请表"和账户卡并对其进行审核,合格后录入信息并冻结申购款,同时将有关信息传至基金公司(过户代理)登记,公司向基金销售网点下传申购确认信息,同时将信息传至基金管理人。

（3）申购　基金管理人将收到申购的当天作为申购申请日,在申请日后两个交易日内(包括申请日当天)对交易的有效性进行确认。如果申购成功,申购款将划至基金托管人账户,同时基金单位入账,投资者领取申购确认凭证,如果申购失败,申购款将解冻,退还给投资者。

基金的赎回是指投资者把手中持有的基金单位,按规定的价格卖给基金管理人并收回现金的过程,是与申购相对应的反向操作过程。

开放式基金持有人在规定的持有期期满后,可以向基金管理公司申请赎回基金单位。基金管理人不得拒绝赎回申请,也不得延迟支付赎回款。但是基金对基金单位的赎回一般都有明确规定和一定的限制。基金持有人只有满足规定条件才能够赎回基金单位。

按照我国《开放式证券投资基金试点办法》第29条规定,除有以下特殊情况外,基金管理人不得拒绝基金投资人的赎回申请:

（1）赎回的条件

① 不可抗力。

② 证券交易所交易时间非正常停市,导致基金管理人无法计算当日基金资产净值。

③ 其他在基金合同、基金招募说明书中已载明并获批准的特殊情形。

发生上述情形之一的,基金管理人应当在当日立即向中国证监会备案;已接受的赎回申请,基金管理人应当足额兑付;如暂时不能足额兑付,可按单个账户占申请总量的比例分配给赎回申请人,其余部分按基金合同及招募说明书载明的规定,在后续开放日予以兑付。开放式基金的赎回同申购一样也采用未知价法。赎回时以投资人拥有的基金份额数量全部或部分赎回。

（2）赎回的步骤　申购和赎回的流程如图6-3所示。

① 提出申购或赎回申请:投资者必须根据基金销售网点规定的手续,在工作日的交易时间段向基金销售网点提出申购或赎回的申请。

② 日常申购和赎回申请的确认:基金管理人以收到申购和赎回申请的当天作为申购或赎回申请日(T日),并在T+2工作日内(包括该日),对该交易的有效性进行确认。投资者可在T+2工作日之后(包括该日)的工作日向基金销售网点进行成交查询。

（3）日常申购和赎回申请的款项支付

① 申购款项：投资者申请申购时，通过指定账号划出足额的申购款项。申购采用全额交款方式，若资金未全额到账则申购不成功，基金管理人将申购不成功款项或无效款项退回。

② 赎回款项：投资者赎回申请成交后，成功赎回的款项将在T+7个工作日之内向基金持有人（赎回人）划出。

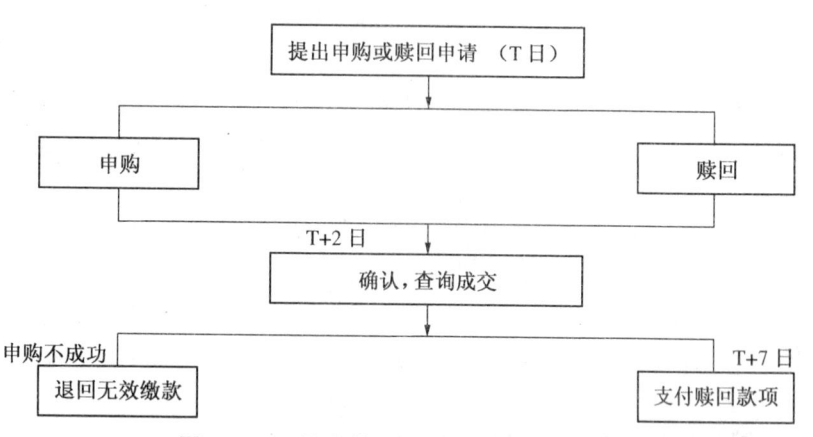

图6-3 开放式基金的日常申购和赎回流程

（3）巨额赎回 开放式基金的赎回除有时间、额度、费用等条件的限制外，还有巨额赎回的限制。根据规定，开放式基金单个开放日中，基金净赎回申请超过基金总份额的10%时，将被视为巨额赎回。巨额赎回申请发生时，基金管理人在当日接受赎回比例不低于基金总份额的10%前提下，可以对其赎回申请实行延期办理。被拒绝赎回的申请人可延迟一个开放日办理，并以该开放日当日的基金资产净值为依据计算赎回金额。发生巨额赎回并延期支付时，管理人应当通过邮寄、传真或招募说明书规定的其他方式，在招募说明书规定的时间内通知基金投资人，同时在指定媒体上公告。通知和公告的时间，其时限最长不得超过3个证券交易所交易日。

4）开放式基金的交易时间

基金交易的时间与股票一样，为周一到周五9：30—11：30、13：00—15：00，节假日休息，但网上银行和网上直销在交易时间外可以预约交易。投资者在交易时间内可以多次提交申购或赎回申请，注册登记人对投资者申购费用按单个交易账户单笔分别计算。T日申购的基金T+2日起可以赎回，如想取消当日申购，可在当日15：00前提交撤销申请。

5）基金申购和赎回的费用

（1）基金申购费用 基金的申购金额包括申购费用和净申购金额。其计算方法为：

$$申购费用＝申购金额×申购费率$$

$$净申购金额＝申购金额－申购费用$$

$$申购份数＝净申购金额/T日基金单位净值$$

其中：

① 基金单位净值以人民币元为单位，四舍五入，保留小数点后位数由基金管理人确定；

② 申购费用以人民币元为单位，四舍五入，保留小数点后位数由基金管理人确定；

③ 申购份数四舍五入取整数，保留小数点后位数由基金管理人确定，由此产生的误差计入基金资产；

模块 6　证券投资基金交易　　**73**

④ 申购费率由基金管理人确定。

（2）基金赎回费用　基金的赎回支付金额为赎回金额扣减赎回费用。其计算方法为：

$$赎回金额＝赎回份数×T日基金单位净值$$

$$赎回费用＝赎回金额×赎回费率$$

$$支付金额＝赎回金额－赎回费用$$

其中：

① 基金单位净值以人民币元为单位,四舍五入,保留小数点后 3 位;

② 赎回费用和支付金额以人民币元为单位,四舍五入,保留小数点后 2 位;

③ 赎回费率由基金管理人确定。

6.3.4　开放式基金的分红

1）分红方式

随着基金收益的增长,基金的单位资产净值会上升,基金会对其投资人进行收益分配。开放式基金的分红方式有两种,分别为现金红利和红利再投资。

现金红利是指持有的基金份额乘以每份基金所派发的红利金额。由于目前我国对证券投资分红所得暂不征收所得税,故所得到的分红收益等于派发的现金红利。如果选择红利再投资,则分红所得的现金红利将以分红公告所规定的红利派发日的单位基金资产净值自动转为基金单位进行再投资。需要注意的是,红利再投资获得的基金份额是免申购费的,可以使长期投资获得更高的收益。

2）开放式基金分红的原则

（1）基金收益以现金形式分配,但投资人可选择现金红利或将现金红利按红利发放日的基金单位净值自动转为基金单位进行再投资,即红利再投资。

（2）在符合有关分红条件的前提下,基金收益分配每年至少一次,成立不满 3 个月,收益不分配。

（3）基金当年收益先弥补上一年亏损后,方可进行当年收益分配。

（4）基金收益分配后每基金单位净值不能低于面值。

（5）如果基金投资当期出现净亏损,则不进行收益分配。

（6）每一基金单位享有同等分配权。

当然,不同基金将在各自的招募说明书中明确规定自己的收益分配原则及方式,投资者应以其作为投资参考标准。

6.4　上市型开放式基金(LOF)

上市型开放式基金(Listed Open-Ended Fund,简称 LOF)是一种特殊的开放式基金,是指在交易所上市交易的开放式证券投资基金。投资者可以通过基金管理人或其委托的销售机构以基金净值进行 LOF 基金的申购、赎回,也可以通过交易所市场以交易系统撮合成交进行 LOF 基金的买入卖出。

我国第一只 LOF 是 2004 年 8 月正式发行的南方积极配置基金。LOF 的推出解决了开放式基金的交易效率和交易成本的问题,有利于基金的发行,适应了基金管理公司拓展业务的需求,并且充分利用了证券市场现有的发行、交易结算登记网络优势。

6.4.1 LOF 与普通开放式基金的不同

作为一种特殊的开放式基金,LOF 与普通的开放式基金的区别如下:

(1) 交易方式与交易渠道不同 LOF 有场内和场外两种交易方式,普通开放式基金只有场外一种交易方式。

(2) 注册登记的机构不同 LOF 的中央结算交易注册登记系统(TA)为中国证券登记结算公司;普通开放式基金的 TA 可以是中国证券登记结算公司,也可以是基金管理公司,现在市场上多数基金的 TA 都为基金管理公司。

(3) 套利机制不同 由于 LOF 在两个交易市场的价格可能不同,因而存在着套利机制;普通开放式基金则没有套利机制。

(4) 交易成本不同 LOF 的交易成本相对低廉,在交易所进行交易的双边费用最高为0.5%;普通开放式基金的交易成本高。

(5) 交易效率不同 LOF 的交易效率高于普通开放式基金。

(6) 信息透明度不同 由于 LOF 要在交易所交易,必须遵守交易所的信息披露规则,因此 LOF 的信息披露将更加及时、透明,投资的风险就会更小;普通开放式基金的信息透明度稍低。

6.4.2 LOF 的发行和申购

LOF 的发行可以采用两种发行方式,既可以像普通开放式基金一样在场外发行,也可以像股票一样在交易所场内发行。

投资者在场外认购、申购的基金份额,可以通过办理跨系统转托管手续将其转至场内。将基金份额从场外转至场内不需交纳任何费用,T 日申请办理的跨系统转托管,T+2 日就可以在场内卖出或者赎回。

投资者通过交易所交易系统申购 LOF 需要缴纳申购费,申购费率由基金管理人在《基金招募说明书》中约定。

以深交所为例,挂牌的 LOF 价格为基金面值 1 元,投资者通过深交所交易系统认购LOF,必须以份额为单位进行认购申报。投资者缴纳的认购金额及费用的计算公式为:

$$认购金额=(1+券商佣金比率)\times 认购份额$$
$$券商佣金=券商佣金比率\times 认购份额$$

其中,券商可依据《基金招募说明书》中约定的认购费率设定投资者认购的佣金率。

6.4.3 LOF 的委托交易

LOF 基金交易分为场内(交易所)交易和场外(银行)交易两种交易方式。

LOF 场内交易是投资人按证券交易的方式在证券交易所进行基金的交易,交易价格因成交价的不同而实时变化,交易后基金份额的变化登记在证券登记结算系统。

LOF 场外交易是投资人采用未知价的交易方式,以基金净值进行基金的申购或赎回,交易后基金份额的变化登记在 TA 系统。

LOF 上市后,基金持有人可自行选择交易方式。改变交易方式必须预先进行所持基金份额的市场间转托管。对于银行客户,如果平时没有交易股票的习惯,可选择场外交易;对于券商客户,一般都有交易股票的习惯,利用交易所认购或交易 LOF 就很方便;对于大型机

模块 6　证券投资基金交易　　**75**

构客户,一般选择场外方式;对于中小散户,可选择场内方式。

LOF 场内交易成交后,资金 T＋0 日可用,基金 T＋1 交收,其交易方式完全等同于股票。LOF 场外交易若进行基金的申购,则基金 T＋2 交收;若进行基金的赎回,则按各个基金管理公司的不同,资金最长达 T＋7 日到账。

LOF 在交易过程中不需要支付申购和赎回费用,只需支付最多 0.5% 的双边费用,远远低于普通开放式基金 1%～1.5% 的费用水平。在交易成本上,投资者通过二级市场交易 LOF,只需支付 6‰ 的佣金(在一级市场申购、赎回的费用与普通开放式基金相同,为 2%),而不需要缴纳印花税和过户费。此外,由于同时存在一级市场和二级市场,LOF 的流动性明显强于普通开放式基金。通过一级市场赎回基金,一般需要 4～7 天才能到账;在二级证券交易所交易 LOF,第二天就可到账,这就极大地提高了资金的流动性。

6.5　交易所基金(ETF)

交易所基金(Exchange Traded Funds,简称 ETF)是一种可以在交易所上市交易的基金,代表一揽子股票的投资组合。机构投资者以这一揽子股票为担保,将其分割为众多单价较低的投资单位——ETF 基金份额。投资者既可以在证券交易所像交易股票一样交易 ETF,也可以通过赎回 ETF 单位换回所存托的一揽子股票。

ETF 是一种混合型的特殊性基金,它克服了封闭式基金和开放式基金的缺点。具体而言,它具有组合透明度高、管理费用低、交易便利、资金效率高、交易成本低、参与资金门槛低等优点。ETF 几乎适合所有的投资者,不论是个人还是机构,无论长期投资、短期波段投资还是套利,都可进行操作。投资者既可以在二级市场交易 ETF 份额,又可以向基金管理公司申购或赎回 ETF 份额。由于同时存在二级市场交易和申购赎回机制,投资者可以在 ETF 二级市场交易价格与基金单位净值间进行套利交易。套利机制的存在使 ETF 避免了封闭式基金普遍存在的折价问题。

自从 1993 年美国推出第一个 ETF 以来,ETF 在全球范围内发展迅猛。2001 年,我国上海证券交易所战略发展委员会研究产品创新时,提出开发 ETF 的设想,直到 2004 年 4 月,上证所正式申请开发 ETF,同年 6 月,ETF 获得国务院认可、证监会核准。截至 2016 年,我国沪深两市共有一百多只 ETF 开放式基金。

6.5.1　ETF 的发行和申购

在国外,ETF 一般采取"种子基金(Seed Capital)"的方式发行设立,也有采取首次公开发行(IPO)的方式发行设立。

所谓种子基金的模式,主要是考虑到由于一级市场的申购金额比较庞大,在产品设立之初,市场投资者对 ETF 一般会采取谨慎观望态度,为了保证顺利发行,发行人一般会与几家参与券商(Participating Dealer)协商,由其出资购买符合申购要求的一揽子股票,换成 ETF 单位,形成最初的基金规模,这就是种子基金。参与券商是指具有申购赎回中介机构资格的券商,投资者只能通过参与券商才能方便快捷地进行 ETF 的申购、赎回及套利。一般规定参与券商有义务在 ETF 市场交易不够活跃的时候进行做市,维持市场的流动性。

IPO 模式即现金发售的模式,应用不多,目前只有我国香港的盈富基金和南非的 SA-TRIX40 采用该种模式。

ETF有两种买卖方式:一是投资人直接向基金公司申购和赎回,这种方式有一定的数量限制,一般为5万个基金单位或其整数倍,而且付出或收回的不是现金而是一揽子股票组合。二是在交易所挂牌上市交易,以现金方式进行买卖。ETF在交易时间内均可买卖,还可以进行短线套利交易。因此,只有机构或者个人大户才能直接向基金公司申购和赎回,中小投资者则只能采取第二种方式,即通过经纪人在交易所进行买卖。

6.5.2 ETF的委托交易

ETF成立后,将在交易所上市,投资者可以在二级市场进行ETF基金份额的交易。ETF的交易与股票和封闭式基金的交易完全相同,基金份额是在投资者之间交易的。投资者利用现有的证券账户或基金账户即可进行交易,而不需要开设任何新的账户。ETF的二级市场交易同样需要遵守交易所的有关规则,如当日买入的基金份额当日不得卖出,并可适用大宗交易的相关规定等。

以上海证券交易所为例,ETF二级市场交易流程如图6-4所示,其交易说明如表6-1所示。

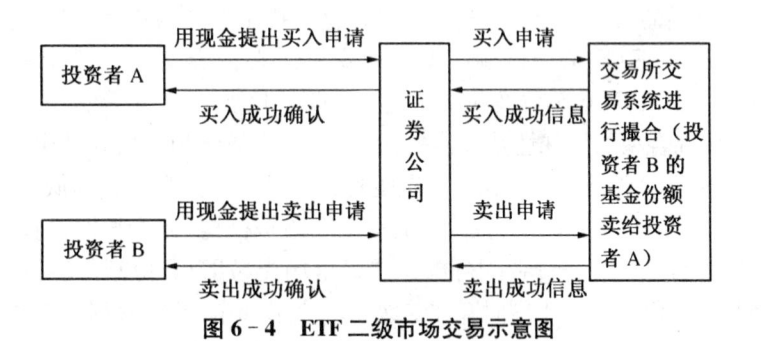

图6-4 ETF二级市场交易示意图

表6-1 上海证券交易所ETF交易说明

项　目	具　体　内　容
交易时间	上海证券交易所的开市时间:周一至周五的上午9:30—11:30和下午1:00—3:00(节假日除外)
交易方式	在交易日的交易时间通过任何一家证券公司委托下单
开户	需开立上海证券交易所A股股票账户或基金账户
交易单位	100份基金份额为1手,并可适用大宗交易的相关规定
交易价格	每15秒计算一次参考性基金单位净值(IOPV),大约等于"上证50指数/1000",供投资者参考
价格最小变动单位	0.001元
涨跌幅限制	10%
交易费用	无印花税,佣金不高于成交金额的0.3%,起点5元。
清算交收	T日交易,T+1日交收

6.5.3 分红

ETF 每年收益分配次数有限,且一般采取现金方式。从现有的 ETF 规定看,基金收益评价日核定的基金累计报酬率,超过标的指数同期累计报酬率达 1% 以上时,方可进行收益分配。照此规定,部分 ETF 一年最多进行 2 次分红,最多的一年也只能进行 4 次。

以上证 50ETF(上证 50 交易型开放式指数证券投资基金)为例,该基金 2006 年度的分红方案如表 6-2 所示。

表 6-2 2006 年度上证 50ETF 分红方案

时　间	分 红 方 案
2006-10-31	每 10 份基金单位派发现金 0.37 元 权益登记日:2006-11-15 除息日:2006-11-16 利发放日:2006-11-21
2006-4-30	每 10 份基金单位派发现金 0.24 元 权益登记日:2006-05-18 除息日:2006-05-19 利发放日:2006-05-24

6.5.4 实物申购与赎回

ETF 的基金管理人在每个交易日开市前都会根据基金资产净值、投资组合以及标的指数的成份股情况,公布"实物申购与赎回"清单(也称"一揽子股票档案文件")。投资人可依据清单内容,将成份股票交付 ETF 的基金管理人而取得"实物申购基数"或其整数倍的 ETF;以上流程将创造出新的 ETF,使得 ETF 在外流通量增加,这称之为实物申购。实物赎回则是与之相反的程序,也就是投资人将"实物申购基数"或其整数倍的 ETF 转换成"实物申购与赎回清单"的成份股票,实物赎回将使得 ETF 在外的流通量减少。

ETF 的实物申购与赎回只能以实物交付,只有在个别情况下(例如当部分成份股因停牌等原因无法从二级市场直接购买),可以有条件地允许部分成份股采用现金替代的方式。

ETF 实物申购、赎回的交易对手方是投资者和基金。以上海证券交易所为例,ETF 的实物申购与赎回流程如图 6-5 和图 6-6 所示,赎回说明如表 6-3 所示。

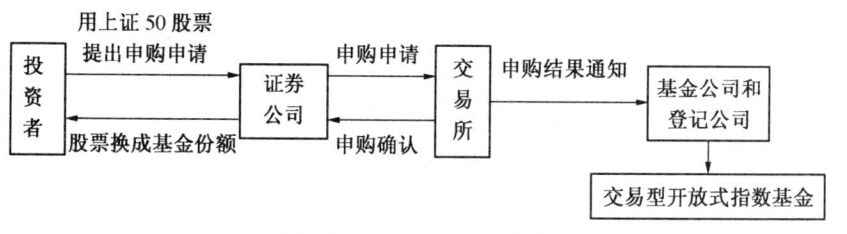

图 6-5 实物申购流程示意图

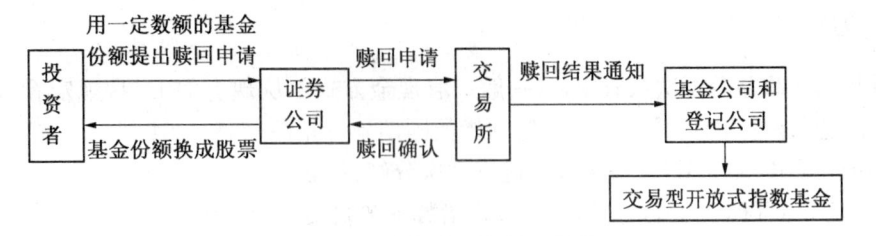

图 6‑6 实物赎回流程示意图

投资者办理 ETF 的申购时,要按照每日公告的"申购赎回清单",准备一揽子股票(或有少量现金)。这些股票可以是库存的,也可以是当日买入的。以一揽子股票申购的 ETF 份额当日即可卖出;同样,当日赎回 ETF 份额获得的一揽子股票,当日即可卖出。

表 6‑3 上海证券交易所 ETF 赎回办理说明

项　　目	具 体 内 容
申购赎回地点	上海证券交易所
申购赎回方式	在交易日的交易时间通过参与证券公司委托下单
申购赎回时间	上海证券交易所的开市时间:周一至周五的上午 9:30—11:30 和下午 1:00—3:00(节假日除外)
开户	需开立上海证券交易所 A 股账户
申购赎回单位	100 万份基金份额或其整数倍
申购赎回清单	基金管理公司于每交易日开盘前通过上海证券交易所以及公司信息披露渠道公布当日的申购赎回清单,在该清单中列明投资者申购赎回时所需准备(或将得到)的所有证券、现金及其数量。
申购赎回费用	无印花税,费率不高于 0.25%

注:在申购赎回清单中,"现金余额"的数值可能为正,也可能为负。在投资者按申购赎回清单进行申购时,如现金余额为正数,则投资者应支付相应数额的现金,如现金余额为负数,则投资者将获得相应数额的现金;在投资者赎回时,如现金余额为正数,则投资者将获得相应数额的现金,如现金余额为负数,则投资者应支付相应数额的现金。

6.5.5 ETF 的套利机制

ETF"实物申购与赎回"机制是这一产品结构的精髓,正是这一机制使得 ETF 价格与净值趋于一致,极大地减少了 ETF 折(溢)价幅度。在大多数情况下,一定要进行申购或赎回才能实现套利,现将 ETF 的套利行为简要说明如下:

当 ETF 在交易所市场的报价低于其资产净值时,也就是产生折价时,机构可以在二级市场以低于资产净值的价格大量买进 ETF,然后在一级市场赎回一揽子股票,再于二级市场中卖掉股票,赚取差价。这一套利机制,将可促使 ETF 在交易所市场的交易价格受到机构套利买盘进场而带动报价上扬,缩小其折价差额,达到市场交易价格与基金份额净值趋于一致的效果。

当 ETF 在交易所市场的报价高于其资产净值时,也就是发生溢价时,机构可以在二级市场买进一揽子股票,然后在一级市场申购 ETF,再于二级市场中以高于基金份额净值的价格将此申购得到的 ETF 卖出,赚取差价。这一套利机制,将使 ETF 在交易所市场的交易价格因机构套利卖盘进场而带动报价下跌,缩小其溢价差额,同样产生让 ETF 的市场交易价格与基金份额净值趋于一致的效果。

正是由于存在这样的套利机制,机构乐于积极地参与 ETF 交易,进而带动 ETF 市场的活跃。当套利活动在交易所 ETF 市场上比较活跃时,ETF 的折、溢价空间将会逐渐缩小;当 ETF 在交易所市场的报价与资产净值趋于一致时,又会加强一般中小投资人投资 ETF 的意愿,进而促使整体 ETF 市场更加蓬勃发展。因此,这一套利机制是促使机构与中小投资人积极进场的关键因素,也是塑造一只成功 ETF 不可或缺的重要因素。

6.5.6　LOF 和 ETF 的异同

1)相同点

(1)同样跨越两个市场　二者都同时存在于一级市场和二级市场,都可以像开放式基金一样通过基金发起人、管理人、银行及其他代销机构网点进行申购和赎回。同时,也可以像封闭式基金那样通过交易所的系统买卖。

(2)理论上都存在套利机会　由于上述两种交易方式并存,申购和赎回价格取决于基金单位资产净值,而市场交易价格由系统撮合形成,主要由市场供需决定,因此两者之间很可能存在一定程度上的偏离,当这种偏离足以抵消交易成本的时候,就存在理论上的套利机会。投资者采取低买高卖的方式就可以获得差价收益。

(3)折溢价幅度小　虽然基金单位的交易价格受到供求关系和当日行情的影响,但它始终围绕基金单位净值上下波动。由于上述套利机会的存在,当两者的偏离超过一定的程度,就会引发套利行为,从而使交易价格向净值回归,所以,其折溢价水平远低于单纯的封闭式基金。

(4)费用低,流动性强　交易中没有申购和赎回费用,只需支付最多 0.5% 的双边费用即可。另外,由于同时存在一级市场和二级市场,流动性明显强于一般的开放式基金。同时,ETF 属于被动式投资,管理费用一般不超过 0.5%,远远低于开放式基金 1%～5% 的水平。

2)不同点

(1)适用的基金类型不同　ETF 主要是基于某一指数的被动型投资产品,而 LOF 虽然也采用了开放式基金在交易所上市的方式,但它不仅可以用于投资,也可以用于积极投资。

(2)申购和赎回的标的不同　在申购和赎回时,ETF 与投资者交换的是基金单位和一揽子股票,而 LOF 则是以基金单位与投资者交换现金。

(3)套利操作方式和成本不同　ETF 在套利交易过程中必须通过一揽子股票的买卖,同时涉及基金和股票两个市场,而对 LOF 进行套利交易只涉及一个市场。

(4)交易的时间成本不同　上交所对 ETF 交易的规定使投资者可以实现 T+0 交易的套利机会,其交易成本除交易费以外主要是冲击成本。而深交所对 LOF 交易的规定则要求申购与赎回的基金单位和市场买卖的基金单位需要由中国注册登记系统之间进行转托管,而转托管要花 2 个交易日的时间,所以 LOF 套利还要承担时间上的等待成本,进而增加了套利成本。

6.6　保本基金

保本基金是一种储蓄替代产品,本质上属于平衡型基金,一般有一定的封闭期限,属于

"半封闭"的开放式基金。保本基金设有避险周期，又叫保本期，是基金管理人提供避险的期限。所谓保本基金可实现避险，是指保本基金可以控制本金损失的风险。基金持有人持有到期，若可赎回金额高于或等于其投资金额，基金管理人将按赎回金额支付给投资者；若可赎回金额低于其投资金额，基金管理人则按投资金额扣除已分红金额支付给投资者，并由担保人提供担保，由第三方提供不可撤销的连带责任。

6.6.1 保本基金三大特点

（1）约定投资期限，本金保证。

（2）主要投资于固定收益类资产，保证本金安全。

（3）部分投资于权益类资产，创造超额收益。

担保是保本基金与其他基金最大的不同，从而保证期初全部投资金额的安全。保本基金的明显优势在于，它既可以凭借担保机构的保本技术和实力来保证本金安全，又能在保本基础上获取稳定收益，符合大多数投资者"首先保本，再追求较高收益"的投资心态，具有"熊市抗跌，牛市稳赚"的独特优势。根据我国市场的数据，保本基金无论在熊市的 2005 年，还是牛市的 2006 年里，都实现了可观的收益。2005 年，在市场全面下跌的情况下，5 只保本基金全部实现正收益，平均收益达到 56.78％，而同期 82 只股票型基金平均收益仅为 2.16％；2006 年，保本基金的收益率更是远远超过基金行业的基准收益率。

6.6.2 保本基金实现保本的条件

保本基金实现保本要具备以下两个条件：一是保本基金经常使用一种恒定比例投资组合保险技术（CPPI）来实现保本；二是有信用良好的保证人。

CPPI 技术的基本思路是将大部分资产（保险底线）投入固定收益证券，以确保基金到期时能收回本金，同时将剩余的小部分资金（安全垫）乘以一个放大倍数投入股票市场，以博取股票市场的高收益。这样，如果股票市场上涨，CPPI 按照放大倍数计算出的投资股票市场的资金会增加，从而增加基金的投资收益；相反，当股票市场下降时，CPPI 计算出的投资于股票市场的资金量会减少，基金则将一部分资金从股票市场转移至风险较小的债券市场，从而规避了股票市场下跌的风险，保证基金总资产不低于事先确定的安全底线。

关于信用良好的保证人，例如已发行的"天同保本基金"以实力雄厚、信誉卓著的国家开发投资公司担任基金担保人。基金持有人在认购期购买并持有到期，若可赎回金额加上保本期间的累计分红金额低于其投资金额，保证人向持有人偿付上述差额部分；但如果基金持有人在基金到期前进行了赎回交易，则赎回部分不适用此担保条款。

6.6.3 保本基金的申购与赎回

在保本基金发行期，投资人在银行、证券公司、基金公司柜台，办理银联借记卡、开通基金账户，就可买入保本基金。投资人还可通过网银在网上自助买入保本基金。保本基金持有到期，若可赎回金额高于或等于其投资金额，基金管理人将按赎回金额支付给投资者；若可赎回金额低于其投资金额，基金管理人将按投资金额（扣除已分红款项）支付给投资者，并由担保人提供担保。

$$赎回费＝赎回当日基金单位资产净值×赎回份额×赎回费率$$
$$赎回金额＝赎回当日基金单位资产净值×赎回份额－赎回费$$

模块6　证券投资基金交易　　**81**

保本基金的赎回费率较高,赎回费率随赎回金额的增加而递减:赎回金额在 1 000 万以下的为 2.0%,赎回金额在 1 000 万(含)以上的为 1.0%,无论赎回费率高低,其中 0.5% 为注册登记费,其余归基金资产所有。

6.7　模拟交易

第一步,在线注册账户。

登录网站:http://www.cofool.com/,选择一个主站,免费注册一个用来进行股票和基金交易的账户,如选择第二主站进行注册,如图 6-7 所示。

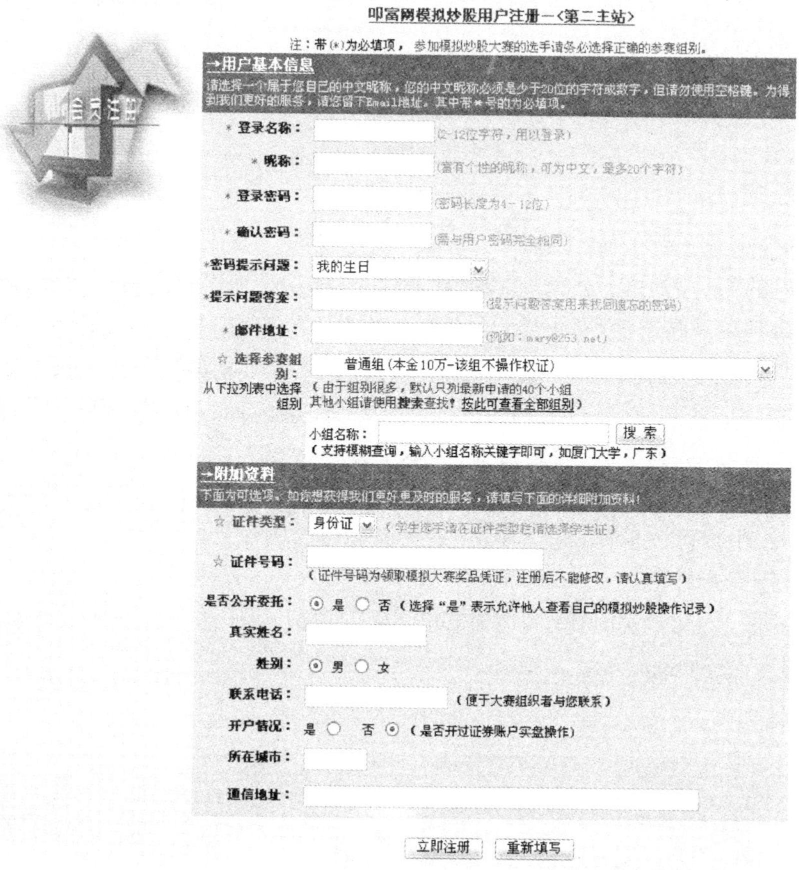

图 6-7　注册界面

将所有必填信息填写好之后,点击"立即注册",即注册成功。

第二步,登录"模拟炒股"界面。

如图 6-8 所示,登录模拟炒股界面。

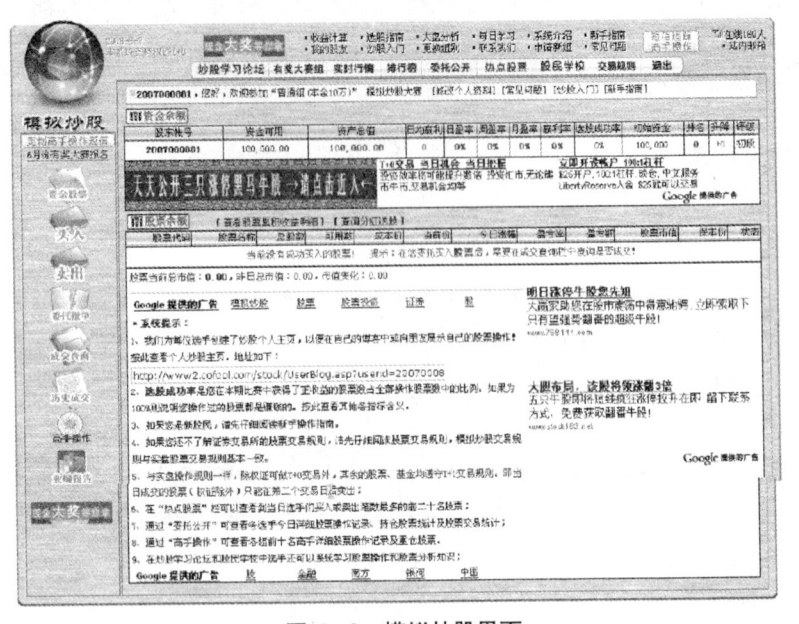

图 6-8 模拟炒股界面

输入注册的用户账号以及设定的密码，登录至“模拟炒股”界面之后，可在界面中间查看自己的资金余额以及持有股票的情况。在资金余额一栏里，用户可以查看可用资金、资产总值、日盈利率、日赢率、周赢率、月赢率、盈利率、选股成功率、初始资金以及排名等情况；在股票余额一栏里，用户可以查看自己购买的股票代码、股票名称、总股数、可用数、成本价、当前价、今日涨幅、盈亏率、盈亏额、股票市值、保本价以及状态等。

在界面最左侧，有 7 个按键，分别是：资金股票、买入、卖出、委托撤单、成交查询、历史成交、高手操作。用户可以根据自己的需要来选择相应的操作。

第三步，行情查看。

点击页面最上方的“实时行情”按键，可以看到指数和所有股票及其他交易品种的价格和走势，如图 6-9 所示。

实时行情－多股同列－上海A股[第1页/共71页] －[指数]－[深圳A股]－[上海A股]－[权证]－[封闭基金]－[指数基金]－[自选股]
选股→ [最大振幅] [今日强势股] [今日弱势股] [现价排序] [最大成交量] [最大成交金额]

股票代码	股票名称	当前价	涨跌排序	振幅排序	昨收盘	今开盘	最高价	最低价	买一	卖一	总手	状态
600000	浦发银行	28.61	-0.55%	2.81%	28.79	28.90	29.34	28.53	28.57	28.58	246107	正常
600001	邯郸钢铁	5.85	0.69%	2.58%	5.81	5.85	5.95	5.80	5.86	5.87	123614	正常
600003	ST东北高	4.76	1.49%	3.62%	4.69	4.70	4.85	4.68	4.76	4.77	38339	正常
600004	白云机场	13.05	-2.03%	3.23%	13.32	13.36	13.40	12.97	13.05	13.07	15659	正常
600005	武钢股份	14.37	0.91%	3.72%	14.24	14.40	14.68	14.15	14.40	14.42	203520	正常
600006	东风汽车	5.08	0.00%	1.57%	5.08	5.08	5.14	5.08	5.09	5.13	25845	正常
600007	中国国贸	13.17	1.62%	3.40%	12.96	13.10	13.30	12.88	13.15	13.18	22168	正常
600008	首创股份	10.35	0.33%	2.13%	10.31	10.38	10.45	10.23	10.35	10.38	98939	正常
600009	上海机场	22.17	-1.88%	3.67%	22.62	22.55	22.83	22.00	22.18	22.19	27345	正常
600010	包钢股份	5.33	0.57%	3.58%	5.30	5.33	5.44	5.29	5.33	5.34	128740	正常
600011	华能国际	9.52	-4.99%	6.16%	10.02	10.05	10.30	9.40	9.56	9.57	69075	正常
600012	皖通高速	6.16	0.98%	1.84%	6.10	6.10	6.18	6.08	6.15	6.18	15341	正常

股票代码或股票名称 159901 第一页 上一页 下一页 最后一页 转到：1 页 [上海停牌股票] [深圳停牌股票]

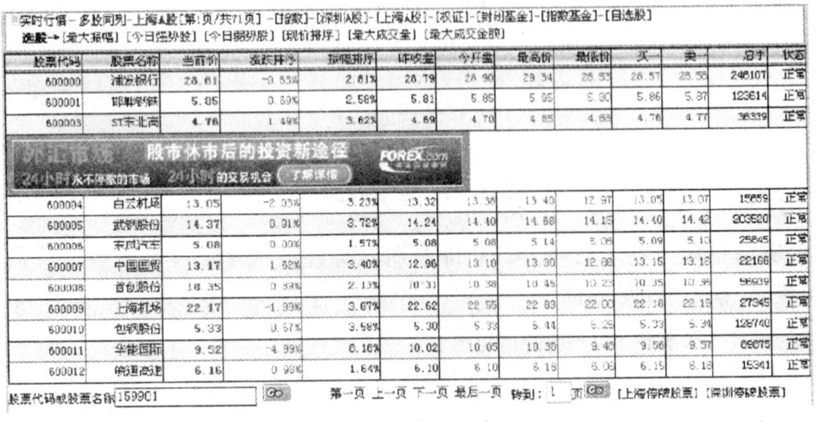

图 6-9 行情界面

在最底端的股票代码或股票名称处，如输入深 100ETF 或者输入其代码 159901，点击按

键 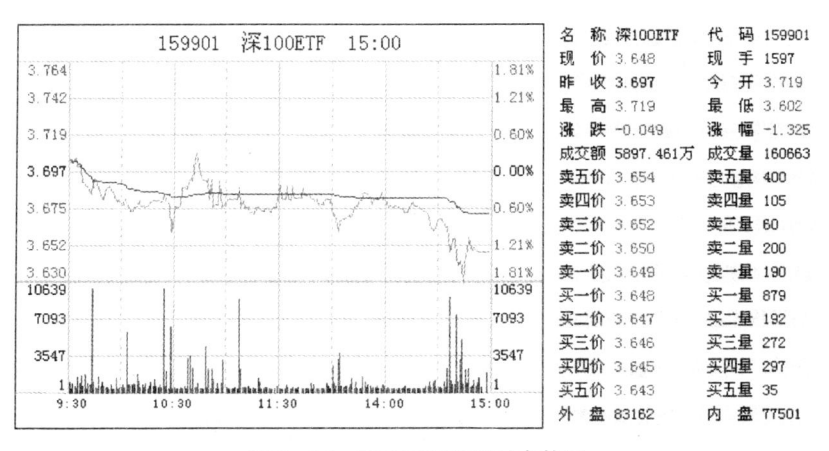,查看关于该只基金的数据。

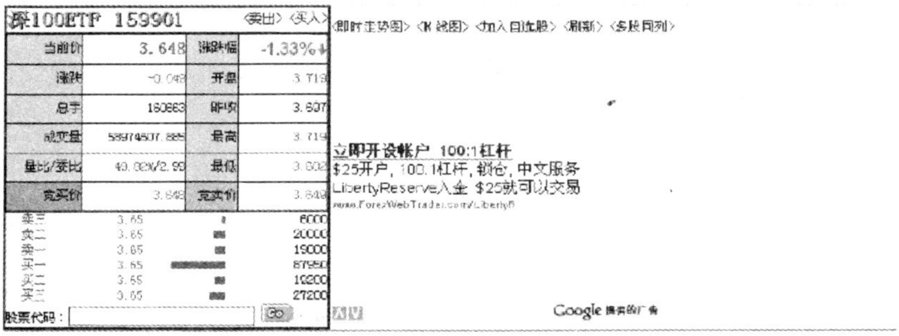

图 6-10 深 100ETF 资料

如图 6-10 所示,用户可以查看深 100ETF 的当前价、涨跌幅、涨跌额、开盘价、总手数、昨日收盘价、成交量、最高价、最低价、量比/委比、竞卖价以及委托买入和卖出的三档价格。

在右上端,用户可以点击〈即时走势图〉查看该只基金的每分钟的走势,如图 6-11 所示;点击〈K 线图〉进行技术分析;点击〈加入自选股〉,可以在"我的自选股"中保留该只基金;点击〈刷新〉,对左侧的数据进行刷新。

图 6-11 深 100ETF 即时走势图

第四步,基金的委托买入与卖出。

(1) 委托买入　以深 100ETF 为例,有两种方法可以买入深 100ETF。

方法一:

在图 6-10 中,点击上端的〈买入〉键,进入"委托交易"的界面,如图 6-12 所示。

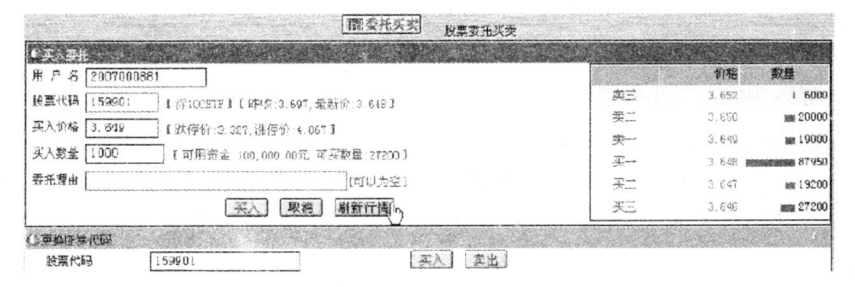

图 6-12 委托买卖

输入买入数量,点击"买入",弹出确认委托对话框,如图6-13所示。然后,点击"确定"即可。

图6-13 确认委托对话框

注:股票"买入数量"栏应输入半角数字,实盘股数必须为100的整数倍。

确认委托买入后,用户在成交之前可以撤单。点击"撤单",取消本次委托,撤单不收费;点击"成交查询",查看本次委托是否成交,如图6-14所示。

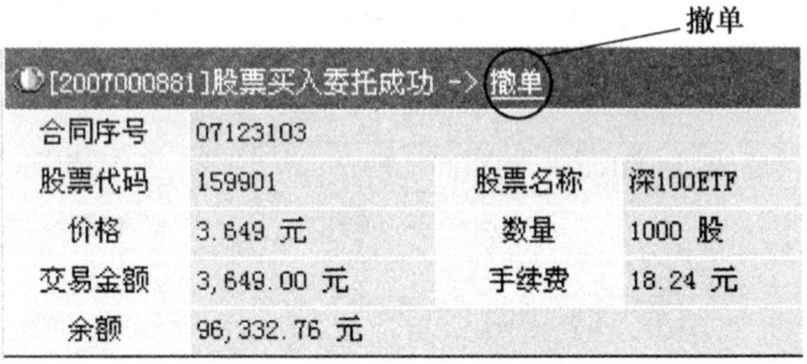

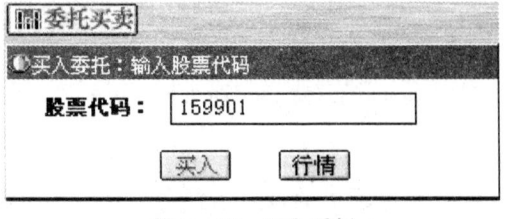

图6-14 成交查询

方法二:

在图6-8"模拟炒股"主界面中,点击左边快捷键中的"买入"键。

图6-15 买入委托

在图6-15所示的界面中输入基金代码159901,点击"买入",进入如图6-12的委托交易界面,之后的步骤与"方法一"相同。

(2)委托卖出 基金的委托卖出与买入的步骤基本上一样的,只是需要注意的是:根据交易所股票交易规则,当日买进的股票或基金(除权证外),需在T+1日(即第二个交易日)后方可卖出。

除了前述指出的撤单的方法之外,用户还可以在提交委托后、交易成交前,通过"模拟炒股"界面左边快捷键中的"委托撤单"进行。点击"委托撤单",进入"委托撤单"界面,如图6-16所示。

图 6 - 16　委托撤单

输入委托合同号或者点击底端"备注"中的"可撤",然后点击"确定"即可,如图 6 - 17 所示。

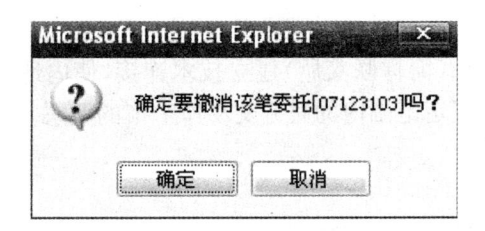

图 6 - 17　撤单对话框

注:

① 只有未成交的委托才可以撤单。

② 和实盘操作规则一样,委托撤单不收取手续费佣金。

③ 当日闭市后尚未成交的委托,系统在清算时会自动作撤单处理,因此,当日未成交的委托不会保留到第二天。

④ 撤单成功后,冻结的资金重新返回到资金账户。

模块 7　沪港通

7.1　沪港通基础知识

7.1.1　沪港通的概念

沪港通,是"沪港股票市场交易互联互通机制"的简称,是上海证券交易所(简称上交所)和香港联合交易所有限公司(简称联交所)建立技术连接,使内地和香港投资者可以通过当地证券公司或经纪商买卖规定范围内的对方交易所上市的股票。

7.1.2　沪港通的种类

沪港通包括沪股通和港股通两部分。

沪股通,是指投资者委托联交所的经纪商(联交所的参与者),通过联交所证券交易服务公司,向上交所进行申报,买卖规定范围内的上交所的上市证券,并登记在香港中央结算公司名下。

港股通,是指内地投资者委托上交所的证券公司(上交所会员),通过上交所证券交易服务公司,向联交所进行申报,买卖规定范围内的联交所的上市证券,并在中国证券登记结算公司(简称中证登或中国结算)在香港中央结算公司开立的证券账户登记。

7.2　港股通的开通

7.2.1　开通条件

开通港股通,投资者并不是新开一个账户,只是在原有账户上增加一个港股通权限。参与港股通交易的个人投资者和机构投资者必须满足的条件有:不存在严重不良诚信记录,也不存在法律、行政法规、部门规章、规范性文件、业务规则等规定的禁止或限制从事港股通交易的情形。

自然人参与港股通,账户内的总资产(证券市值加资金)不能少于人民币 50 万元,而且其中不包括该投资者通过融资融券交易融入的资金和证券。

7.2.2　开通流程

港股通业务权限的开通渠道包含手机开通、网上开通及证券公司营业部柜台开通三种方式。

(1)手机开通　通过身份验证、资质审核、风险知识测评、风险揭示及协议签署等流程完成手机端权限开通。所有环节须准确、合格、无误,才能完成权限开通申请。

(2)网上开通　通过身份验证、资质审核、业务讲解、风险知识测评、风险揭示及协议签署等流程完成网上权限开通。

（3）营业部柜台开通　机构客户需要到营业部现场办理，签署协议。

7.3 港股通交易

7.3.1 交易前的准备

（1）安装港股通交易软件，本章以“国信证券金太阳”软件为例。

（2）安装结束后，登录“资金账号”，如图 7－1 所示。

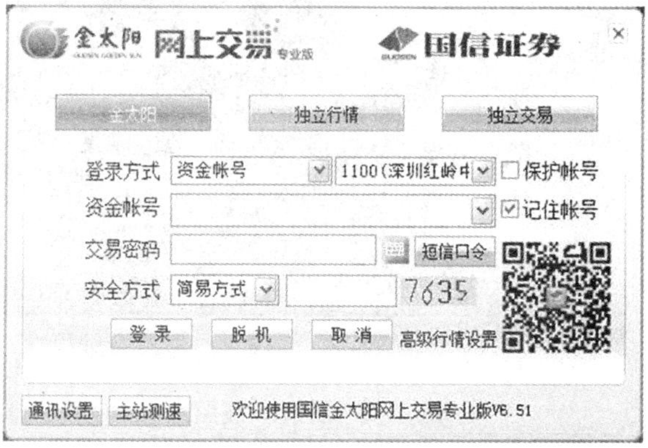

图 7－1　“国信证券金太阳”网上交易登录界面

（3）点击“分类”中的“港股通”，查找自己需要了解的上市公司股票的基本信息，如图 7－2 所示。

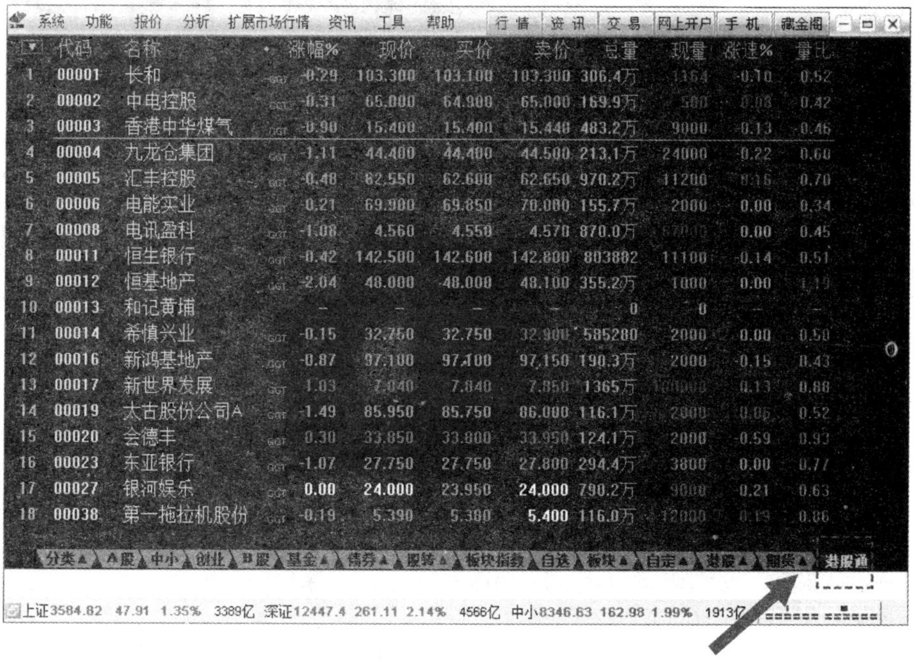

	代码	名称	涨幅%	现价	买价	卖价	总量	现量	涨速%	量比
1	00001	长和	-0.29	103.300	103.100	103.300	306.4万	1164	-0.10	0.52
2	00002	中电控股	-0.31	65.000	64.900	65.000	169.9万	500	0.08	0.42
3	00003	香港中华煤气	-0.90	15.400	15.400	15.440	483.2万	9000	-0.13	0.46
4	00004	九龙仓集团	1.11	44.400	44.400	44.500	213.1万	24000	-0.22	0.60
5	00005	汇丰控股	-0.48	62.550	62.600	62.650	970.2万	11200	0.16	0.70
6	00006	电能实业	0.21	69.900	69.850	70.000	155.7万	2000	0.00	0.34
7	00008	电讯盈科	-1.08	4.560	4.550	4.570	870.0万	67000	0.00	0.45
8	00011	恒生银行	-0.42	142.500	142.600	142.800	803882	11100	-0.14	0.51
9	00012	恒基地产	-2.04	48.000	48.000	48.100	355.2万	1000	0.00	1.19
10	00013	和记黄埔	–	–	–	–	0	0	–	–
11	00014	希慎兴业	-0.15	32.760	32.750	32.900	585280	2000	0.00	0.50
12	00016	新鸿基地产	-0.87	97.100	97.100	97.150	190.3万	2000	-0.15	0.43
13	00017	新世界发展	1.03	7.840	7.840	7.850	1365万	100000	0.13	0.88
14	00019	太古股份公司A	-1.49	85.950	85.750	86.000	116.1万	2000	0.06	0.52
15	00020	会德丰	0.30	33.850	33.800	33.950	124.1万	2000	-0.59	0.93
16	00023	东亚银行	-1.07	27.750	27.750	27.800	294.4万	3800	0.00	0.77
17	00027	银河娱乐	0.00	24.000	23.950	24.000	790.2万	9000	-0.21	0.63
18	00038	第一拖拉机股份	-0.19	5.390	5.380	5.400	116.0万	12000	0.19	0.86

图 7－2　股票列表信息

（4）双击任意一只股票进入其 K 线图，对该股进行分析。以"香港中华煤气"为例，如图 7-3 所示。

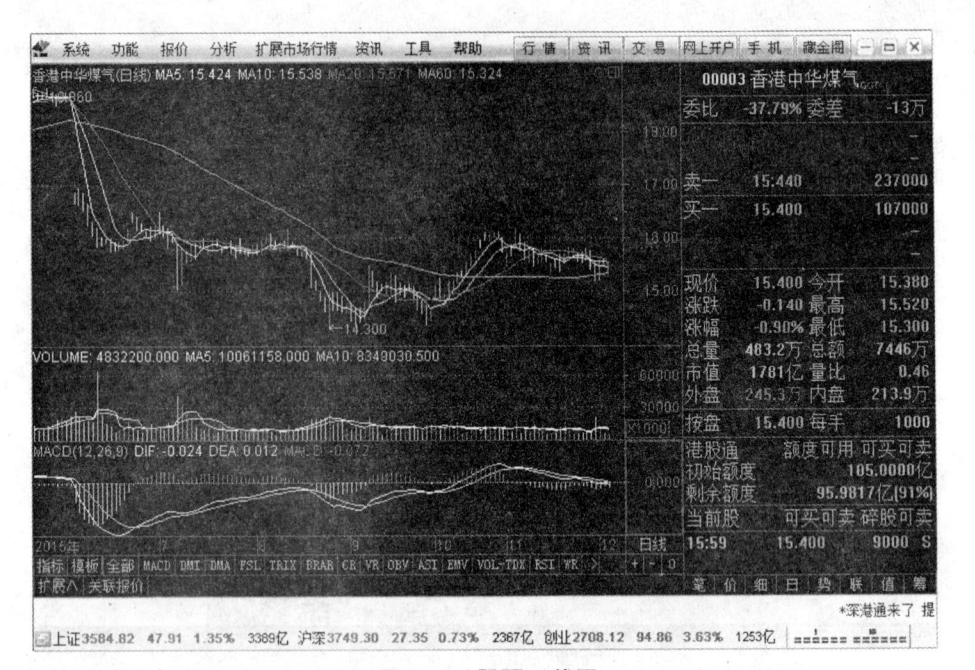

图 7-3　股票 K 线图

（5）在盘面和盘口获取该股票的信息，如图 7-4 所示。

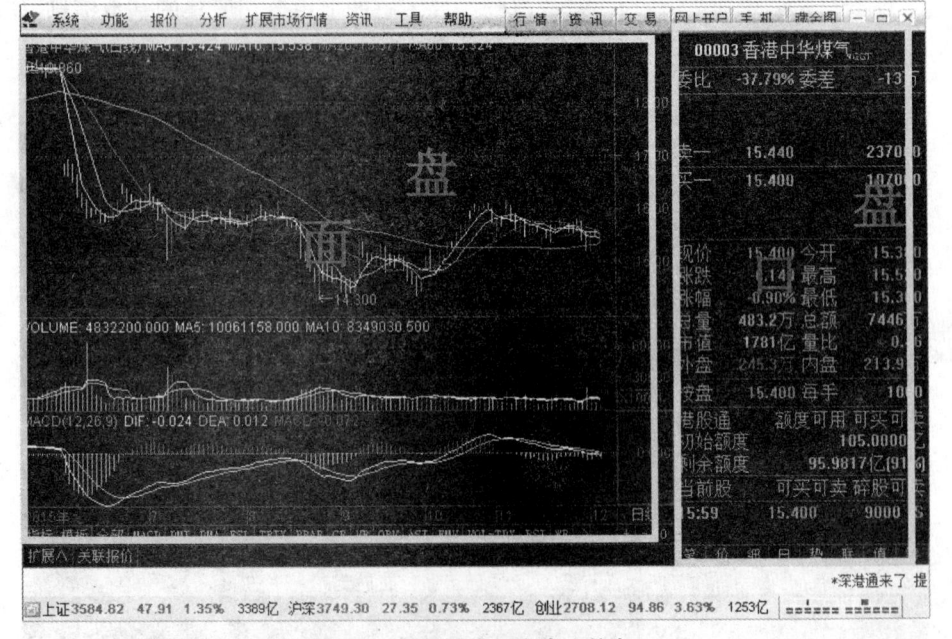

图 7-4　股票盘面和盘口信息

(6) 在 K 线图界面下,按 F5 或回车键进入分时图界面,如图 7-5 所示。

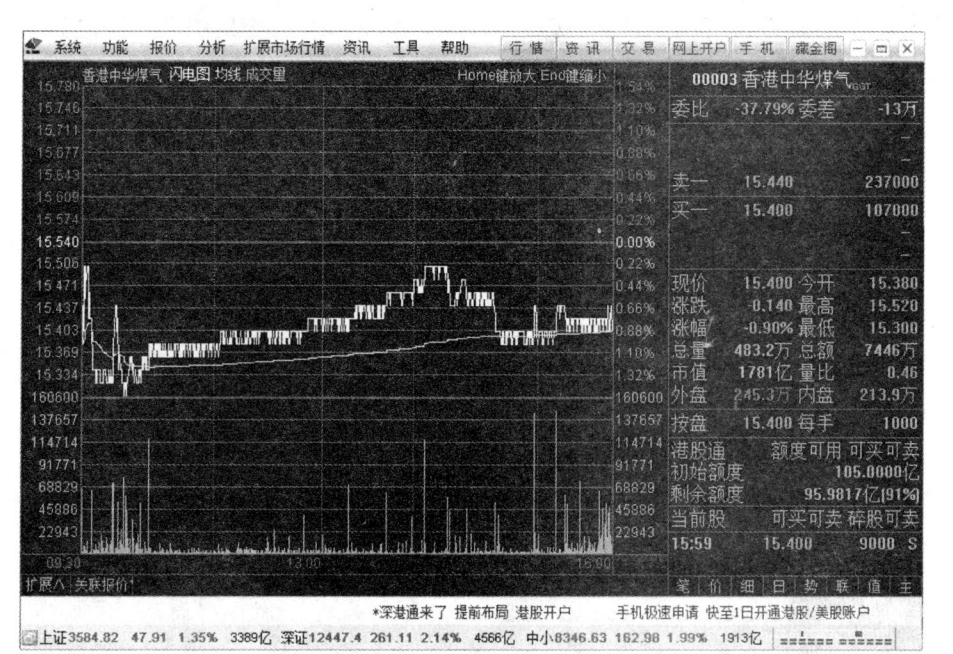

图 7-5　股票分时图界面

(7) 在"分析"列表中可切换自己所需要的图形,如图 7-6 所示。

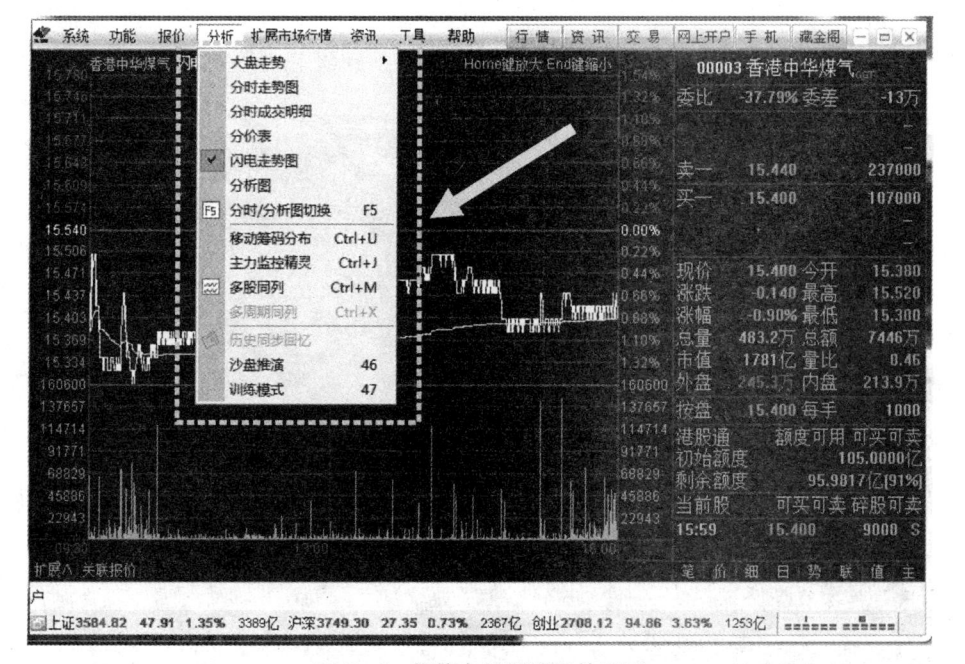

图 7-6　切换自己所需要的图形

(8) 常用快捷键。

F5:分时图和 K 线图切换。

F6:我的自选股。

（9）添加自选股。

在分时图或 K 线图界面下，同时按住"CTRL"和"Z"键，会弹出图 7－7 界面，单击"确定"即可，按 F6 查看自选股。

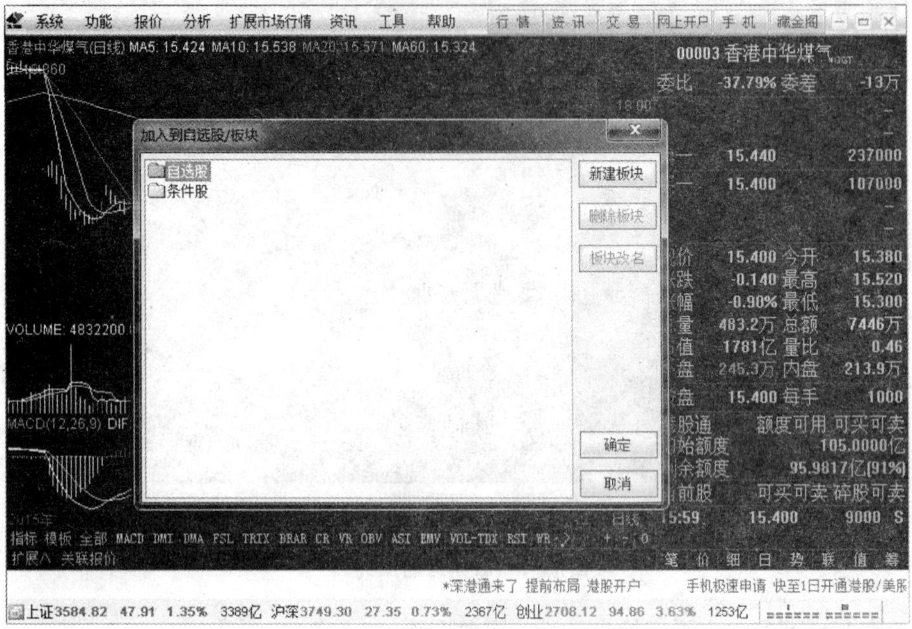

图 7－7　添加自选股

（10）完成基本分析和信息筛选后，点右上角"交易"即可开始交易，如图 7－8 所示。

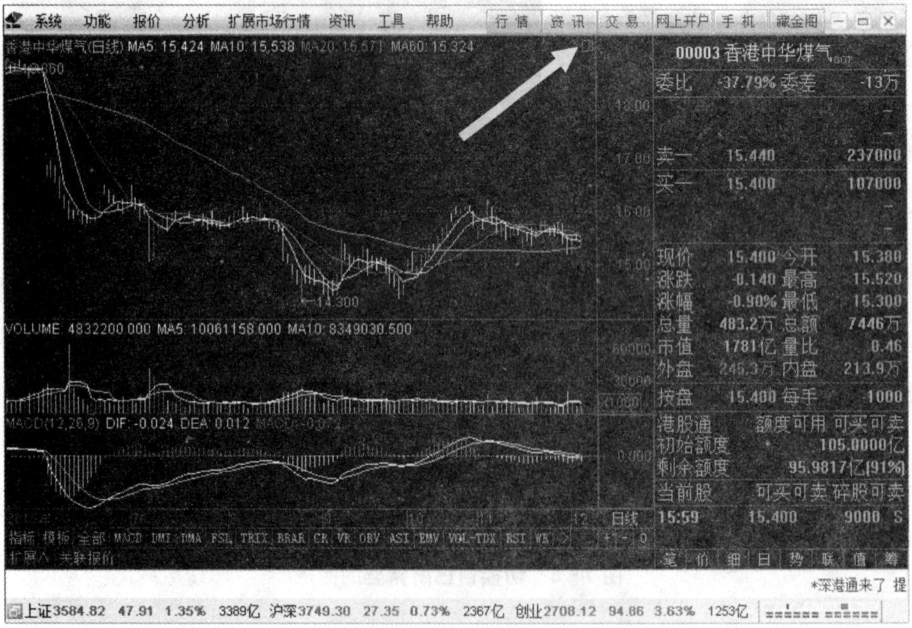

图 7－8　开始交易

7.3.2　港股通交易流程

沪港通交易流程如图 7-9 所示。

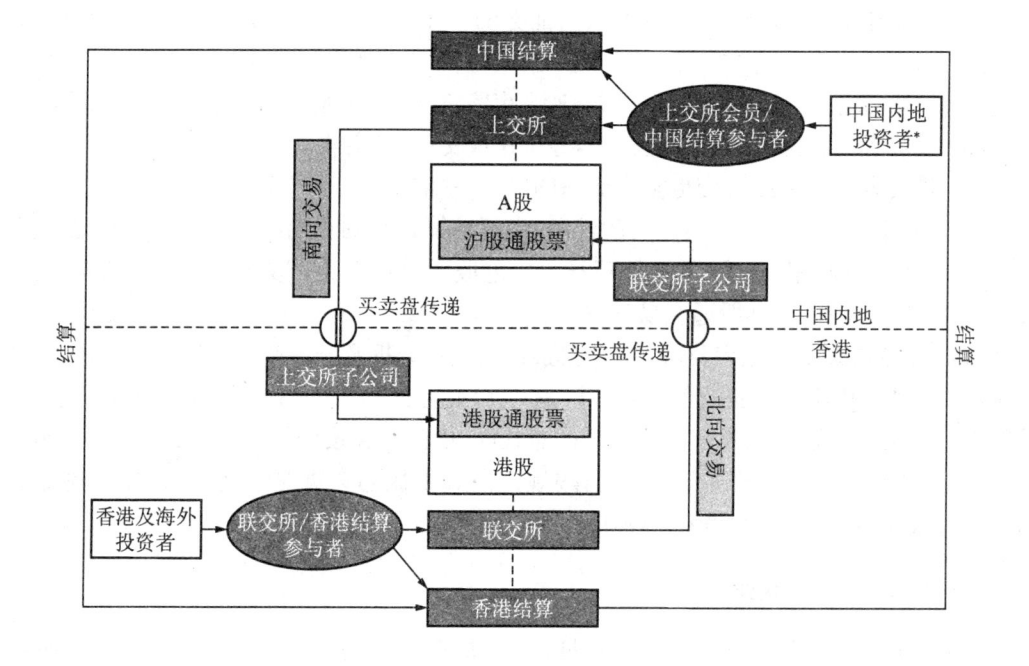

注：只有符合资格的中国内地投资者可参与南向交易。

图 7-9　沪港通交易流程图

7.4　沪港通业务规则

7.4.1　港股通业务规则

（1）投资者应当通过沪市人民币普通股票账户进行港股通交易。

（2）港股通交易以港币报价，投资者通过港股通买卖证券，应当以人民币与证券公司或经纪商进行交收。

（3）内地投资者不能要求提取纸面股票，中国证监会另有规定的除外。

（4）投资者因港股通股票权益分派、转换、上市公司被收购等情形或者异常情况，所取得的港股通股票以外的联交所上市证券，只能通过港股通卖出，但不得买入，上交所另有规定的除外。

因港股通股票权益分派或者转换等情形取得的联交所上市股票的认购权利在联交所上市的，可以通过港股通卖出，但不得行权。

因港股通股票权益分派、转换或者上市公司被收购等所取得的非联交所上市证券，可以享有相关权益,但不得通过港股通买入或卖出。

(5) 港股通交易通过联交所自动对盘系统进行,但投资者持有的碎股只能通过联交所半自动对盘碎股交易系统卖出。

投资者参与联交所自动对盘系统交易,在联交所开市前时段应当采用竞价限价盘委托,在联交所连续交易时段应当采用增强限价盘委托。

(6) 港股通交易申报数量应当为该只证券的一个买卖单位或其整数倍,但卖出碎股的除外。

(7) 被调出港股通股票且仍属于联交所上市股票的,不得通过港股通买入,但可以卖出。

(8) 投资者当日买入的港股通股票,经确认成交后,在交收前即可卖出。

(9) 投资者新办理或者变更指定交易的,自下一港股通交易日起方可进行港股通交易。

(10) 对于联交所上市公司派发的红股,中国结算在收到香港结算派发红股到账当日或次日进行业务处理,相应红股可于处理日下一港股通交易日上市交易。投资者红股可卖首日均较香港市场晚一个港股通交易日。

(11) 对于在联交所上市公司派发的红股以及股份分拆及合并业务产生的零碎股,中国结算对投资者账户中小于1股的零碎股进行舍尾处理。当香港结算发放的红股总数或分拆、合并股票数额大于投资者账户舍尾取整后的总数的,中国结算按照精确算法分配差额部分。

(12) 投资者进行港股通交易,应当按规定向其委托的会员交纳佣金,并按照联交所市场收费标准交纳交易费、交易系统使用费和其他费用。

7.4.2 沪股通业务规则

(1) 境外投资者的境内股票投资数量,应当遵循:单个境外投资者对单个上市公司的持股比例,不得超过该上市公司股份总数的10%;所有境外投资者对单个上市公司A股的持股比例总和,不得超过该上市公司股份总数的30%。

(2) 境外投资者依法对上市公司战略投资的,其战略投资的持股不受上述比例限制。境内有关法律法规和其他有关监管规则对持股比例的最高限额有更严格规定的,从其规定。

(3) 沪股通交易采用竞价交易方式,上交所另有规定的除外。

(4) 投资者根据相关规定履行信息披露义务时,其通过沪股通交易与通过其他方式持有的同一上市公司的境内、外上市股份应当合并计算。

(5) 当日交易结束后,单个境外投资者通过沪股通与其他方式持有同一上市公司股票合并计算超过限定比例的,应当在5个沪股通交易日内对超出部分予以平仓,并按照有关规定及时履行信息披露义务。

当日交易结束后,所有境外投资者通过沪股通与其他方式持有同一上市公司股票合并计算超过限定比例的,上交所将按照后买先卖的原则,向联交所证券交易服务公司及其他境外投资者发出平仓通知。联交所证券交易服务公司应当及时通知联交所参与者,并要求其通知投资者。投资者应当自接到通知之日起的5个沪股通交易日内,对超出部分予以平仓。

(6) 沪股通投资者未按规定对超过限定比例的股份进行处理的,联交所证券交易服务公司应当要求相关联交所参与者实施平仓。

沪股通投资者在5个沪股通交易日内自行减持导致上述持股总数降至限定比例以下的,联交所证券交易服务公司可以主动或者根据被通知减持的沪股通投资者通过联交所参与者向其提出的请求,向上交所申请由原持有人继续持有原股份。

7.5 相关法律规定

(1) 投资者应当与指定交易的会员签订指定交易协议,明确双方的权利、义务和责任。指定交易协议一经签订,会员即可根据投资者的申请向上交所交易主机申报办理指定交易手续。

(2) 香港投资者通过沪股通买卖股票达到信息披露要求的,应当依法履行报告和信息披露义务。

(3) 香港投资者参与沪股通交易,应当遵守《沪港股票市场交易互联互通机制试点若干规定》中的持股比例限制。

(4) 沪股通投资者买卖沪股通股票,违反《上海证券交易所股票上市规则》等业务规则规定的信息披露要求的,上交所可以根据相关规则对其实施监管措施或者纪律处分。

(5) 沪股通交易中出现违反本办法或者上交所其他相关规定的行为,情节严重的,上交所可以提请联交所对其参与者实施相关监管措施、纪律处分,或者提请联交所要求其参与者对投资者进行口头警示、书面警示、拒绝接受其沪股通交易委托。

(6) 沪股通交易中出现异常交易行为,严重扰乱上交所市场秩序的,上交所可以暂停或者限制联交所证券交易服务公司交易权限,或者不予接受联交所证券交易服务公司提交的涉及相关投资者的交易申报。

(7) 机构投资者参与港股通交易,应当符合法律、行政法规、部门规章、规范性文件及业务规则的规定。

(8) 沪股通投资者、港股通投资者、联交所证券交易服务公司、上交所会员参与沪港通交易,违反相关法律、行政法规、部门规章、规范性文件及业务规则的规定,情节严重的,上交所可以报中国证监会查处。

7.6 注意事项

(1) 投资者参与港股通交易,应当熟悉香港证券市场相关规定,了解港股通交易的业务规则与流程,结合自身风险偏好确定投资目标,客观评估自身风险承受能力。

(2) 出于降低全市场资金成本的原因,中国结算可以依照香港结算相关业务规则,将投资者每日净卖出的证券向香港结算提交作为交收担保品。

(3) 香港证券市场的交收期安排与内地证券市场有所不同,港股通交易的交收期为 T+2 日。若投资者卖出证券,在交收完成前仍享有该证券的权益。若投资者买入证券,在交收完成后才享有该证券的权益。

(4) 香港证券市场的交易方式与内地证券市场有所不同,香港证券市场采取 T+0 的交易方式,投资者当天买入的证券可以当天卖出。

(5) 香港证券市场没有涨跌停牌制度,每天的涨跌幅都不受限制。

(6) 香港联交所每个交易日的交易时间是 10:00—12:30,14:30—16:00。

(7) 内地证券市场的行情显示是红涨绿跌,而香港证券市场则按照全球大多数市场的惯例,绿涨红跌。

(8) 港交所并不提供免费的实时行情信息。

（9）上交所对沪港通试点办法进行修订。根据香港联合交易所有限公司（以下简称联交所）实施收市竞价交易等交易机制调整的相关安排，上海证券交易所 2016 年 7 月 18 日对《上海证券交易所沪港通试点办法》进行了修订，具体修改内容如下：

① 第六十三条第一款修改为：港股通交易日和交易时间由本所证券交易服务公司在其指定网站公布。每个港股通交易日的交易时间包括开市前时段、持续交易时段和收市竞价交易时段，具体按联交所的规定执行。

② 第六十四条第二款修改为：投资者参与联交所自动对盘系统交易，在联交所开市前时段和收市竞价交易时段应当采用竞价限价盘委托，在联交所持续交易时段应当采用增强限价盘委托。

③ 第八十一条第二款修改为：当日额度在联交所持续交易时段或者收市竞价交易时段使用完毕的，本所证券交易服务公司停止接受当日后续的买入申报，但仍然接受卖出申报。在上述时段停止接受买入申报的，当日不再恢复，本所另有规定的除外。

④ 第一百一十二条第（十七）项修改为：竞价限价盘：指联交所《交易所规则》规定的一种适用于联交所开市前时段和收市竞价交易时段的可以指定价格或者更优价格成交的买卖盘。

上述修改内容自 2016 年 7 月 25 日起实施。

7.7 模拟实验

要求学生模拟开立港股通账户,模拟港股通交易的全过程,由教师进行点评。

模块 8　证券投资的基本分析

证券投资的基本分析基本分析是证券投资分析的基础。基本分析又称基本面分析,它是通过对影响证券价值及市场价格的基本要素进行分析,评估证券的投资价值,判断证券的合理价位,以便作出相应投资决策的一种分析方法。通过对证券基本面进行分析,可以把握决定证券价格变动的主要因素。基本分析包括宏观分析、中观分析(行业分析和区域分析)和微观分析(公司分析)。宏观分析和中观分析是分析外部经济运行状况对公司生产经营所产生的现实及潜在的影响,而微观分析则是通过分析公司本身的各种技术经济指标来判断该公司的盈利能力和成长性。基本分析的最终目标是评估该公司证券的合理价值所在。

8.1　宏观分析

8.1.1　国内宏观经济运行状况分析

国内宏观经济运行状况分析是指对一个国家的主要宏观经济变量或指标的水平及变化进行分析,据此分析预测证券市场的运行状况和未来趋势。

1) 国民经济总体指标

(1) 国内生产总值(GDP)与经济增长率　国内生产总值是指一个国家(或地区)在一定时期内所有居民所生产的最终产品和劳务的市场价值总和。经济增长率是国内生产总值增长速度的衡量指标,它是反映一定时期经济发展水平变化程度的动态指标。发展中国家在经济起飞阶段的经济增长率一般高于发达国家,因而发展中国家股票市场的平均市盈率水平通常也高于发达国家。

(2) 失业率　失业率是指劳动力人口中失业人数所占的比重。高失业率意味着社会资源被浪费,居民收入减少和消费能力不足,导致企业销售额下降。

(3) 通货膨胀率　通货膨胀率是指现期物价总水平与基期物价总水平的比率。适度的通货膨胀具有刺激证券市场尤其是股票市场价格上涨的作用。一方面企业的经营业绩增长情况普遍较好;另一方面存在一定程度的货币贬值,所以人们为追求资产的保值增值而倾向于投资证券市场。但过度甚至恶性通货膨胀时,人们首先考虑的是抢购商品,流向证券市场的资金减少,从而会导致证券市场价格下跌。

(4) 国际收支水平　对外贸易和资本的流入流出对一国的宏观经济运行有着重大的影响,这种影响体现在国际收支状况的变动上。当经常项目逆差增加时,表明出口减少,这会在一定程度上影响经济增长率;当资本项目逆差增加时,表明外资流入减少,这可能会在一定程度上影响国内投资的增长,从而对经济增长产生一定的抑制作用。

(5) 经济周期　当经济处于萧条期时,由于企业的盈利状况普遍不佳,因而证券市场的价格变动的总体趋势是向下的。在经过萧条期之后,投资人对经济复苏的预期会促使证券市场逐步走出低谷,形成上升趋势。上升趋势会在经济复苏期和繁荣期得到延续,并在经济出现过度繁荣或衰退迹象时达到顶点。

2) 投资规模

投资规模是一定时期在国民经济各部门、各行业再生产中的投资数量。投资规模是否适度,是影响经济稳定发展与增长的一个决定因素。投资规模过小,不利于为经济的进一步发展奠定物质技术基础;反之,投资规模过大,又会引发能源、建材等生产资料价格上涨,从而导致物价上涨,影响经济的健康稳定发展。

3) 消费指标

(1) 社会消费品零售总额　社会消费品零售总额是指国民经济各行业通过多种商品流通渠道向城乡居民和社会集团供应的消费品总额,是反映经济景气程度的重要指标。

(2) 城乡居民储蓄存款余额　城乡居民储蓄存款余额的增长速度与股市行情出现反向变动的态势。当股市行情节节攀升时,人们更愿意将资金投入股市,居民储蓄就会处于增幅减缓的局面,并且在储蓄增幅中,也是以活期储蓄居多,这种储蓄活期化的倾向也显示人们的投资与消费意愿。当股市开始回落时,人们投资股市谨慎,居民储蓄存款的增长就会加快。

(3) 消费物价指数　消费物价指数(CPI)是反映与居民生活有关的产品及劳务的价格变动指标,通常作为衡量通货膨胀水平的重要指标。如果消费物价指数升幅过大,通常中央政府会出台紧缩的财政、货币政策措施,从而造成经济前景不明朗。因此,该指数的变化对证券市场的影响非常大。

4) 金融指标

(1) 总量指标　金融总量指标包括货币供应量、金融机构各项存贷款余额、现金、银行存款、有价证券、保险、外汇储备等分类金融资产总量。金融总量指标对证券市场具有直接影响。

(2) 利率　利率包括贴现率与再贴现率、同业拆借利率、回购利率以及各项存贷款利率。利率水平反映了资金的使用成本。利率的变动会对企业的经营成本和收益产生影响,从而导致证券市场价格的波动;利率的变动也会影响到投资人投资于证券市场的机会成本,从而通过影响证券投资需求而对证券价格的变动产生作用。

(3) 汇率　汇率变动是国际市场各种货币供求关系的综合反映,汇率对国内经济、对外经济以及国际间的经济联系都有重大影响。

5) 宏观经济政策

宏观经济政策是政府依据宏观经济运行状况而制定的、进行宏观经济调控的一系列方针、政策、准则和措施的总称,包括宏观财政政策和宏观货币政策。宏观经济政策的变化会对证券市场产生重大影响。

宏观经济政策分为扩张性政策、紧缩性政策和中性政策。扩张性政策可以增加微观经济主体的收入,刺激经济主体的投资需求,从而引起证券市场价格上涨;反之,紧缩性政策的经济效应及其对证券市场的影响则相反。

通过分析宏观经济政策,可以对当前的经济运行状况、政府的政策意图及其对证券市场的影响作出准确的判断。

6) 证券市场本身的运行状况

(1) 市场技术因素　这主要是指证券市场中的投机操作和市场运行的内在规律。投机操作会对证券价格的短期波动产生较大影响,而市场自身运行的内在规律则影响着证券价格的长期走势。

（2）市场管理因素　　证券监管机构和其他管理部门会根据证券市场运行状况采取相应的措施对市场供求加以调控。如调整信用交易保证金比率、抵押证券的抵押率、证券信用贷款限额等，以避免市场因过度投机而出现剧烈波动，或者陷入长期低迷的状态。

（3）市场心理因素　　无论是影响证券市场价格变动的内因还是外因，最终都要通过投资人的买卖行为发生作用。投资人的买卖行为又受制于他们的心理预期。证券市场的投资人大多存在一种从众心理，容易被一些投机性的实力机构所利用，产生所谓"羊群效应"，对证券市场的短期运行状况产生较大影响。

（4）市场效率因素　　市场效率因素是指市场能否全面准确及时地披露信息，通讯条件是否先进，投资主体的专业化程度如何等。这些市场效率因素决定了证券市场是否敏感，是否能够有效及时地对各种内外部因素作出反应。

8.1.2　国际经济环境分析

在开放经济条件下，一国的经济发展和证券市场运行必然受到国际经济政治环境的影响。我国经济越来越深入地融入全球经济一体化的潮流中，作为整体经济的一部分的资本市场，正在有限度地逐步开放，其国际化的趋势是可以预期的。所以在进行证券投资时也必须对国际环境因素进行分析。

1）世界经济运行状况分析

（1）分析当前世界经济整体上处于经济周期中的哪一个阶段。世界经济整体大环境的繁荣与否对一个国家国内经济的运行会产生一定程度的影响。

（2）分析当前世界各国，尤其是与本国经济关系紧密的国家的通货膨胀状况。当这些国家出现高通货膨胀时，便可能通过贸易和资本流动的传导机制使本国发生通货膨胀，从而对本国经济运行产生不利影响。

（3）分析与本国经济关系紧密国家的汇率水平和当前国际金融市场利率水平。汇率水平通过调节出口和进口的平衡关系，进而影响本国的国际收支状况。如果国内市场利率水平明显低于国外，就会发生资本外流，也会对本国的国际收支状况产生影响。汇率与利率对证券市场的影响如下：外汇贬值→本币升值→进口企业成本上升→进口企业利润下降→证券市场价格下降；外汇升值→本币贬值→出口产品竞争力上升→出口企业效益上升→证券市场价格上升；国内利率低于国外利率→资本外流→市场资金下降→证券市场价格下降。

（4）分析主要发达国家和国际金融中心的证券市场运行状况。在国际化和一体化的趋势下，各国证券市场相互影响、相互制约的程度日益提高。其中一些主要发达国家和国际金融中心的证券市场运行状况又影响着世界各国证券市场的运行。同样，国际投机资本的流动对各国证券市场也有着直接和重要的影响。

2）世界各国及国际金融机构的经济政策分析

（1）各国政府都会根据本国经济运行状况制定和实施相应的财政、货币、收入和对外经济政策并适时地进行调整。与本国有着密切经济关系的国家作出经济政策的重大调整时，必然会对本国经济运行产生一定程度的影响。在对一个国家的证券市场进行投资时，需要密切关注与该国有关的其他国家的国内经济运行状况，并对这些国家经济政策可能发生的调整变化作出分析预测。

（2）国际金融机构主要是指国际货币基金组织、世界银行集团等全球性国际金融机构和诸如亚洲开发银行、非洲开发银行等区域性国际金融机构。这些国际机构的职能是促进国际货币金融合作及国际贸易发展、为会员国经济建设提供长期贷款与投资以促进其生产资源开发、促进外国直接投资资本向发展中国家流动等。它们对资金运用安排的方针、政策进行调整时,必然会对各国经济运行产生不同程度的影响。

3）国际贸易关系分析

在分析国际贸易关系时,应该重点关注以下几个方面:

（1）世界经济形势,主要是美国、日本、德国、英国、法国、意大利、加拿大等西方七国的经济形势,特别是作为世界经济领头羊的美国经济。

（2）主要贸易伙伴的经济形势。我国主要的贸易伙伴是美国、日本、韩国、欧共体和东南亚各国。

（3）与主要贸易伙伴的贸易关系,如贸易保护、贸易壁垒、贸易摩擦、反倾销起诉等。

4）国际金融市场的动态分析

中国正在有序地、积极地推进资本市场的对外开放。虽然目前人民币在资本项目下还没有完全放开,暂时不能完全自由兑换,但国际金融市场对我国股市的影响,还要注意:

（1）国际金融市场的震荡会通过 H 股、N 股、S 股、B 股影响我国股市。

（2）世界各国股票市场会对石油价格、战争、全球性行业兴衰等共同作出反应。

（3）国际股票市场的一些投资理念、操作技巧会影响投资人。

（4）国际股票市场的剧烈变动会对投资人信心产生影响。

8.2 中观分析

8.2.1 行（产）业分析

不同产业的经营业绩和成长性可能存在很大差异,原因在于不同的产业面临着不同的市场需求和发展前景。行业分析就是通过了解行业本身所处的发展阶段及其在国民经济中的地位,分析影响行业发展的各种因素并判断其对行业影响的力度,预测行业发展趋势,判断行业投资价值,揭示行业投资风险。

1）产业政策分析

产业政策是由政府制定和实施的旨在提高资源在产业及企业间的配置效率,促进并优化本国产业发展及经济增长的经济政策。

（1）产业结构政策分析　产业结构政策通常是指调节产业之间的结构比例关系,推进产业结构转换的产业政策。在进行产业结构政策分析时,应重点关注政府对主导产业的选择以及对幼小产业的扶持。

政府在确定主导产业时,都要从本国实际情况出发,综合考虑产业的需求收入弹性、生产率上升幅度、与其他产业的关联度（尤其是对纵向联系部门的增长带动效应）、增长后劲和瓶颈效应等因素。政府为充分发挥主导产业对其他产业的增长带动作用,必然会采取各种政策措施支持主导产业发展。

幼小产业是指对一个国家的经济增长有着重要作用,但在国际贸易和分工中暂时处于劣势的产业。政府通常采取贸易保护和国内生产扶持相结合的政策以保护和扶持幼小产业。贸易保护政策主要包括保护性进口关税、非关税壁垒、外汇管制等。国内生产扶持政策则包括财政政策、货币政策、技术政策和直接管制政策等。

（2）产业组织政策分析　产业组织政策是指由政府制定的，通过干预和调整产业的市场结构和市场行为而获得理想市场绩效的产业政策。

产业组织政策的核心在于处理好规模经济与竞争活力之间的矛盾。

产业组织政策的内容包括：

① 为企业创造平等竞争环境以增强企业活力；

② 促进企业达到合理规模以获得规模经济效益。

产业组织政策的政策手段包括反垄断政策、反不正当竞争政策、保护中小企业政策和直接管制政策等。

（3）产业布局政策分析　产业布局政策是指政府为实现产业空间分布和组合的优化，以促进经济增长和社会福利而制定和实施的产业政策。

① 产业布局政策的主要内容：地区发展重点的选择和产业集中发展策略的制定等。

② 产业布局政策的政策手段：产业布局政策主要是规划性的，同时也包括一定意义上的政府直接干预。政策手段有政府财政投资、间接诱导、信息疏导、直接干预和限制等。

③ 产业布局政策的阶段性：在经济不发达阶段，政府通常更强调产业布局的非均衡性优先发展。当经济较为发达之后，政府则从公平角度出发，偏重于强调产业布局的均衡性，从而可能对不发达地区经济给予较多的支持。

④ 分析产业布局政策的意义：可以清楚地了解政府的产业布局战略、国家重点支持发展的地区以及这些地区的经济发展模式和基本思路，据此对各类相关企业的发展前景进行分析预测。

（4）产业技术政策分析　产业技术政策是指政府所制定的用以引导和干预产业技术进步的政策。在产业技术政策的影响下，企业技术创新的积极性得到增强，这将使那些本身蕴涵着较强技术进步动因的产业得到更快速的发展。

① 产业技术进步的指导性政策：主要由政府通过各种途径对产业技术进步的目标和各技术进步主体的行为进行指导，其涉及的产业主要是那些产业结构政策所规定的重点发展产业。

② 产业技术进步的组织政策：主要通过由政府主持或参与的各种组织形式推进产业技术进步，加速有关产业或产品的发展进程。

③ 产业技术进步的激励政策：主要通过健全和完善有关知识产权保护和交易制度并通过政府直接或间接的经济刺激，对民间科研机构和企业的研究开发及技术引进工作进行激励。

2）产业类型分析

（1）产业的生命周期　最常见的行业类型的划分是依据行业的生命周期，它反映了一个行业的活力和发展趋势。生命周期理论将一个行业从开始到消亡划分为 4 个阶段：引入期、成长期、成熟期和衰退期。

① 引入期：产品能否被市场接受和行业的经营策略均不明朗，这一时期行业的风险大，失败的可能性也大。

② 成长期：产品被市场迅速接受，销售收入和利润快速增长。

③ 成熟期：产品已被大多数潜在购买者接受，行业的增长趋于平缓。

④ 衰退期：市场及技术的变化使行业的产品逐渐被替代，市场对该产品的需求逐渐减少。

（2）产业的经济周期　依据产业对经济周期的反映来划分产业类型更适合证券投资分析，因为经济的增长不是直线式，而是循序渐进的。经济周期一般经历繁荣或持续增长时期,然后进入衰退时期,在衰退期,经济增长放缓或停止增长;接着进入恢复时期,它是下一个经济繁荣期的前奏。

不同的行业对经济周期的反映不同,在经济周期的每个阶段,都会有一些行业的经营和效益好于另一些行业。根据行业对经济周期的不同反映,可将其划分为增长型(growth)、被动型(defensive)和循环型(cyclical)三个类型。

① 增长型行业一般能独立于经济周期性的变化,其增长率明显高于国民经济的增长。甚至在衰退时期,增长型行业的销售收入和盈利能力仍能保持较大幅度的增长。例如,计算机软件、生物制药等高新技术产业就属于这一类型。

② 被动型行业在经济周期的变化过程中均处于稳定的发展状态。经济增长时期,行业经营业绩增长,经济衰退时期,行业也可保持一定的利润。被动型行业通常是(按生命周期分类的)成熟型行业。例如:公共事业的电力和煤气行业,无论经济处于一个什么样的状态,人们日常用电和用气不会发生变化;食品行业,因为市场对食品的需求属钢性需求。

③ 循环型行业的收益变化趋势遵循经济周期的变化方向。这一行业因经济增长而获得丰厚的利润,因经济衰退而蒙受损失。这类行业生产经营的运行轨迹与经济周期的轨迹以更夸张的形态相吻合,如钢铁、有色金属、机械等资本品行业,水泥、玻璃等建材行业都属于这一类型。

根据产业对经济周期的反映来分类,就可以根据经济周期的变化来判断行业的变化和发展趋势,进而判断行业内企业现在和未来的收益。

(3) 产业的市场结构　　按市场竞争和垄断程度,产业的市场结构可以分为完全垄断、寡头垄断、垄断竞争和完全竞争四种类型,这里不作赘述。

8.2.2　区域分析

区域经济发展是天时、地利、人和的综合体现。区域分析可以帮助投资人更好地了解上市公司与其所在区域的关系。上市公司的业绩好坏与当地总体经济水平基本上是成正比的。区域因素从两个方面来影响上市公司的经营业绩:一是区域硬件环境,区域内的自然资源和基础条件,如电力、煤炭供应是否充足,交通、通信是否发达;二是区域软件环境,区域内的比较优势和特色,如政府产业政策,政府执政能力、人员素质等。

纵观证券市场的发展历程,在区域性方面呈现两个主要特点:

(1) 区域内政府的产业政策及其相关经济支持力度不同,各地的企业在利用资本市场发展区域经济方面的做法和力度也不一样。如位于经济发展前沿的上海和广东,上市筹资的企业较多,上市公司业绩也普遍较好,许多优秀的企业都在这些区域。

(2) 各区域上市公司的数目存在着较大差异,同一区域上市公司业绩的平均水平也参差不齐。比如同是上海本地上市公司,既有宝钢股份、上海汽车、浦发银行、上港集团等业绩优良的公司,也有 PT 农商社、PT 白猫等严重亏损的企业,其业绩表现截然相反。这说明,企业的经营业绩,除了受区域影响外,还有行业因素和企业自身因素的影响。因此,要正确认识区域经济对上市公司的影响,不能把它的影响绝对化和扩大化。

行业和区域因素作为经济发展的客观因素,对国民经济的发展具有很大影响。这种影响反映到证券市场上,就是上市公司的股价呈现行业及区域板块效应。板块效应就是处在相同行业或地域的股票在市场走势上相接近,并相互影响,称之为"板块联动"。板块联动对于市场主力炒作有非常大的益处。同一个板块,只要有一个领涨股,其他股票只要轻拉,就能上涨。同时,由于板块成为市场的明显热点,短线资金会大量涌入,市场主力出货也方便得多。投资人利用板块跟风和补涨的特性,顺势操作,往往获利匪浅。因此在证券投资实践中人们也热衷于划分行业和区域板块,行业板块如钢铁板块、电力板块、纺织板块、新能源板块等,区域板块如上海本地股板块、深圳本地股板块、北京板块、东北板块、西部概念板块、中部崛起板块等。

8.3 微观分析

8.3.1 公司基本素质分析

1) 公司竞争地位分析

(1) 企业规模分析 企业规模的大小与其产品的平均成本有关。当企业规模过小时,其产品的平均成本较高。随着企业规模增大,一方面由于生产的专业分工加强使得生产效率提高;另一方面由于能更加充分发挥大型设备的生产能力,所以其产品的平均成本下降。但不是企业规模越大越好,只有达到适当规模时,产品的平均成本才最低。

(2) 管理水平分析 企业的管理水平是否适应,决定着企业的前途和命运,管理水平低下往往成为制约企业发展的瓶颈。公司经营管理能力的高低体现在公司的高层管理人员的素质、创新能力及稳定性、公司员工的素质、组织结构和企业文化等各个方面。管理水平的主要考察指标有企业家素质、企业管理组织的构成、管理规章制度的制定及执行情况等。

(3) 技术装备及人员配置分析 公司产品的技术优势,直接或间接地影响到产品的质量优势、价格优势、品牌优势和市场占有率。企业员工素质也是一个关键因素,它是提高生产效率的重要手段。此外,要想利用先进的技术和设备进行生产,也要有高素质的员工队伍。

(4) 生产过程、销售环节分析 可以通过分析营业额变化和设备利用情况来分析生产能力的运用情况。调查原材料、工资水平的变动以及它们对产品成本的影响。分析销售环节时,要考察接受订货的情况、销售过程和销售业绩。

(5) 产品结构分析 产品都是适应社会需求而生产的,因此其具有生命周期。生命周期分为投入期、成长期、成熟期和衰退期 4 个各阶段。分析企业的产品处于生命周期的哪个阶段,企业是否能根据各阶段采取相应调整产品结构的策略等,可以判断企业的竞争地位。

2) 公司盈利能力及增长性分析

公司盈利能力是一个总体概念,它通过公司各种生产要素的利用、各项工作的运转、执行的效果等表现出来。固定资产、流动资产是否充分利用,营销是否得力,生产的效率是否提高,各种成本费用是否节约等,都是构成公司盈利能力和盈利增长的有机组成部分。所以,必须通过有关财务指标来评估公司的盈利能力,比如投资收益率、利润率等,资金周转率则反映全部资产是否被充分利用。

3) 公司经营管理能力分析

分析公司经营管理能力主要从公司行政管理人员素质和能力、公司管理风格及经营理念、经营效率、经营手段和新产品开发能力等方面考虑。可以从利润率、每股收益、投入产出比例、劳动生产率、百元设备的产值、设备利用率以及收入与成本的高低等指标来衡量。

8.3.2 公司重大事项分析

1) 资产重组事项

资产重组即通过对实业资本、金融资本、产权资本以及无形资本的重新组合,优化企业的资源配置,达到企业价值最大化的目的。资产重组的成功可以使劣势企业解困,使优势企业实现低成本扩张。

(1) 资产重组的方式

① 扩张型重组:包括扩大经营规模和资产规模、变更控制权的重组等。

② 调整型重组:包括不改变控制权、不改变资产规模或缩小公司规模的重组等。

(2) 资产重组对公司的影响

① 扩张型重组:公司可以拓展产品市场份额,扩大市场规模和生产规模,但对被收购方影响较大,磨合期较长。

② 调整型重组:着眼改善公司的经营,调整公司的股权结构和治理结构。重组后一般要进行经营和管理方面的调整。

资产重组是证券市场经久不衰的题材,近些年来,股市中涨幅最大的往往就是那些重组股。投资人也愿意看到公司重组,希望从中找到投资的机会。例如亿安科技,前身为1992年5月7日上市的深锦兴,由于公司定位不准,机制不顺,缺乏业绩支撑的主营业务,导致公司的经营业绩年年滑坡。广东亿安科技收购了深锦兴,并于1999年8月18日将公司更名为"亿安科技",同时进行了大规模的资产置换。其股价更是从1998年的10元以下,创纪录地上涨到2000年2月的126元,成为当时的两市第一高价股。再如ST数码2008年被盐湖钾肥收购,复牌当日,股价大涨529%。

2) 关联交易事项

关联交易就是企业关联方之间的交易。根据财政部2006年颁布的《企业会计准则》第36号——关联方披露准则的规定,一方控制、共同控制另一方或对另一方施加重大影响,以及两方或两方以上同受一方控制、共同控制或重大影响的,构成关联方。

关联交易在市场经济条件下广为存在,但它与市场经济的基本原则却不相吻合。按市场经济原则,一切企业之间的交易都应该在市场竞争的原则下进行,而在关联交易中由于交易双方存在各种各样的关联关系,有利益上的牵扯,造成其交易并不在公开竞争的条件下进行。关联交易客观上可能给企业带来有利或不利的影响,从有利的方面讲,交易双方因存在关联关系,可以节约大量诸如商业谈判等多方面的交易成本,并可运用行政的力量保证商业合同的优先执行,从而有可能使交易的一方额外获利;从不利的方面讲,由于关联交易方可以运用行政力量撮合交易的进行,从而有可能使交易的价格、方式等在非竞争的条件下出现不公正情况,形成对中小股东权益的侵犯。

现实生活中,关联交易大都发生在上市公司与其大股东之间。大股东在与上市公司进行关联交易时,可以利用其在上市公司中的优势地位或控股地位来影响交易的正常进行,有些情况下,大股东以不合理的高价将其产品或劣质资产出售或置换给上市公司,换取上市公司的现金或优良资产;或者以不合理的低价从上市公司购买产品或资产,甚至不支付价款,致使上市公司应收账款不断增加、资金被长期占用。这种不合理的关联交易严重影响了上市公司的正常生产经营,进而损害中小股东的合法权益。如果上市公司对关联交易的信息作虚假披露、掩盖实情,则对中小股东合法权益的损害更为严重。

投资人应该重点关注上市公司经营活动中的关联交易、资产重组中的关联交易和对公司的影响,注意关联交易的价格是否公平、关联交易占公司资产的比重、关联交易的利润占公司利润的比重、交易是否透明、信息披露是否规范等。

3) 会计或税收政策

(1) 会计政策变化的影响 我国企业会计准则对会计政策的定义为:"会计政策是指企业会计核算时所遵循的具体原则以及企业所采纳的具体会计处理方法。"企业对同一个问题,采用不同的会计政策会使会计数据存在很大差别。企业在确定一项会计政策时,会根据企业的经营目标选择适当的方法,合法地变更财务报表的数据,以影响企业的财务状况和经营成果。企业会计政策的选定,最终也会影响到会计信息使用者的决策。所以投资人一定要关注企业会计政策的选择与变更等问题。

(2) 税收政策的影响 税收政策对企业的影响主要表现在以下几个方面:

① 影响企业融资决策:企业负债式融资是税前支付利息,使应纳税所得额减少,有税收挡板作用;权益式融资的代价是从税后利润中支付股息,无抵税作用,这是企业采取负债方式融资的一个原因。

② 影响企业投资决策:企业的各种长期短期投资都会面临不同的税收政策。例如:购买国债获得的利息不缴所得税,而获得股息则要缴所得税。

③ 影响企业现金流量:缴税要增加企业的现金流出,企业理财时要注意准确预测税金费用,筹足税款,尽量采用合适的财会方法递延纳税。

④ 影响企业利润:税率的变动与利润的变动呈反向关系,在一定时期内企业承担的税赋增加,则利润必然减少。税率的上升或下降会引起利润的减少或增加,财务人员对税率变动必须作长远预测。

8.3.3 公司财务分析

投资人进行公司财务分析,主要是从上市公司的三大财务报表中得到反映公司发展趋势、竞争能力等方面的信息,进而计算投资收益率,评价比较风险,评价公司过去的经营业绩,衡量现在的财务状况,预测未来的发展趋势,以决定自己的投资策略。

1) 公司财务报表

(1) 资产负债表 资产负债表是反映公司在某一特定的时点的资产、负债和所有者权益状况的财务报表,表明权益在某一特定日期所拥有或控制的经济资源、所承担的现有义务和所有者对净资产的要求权。我国资产负债表按账户式反映。

$$总资产 = 负债 + 股东权益$$

也可以表示为:

$$总资产 = 负债 + 净资产$$

资产负债表能反映公司的规模大小、资产的结构状况、资本投资状况、资本的结构等。

(2) 损益表(又称利润表) 损益表是反映公司在某一特定期间内的收入、成本费用、利润情况的财务报表,表明公司运用资产进行获利的能力。我国一般采用多步式损益表格式。损益表反映的内容如下:

① 构成主营业务利润的各项要素

主营业务利润 = 主营业务收入 - 为取得主营业务收入而发生的相关费用(包括相关的流转税)

② 构成营业利润的各项要素

营业利润＝主营业务利润＋其他业务利润－(营业费用＋管理费用＋财务费用)

③ 构成利润总额(或亏损总额)的各项要素

利润总额(或亏损总额)＝营业利润＋投资收益＋补贴收入＋营业外收支

④ 构成净利润(或净亏损)的各项要素

净利润(或净亏损)＝利润总额(或亏损总额)－本期计入损益的所得税费用

(3) 现金流量表　现金流量表是反映公司在某一会计期间内的现金流入和流出情况的财务报表,表明企业获得现金和现金等价物的能力。企业有三种现金流:经营活动、投资活动和筹资活动。从中可以分析公司支付股利的能力、公司的资金增长潜力和公司的偿债能力。

2) 公司财务分析的方法

(1) 比较分析法　比较分析法是财务报表分析中最基本的方法,是对两个或几个有关的可比数据进行对比,以揭示财务指标的差异和变动关系。最常用的方法有单一年度财务比率分析、不同时期财务报表的比较分析、与同行业其他公司之间的财务指标的比较分析三种。

(2) 因素分析法　分析某些财务指标与影响因素的关系,从数量上确定各因素对财务指标的影响程度。

3) 公司财务分析的运用

投资人进行公司财务分析必须坚持两个原则,即全面原则和考虑个性原则。

(1) 偿债能力分析　偿债能力是公司产生现金的能力,偿债能力取决于近期可转变为现金的流动资产有多少,这是公司短期偿债能力的关键。

① 流动比率

$$流动比率＝流动资产÷流动负债$$

一般认为,生产型公司合理的最低流动比率是 2。影响流动比率的主要因素有营业周期、流动资产中的应收账款数额、存货的周转速度等。

② 速动比率

$$速动比率＝(流动资产－存货)÷流动负债$$

通常认为,正常的速动比率为 1。影响速动比率的重要因素是应收账款和偿债能力。

③ 保守速动比率(超速动比率)

$$保守速动比率＝(现金＋短期证券＋应收账款净额)÷流动负债$$

(2) 经营效率分析　经营效率是上市公司利用资金进行运营的能力,一般通过公司资产管理比率来衡量,主要表现为资产管理和利用的效率。

① 存货周转率(存货周转次数)和存货周转天数

$$存货周转率＝主营业务成本÷平均存货$$

$$存货周转天数＝360 天÷存货周转率$$

② 应收账款周转率和应收账款周转天数(应收账款回收期或平均收现期)

$$应收账款周转率＝主营业务收入÷平均应收账款$$

$$应收账款周转天数＝360 天÷应收账款周转率$$

影响应收账款周转率的因素包括季节性经营、大量使用分期付款结算方式、大量使用现金结算方式、年末销售的大幅度增加或下降。

③ 流动资产周转率

$$流动资产周转率＝主营业务收入÷平均流动资产$$

④ 总资产周转率

$$总资产周转率＝主营业务收入÷平均资产总额$$

（3）长期偿债能力分析　长期偿债能力是公司偿还长期债务的能力,通常以反映债务与资产、净资产关系的负债比率来衡量。

① 资产负债率（举债经营比率）

$$资产负债率＝负债总额÷资产总额$$

② 产权比率（债务股权比率）

$$产权比率＝负债总额÷股东权益×100\%$$

产权比率高,是高风险、高报酬的财务结构;产权比率低,是低风险、低报酬的财务结构。产权比率与资产负债率具有相同的经济意义,两个指标可以相互补充。

③ 有形资产净值债务率

$$有形资产净值债务率＝负债总额÷（股东权益—无形资产净值）$$

有形资产净值债务率指标是产权比率指标的延伸,它更谨慎、保守地反映了公司清算时债权人投入的资本受到股东权益的保障程度。该指标不考虑无形资产（商誉、商标、专利权以及非专利技术等）的价值,表现出谨慎和保守的原则。从长期偿债能力来讲,有形资产净值债务率越低越好。

④ 已获利息倍数（利息保障倍数）

$$已获利息倍数＝税息前利润÷利息费用$$

只要已获利息倍数足够大,公司就有充足的能力偿付利息,否则相反。

⑤ 长期债务与营运资金比率

$$长期债务与营运资金比率＝长期负债÷（流动资产—流动负债）$$

一般情况下,长期债务不应超过营运资金。

（4）盈利能力分析　盈利能力是公司的获利能力,也称作收益性分析,它是衡量公司财务成果的重要尺度,借以衡量、判断公司的投资价值。投资人常用如下指标对公司的盈利能力进行分析:

① 毛利率

$$毛利率＝（销售收入—销售成本）÷销售收入$$

毛利率是销售毛利与销售收入的比率,反映公司的定价策略。毛利率与产品的品质有着密切关系,高档名牌产品往往有较高的毛利率,而大众产品的毛利率比较低。毛利率不直接反映公司的盈利能力。

② 净利率

$$净利率＝税后利润÷销售收入$$

净利率能比较准确地反映公司通过销售赚取利润的能力。

③ 资产收益率

$$资产收益率＝税后利润÷平均资产总额$$

资产收益率用以衡量公司运用所有投资资源所获得的经营成效的指标,该比率越高,表明公司越善于运用资产。

④ 股东权益收益率

$$股东权益收益率＝（税后利润—优先股股息）÷股东权益$$

该指标反映普通股资本的净盈利能力,用以说明投资人委托公司管理人员应用其资金进行经营活动所能获得的投资回报率。

⑤ 主营业务利润率

$$主营业务利润率＝主营业务利润÷销售收入$$

该指标反映公司获利的稳定程度,主营业务利润率高,表明公司盈利稳定;反之则表明公司盈利不稳定,投资风险大。

(5) 投资收益分析 投资收益分析是衡量投资人的收益、报酬的指标,这是投资人的最终目标,同时也是测试公司获利能力的指标之一。投资人常用如下具体指标进行分析:

① 普通股每股净收益

$$普通股每股净收益＝(税后利润—优先股股息)÷普通股股数$$

普通股每股净收益也称作每股盈利。投资人通过该指标不仅可以了解公司的获利能力,还可以通过每股净收益的大小来预测每股股息和股息增长率,以此来判断股票的内在价值,进而预测股价的走势。

② 股息发放率

$$股息发放率＝普通股每股现金股利÷普通股每股净收益$$

股息发放率指分派的现金股利与普通股应得收益之比,反映公司的股利政策。

③ 股利报酬率

$$股利报酬率＝普通股每股现金股利÷普通股每股市价$$

股利报酬率是普通股每股现金股利与每股市价的比率。一般来说,股票投资的股利报酬率受银行利率水平变动的影响较大,利率高,股利报酬率亦高;利率低,股利报酬率亦低。因此,以获利为目的的投资人应该关心该指标。

④ 本利比与获利率

$$本利比＝普通股每股市价÷普通股每股现金股利$$

$$获利率＝普通股每股现金股利÷普通股每股市价$$

本利比是获利率的倒数。本利比和获利率表明单位股票投资额所能带来的利润水平,当股利不变时,本利比与股价同方向变动,获利率与股价反方向变动,因此可以判断股价走势。

⑤ 市盈率

$$市盈率＝普通股每股市价÷普通股每股净收益$$

市盈率又称为本益比或价格盈利比,是投资分析中的极为重要的指标,可以反映投资人预期公司未来盈利成长的状况与股票价格的对应关系。

市盈率的经济含义是:以现有的股票市价当做投资的本金,按公司现有盈利水平,需要积累多少年才能赚回本金,所以也称作“回本期”。由于股价每天都波动,因此股票的市盈率也是经常处在波动之中。股价越高,该股票的市盈率就越高;相反,股价回落,市盈率也跟着变小。从投资人的角度来看,当然希望“回本期”越短越好,所以希望买入市盈率低的股票。但是仅仅把市盈率作为投资决策的依据还不够充分,由于不同行业、不同区域因素影响,同样市盈率的股票其价值高低不同,可能市盈率高达 50 倍的股票,其投资价值高于市盈率仅30 倍的股票。目前,国际公认的安全的市盈率标准为 15 倍。

⑥ 投资收益比率

$$投资收益比率＝净收入÷资产总值$$

该指标反映投入的资本所能赚到净利润的能力。

⑦ 每股净资产

$$每股净资产＝股东权益÷总股本$$

该指标又称为股票账面价值，它反映了股东所拥有的资产价值，是股票市场价格中有实物资产作为支持的部分。如果每股净资产能够逐年提高，表明该公司的资本结构越来越健全，资产质量越来越好。

⑧ 市净率

$$市净率＝股票市价÷每股净资产$$

市净率指上市公司股票每股市场价格与公司每股净资产的比率。该指标可以衡量股票价格水平的合理性以及股票实际价值的高低。

(6) 现金流量分析

① 结构分析

a. 现金流入结构分析

$$经营活动现金流入结构＝经营活动现金流入÷现金流入总额$$

b. 现金流出结构分析

$$经营活动现金流出结构＝经营活动现金流出÷现金流出总额$$

$$主业成本现金支付率＝经营活动现金流出÷主营业务成本$$

c. 流入流出比例分析

$$流入流出比例＝经营活动现金流入÷经营活动现金流出$$

② 偿债能力分析

a. 流动现金偿付债务能力比率

$$流动现金偿付债务能力比率＝经营现金净流量÷流动负债平均余额$$

b. 现金偿付债务能力比率

$$现金偿付债务能力比率＝经营现金净流量÷总负债平均余额$$

c. 现金偿付利息保障倍数

$$现金偿付利息保障倍数＝（经营现金净流量＋付现利息支出＋付现所得税）$$
$$÷付现利息支出$$

③ 支付能力分析

a. 每股营业现金净流量

$$每股营业现金净流量＝经营活动现金净流量÷总股本$$

b. 现金股利保障倍数

$$现金股利保障倍数＝经营现金净流量÷现金股利$$

c. 现金流量充足率

$$现金流量充足率＝经营活动现金净流量÷（长期负债偿付额＋固定资产购置额$$
$$＋股利支付额）$$

④ 盈利能力分析

a. 销售现金收益率

$$销售现金收益率＝经营活动现金净流量÷主营业务收入$$

b. 总资产现金收益率

$$总资产现金收益率＝经营活动现金净流量÷总资产平均余额$$

c. 净资产现金收益率

净资产现金收益率＝经营活动现金净流量÷净资产平均余额

d. 净利润现金含量

净利润现金含量＝经营活动现金净流量÷净利润

e. 现金获利率

现金获利率＝净利润÷现金及其等价物平均占用额

⑤ 周转速度分析

a. 现金结构比率

现金结构比率＝现金及其等价物÷流动资产

b. 现金及其等价物周转率

现金及其等价物周转率＝主营业务收入÷现金及其等价物

c. 资本现金净流量

资本现金净流量＝经营活动现金净流量÷实收资本

⑥ 系统评价分析

系统评价分析的指标主要是股东权益现金收益率(又称作净资产现金收益率)。

股东权益现金收益率＝(经营活动现金净流量÷主营业务收入)

×(主营业务收入÷净投入成本)×(净投入成本÷股东权益)

＝ 销售现金收益率×投资收益率×权益投资率

8.4 模拟实验

8.4.1 宏观分析

由于宏观分析的体系庞大,涉及的内容繁杂,我们不可能在短时间内进行分析,在这里只能简化处理,仅对国家宏观经济作一个初步了解。在老师指导下登录国务院研究发展中心信息网站及其他相关网站查阅有关信息,把握宏观经济走势及中央政府有关宏观调控的政策措施,并判断其对证券市场走势的影响。

8.4.2 中观分析

熟悉沪深两个交易所对行业板块和地区板块的划分,观察板块中各个股票走势的联动效应。

1) 行业分析

(1) 登录有关网站查阅一些热点行业的信息,并研判该行业的发展趋势。

(2) 利用证券分析软件,选择几家上市公司查看其基本信息,分析判断其所属行业,并联系该行业的发展来判断这些上市公司的股价走势。

2) 区域分析

(1) 登录有关网站查阅一些热点地区的信息,例如西部地区、东北老工业基地、滨海开发区等等,并研判该地区的经济发展趋势。

(2) 利用证券分析软件,选择几家上市公司查看其基本信息,分析判断其所属地区,并根据该地区的发展,对这些上市公司的股价走势做出判断。

8.4.3 微观分析

1）公司基本素质分析

在老师指导下，利用互联网和证券分析软件，查看上市公司的财务报告及其他基本信息，进行"公司竞争地位"、"盈利能力及增长性"和"经营管理能力"等指标的分析。

2）公司重大事项分析

利用互联网和证券分析软件，查阅上市公司公开披露的重大事项，分析这些重大事项对公司经营和发展的影响。

3）公司财务分析

登录上海和深圳证券交易所网站，选择两家上市的公司，从网站中下载该公司的年度报告、半年度报告或季度报告等有关资料，对它们的财务指标进行逐一分析，并判断公司当前的经营状况及未来的发展潜力，以作出正确的投资决策。

模块 9　证券投资的技术分析

证券投资分析主要分为基本分析和技术分析。所谓技术分析，是指对证券市场的市场行为所作的分析。其特点是应用数学和逻辑上的方法，对市场过去和现在的行为进行归纳总结，从而预测证券市场的未来和变化趋势。市场行为包括价格的高低、价格的变化、发生这些变化所伴随的成交量以及完成这些变化所经过的时间等。技术分析是一种广泛应用在证券市场中的分析工具，它既是一门学问，也是一种技巧。可以说，如果没有技术分析的帮助，投资者不可能在证券市场上取得成功。作为一门经验之学的技术分析，之所以有它的实用性而存在、发展，关键就在于它的理论基础是建立在合理的假设基础之上的。技术分析存在三个基本假设：第一，市场行为包容消化一切；第二，价格以趋势方式演变；第三，历史会重演。

（1）"市场行为包容消化一切"　约翰·墨菲在《期货市场技术分析》中论述到：价格变化必定反映供求关系。也就是说，市场上已知的和未知的各种基本面因素最终都会通过价格走势反映出来，只需要看懂价格走势规律，就可以不用关心基本面到底发生什么变化，如果等你把基本面的情况都搞清楚了，那估计行情都已经走完了。也就是说，投资者不用关心价格涨落的原因，只需顺势而为就行了，因为市场行为或价格变化已经包容了各种信息。

（2）"价格以趋势方式演变"　"趋势"作为技术分析的核心，被技术分析者奉为"圣经"。市场运动可以分为有趋势和无趋势两种方式。研究价格图表的全部意义在于：在一个趋势发生发展的初期，及时准确地把它揭示出来，从而达到顺应趋势进行交易的目的。市场一旦形成一个向上（或向下）的趋势，下一步常常是顺着现存趋势方向继续演变，而掉头反向的可能性要小得多。"追随趋势"被认为是最佳的投资策略，即坚定不移地顺应一个既成趋势，直至有反向的征兆为止。

（3）"历史会重演"　技术分析者坚信在投资活动中，历史会无数次重演。技术分析实际上是对过去的市场变化的统计分析，价格形态通过一些特定的价格图表显示出来，这些图表在过去表示了人们对市场看好或看淡的心理，将来也会同样有效，因为人类的心理从来都是"江山易改，本性难移"，所以历史是常常会重演的。

9.1　股票价格指数

9.1.1　股票价格指数的概念

股票价格指数简称股价指数或股指，是由证券交易所或金融服务机构编制的表明某一市场或某一类股票价格变动的一种价格平均数。由于股票价格起伏无常，投资者必然面临市场价格风险。对于具体某一种股票的价格变化，投资者容易了解，而对于多种股票的价格变化，要逐一了解，既不容易，也不胜其烦。为了适应这种情况和需要，一些金融服务机构就利用自己的业务知识和市场优势，编制出股票价格指数，公开发布，作为市场价格变动的指标。投资者据此可以检验自己的投资效果，并用以预测股票市场的动向。同时股票价格指数也是一个社会的经济指标体系中的重要指标,各类经济主体据此对社会经济发展形势进行预测,以便作出相应的经济决策。

9.1.2 股价平均数的编制

股票价格平均数反映一定时点上市股票价格的绝对水平,它可分为简单算术股价平均数、修正的股价平均数、加权股价平均数三类。人们通过对不同时点股价平均数的比较,可以看出股票价格的变动情况及趋势。

编制股价指数,通常以某年某月为基础,以这个基期的股票价格作为100,用以后各时期的股票价格与基期价格比较,计算出升降的百分比,就是该时期的股价指数数值。投资者根据指数的升降,可以判断出股票价格的变动趋势。世界上几乎所有的股市都是实时向社会公布股票价格指数。

编制股价指数要考虑三个因素:一是抽样,即在众多股票中抽取少数具有代表性的成份股;二是加权,按单价或总值加权平均,或不加权平均;三是编制程序,计算算术平均数、几何平均数,或兼顾价格与总值。

由于股市中股票的数量和种类繁多,编制全部上市股价指数的工作太过艰巨复杂,因此通常的办法是从上市股票中选择若干有代表性的样本股票,并计算这些样本股价指数,用其近似地反映整个市场的股票价格总趋势及涨跌幅度。编制股价指数时经常考虑以下4点:

(1) 样本股票必须具有典型性和代表性。为此,选择样本股票时要综合考虑其行业分布、市场影响力、股票等级、盘子大小等因素。

(2) 计算方法应具有高度的适应性,能对不断变化的股市行情作出相应的调整或修正,使股价指数有较好的敏感性。

(3) 要有科学先进的计算依据和手段。计算口径必须统一,过去一般以每个交易日的收盘价作为计算依据,但随着先进计算手段的发展,现在理论上电脑可以算出瞬间的指数数值。

(4) 基期应有较好的均衡性和代表性。人们通过对不同的时期股价平均数的比较,可以认识多种股票价格的水平。而股价指数是反映不同时期的股价变动情况的相对指标,也就是将基期的股价平均数作为报告期股价平均数的基准。通过股价指数,人们可以了解报告期的股价比基期的股价上升或下降的百分比率。

1) 简单算术股价平均数

简单算术股价平均数是将样股票每日收盘价之和除以样本数得出的,即

$$简单算术股价平均数＝(P_1＋P_2＋P_3＋\cdots＋P_n)\div n$$

式中:n 为样本数。

世界上第一个股票价格平均数——道·琼斯股价平均数在1928年10月1日前就是使用简单算术平均法编制的。

现假设采样的股票为A、B、C、D 4种,其某日的收盘价分别为10元、16元、24元和30元,将上述数值带入公式,则

$$简单算术股价平均数＝(P_1＋P_2＋P_3＋P_4)\div n＝(10＋16＋24＋30)\div 4＝20(元)$$

简单算术股价平均数虽然计算较简便,但它有两个缺点:一是它未考虑各种样本股票的权数,从而不能区分不同的样本股票对股价平均数的不同影响。二是当样本股票发生股票拆分、分红派息、增资扩股等情况时,股价平均数会产生断层而失去连续性,使时间序列的相互比较就发生困难。例如,上述D股票发生以1股分割为3股时,股价势必从30元下调

为 10 元,这时平均数就不是按上面计算得出的 20 元,而是 $(10+16+24+10)÷4=15$（元）。这就是说,由于 D 股拆分的变化,导致股价平均数从 20 元下跌为 15 元（这还未考虑其他影响股价变动的因素）,这显然不符合平均数作为反映股价变动指标的要求,于是产生了修正的股价平均数。

2）修正的股价平均数

编制修正的股价平均数有两种方法：

（1）除数修正法　又称道式修正法。这是美国道·琼斯在 1928 年创造的一种计算股价平均数的方法。该法的核心是求出一个常数除数,用以修正因股票拆分、增资、发放红股等因素造成的股价平均数的变化,以保持股价平均数的连续性和可比性。具体做法是以新股价总额除以旧股价平均数,求出新的除数,再以报告期的股价总额除以新除数,就得出修正的股价平均数。即

$$新除数 = 变动后的新股价总额 ÷ 旧的股价平均数$$
$$修正的股价平均数 = 报告期股价总额 ÷ 新除数$$

在前面的例子除数是 4,经调整后的新除数应是：新除数 $=(10+16+24+10)÷20=3$,将新除数代入下式中,则

$$修正的股价平均数 =(10+16+24+10)÷3=20（元）$$

这样得出的股价平均数与拆分前的计算值一样,股价水平就不会因股票拆分而改变。

（2）股价修正法　股价修正法就是将股票拆分等变动后的股价还原为变动前的股价,使股价平均数不会因此变动。美国《纽约时报》编制的 500 种股价平均数就采用这种方法来计算股价平均数。

3）加权股价平均数

加权股价平均数是根据各种样本股票的相对重要性进行加权平均计算的股价平均数,其权数可以是成交股数、股票总市值、股票发行量等。

按时间划分,权数可以是基期权数,也可以是报告期权数。以基期数值为权数的指数称为拉斯拜尔指数,以报告期数值为权数的指数称为派许指数。目前世界上大多数股价指数都是派许指数。

9.1.3　世界主要股价指数

1）道·琼斯股价指数

道·琼斯股价指数简称道指,是世界上历史最为悠久的股价指数,它的全称为股票价格平均数。它是在 1884 年由道·琼斯公司的创始人查理斯·道开始编制的。其最初的道·琼斯股票价格平均指数是根据 11 种具有代表性的铁路公司的股票,采用算术平均法进行计算编制而成,发表在查尔斯·道自己编辑出版的《每日通讯》上。其计算公式为：

$$股票价格平均数 = 入选股票的价格之和 ÷ 入选股票的数量$$

自 1897 年起,道·琼斯股票价格平均指数开始分成工业与运输业两大类,其中工业股票价格平均指数包括 12 种股票,运输业平均指数则包括 20 种股票,并且开始在道·琼斯公司出版的《华尔街日报》上公布。在 1929 年,道·琼斯股票价格平均指数又增加了公用事业类股票,使其所包含的股票达到 65 种,并一直延续至今。

现在的道·琼斯股票价格平均指数是以 1928 年 10 月 1 日为基期,因为这一天收盘时的道·琼斯股票价格平均数恰好约为 100 美元,所以就将其定为基准日。而以后股票价格

同基期相比计算出的百分数,就成为各期的股票价格指数,所以现在的股价指数普遍用点来作单位,而股价指数每一点的涨跌就是相对于基准日的涨跌百分数。

道·琼斯股票价格平均指数最初的计算方法是用简单算术平均法求得,当遇到股票的除权除息时,股价指数将发生不连续的现象。1928年后,道·琼斯股票价格平均数就改用新的计算方法,即在计点的股票除权或除息时采用连接技术,以保证股价指数的连续,从而使股价指数得到了完善,并逐渐推广到全世界。

目前,道·琼斯股票价格平均指数共分4组,第一组是工业股票价格平均指数。它由30种有代表性的大工商业公司的股票组成,且随经济发展而变大,大致可以反映美国整个工商业股票的价格水平,这也就是人们通常所引用的道·琼斯工业股票价格平均数。第二组是运输业股票价格平均指数。它包括20种有代表性的运输业公司的股票,即8家铁路运输公司、8家航空公司和4家公路货运公司。第三组是公用事业股票价格平均指数,是由代表着美国公用事业的15家煤气公司和电力公司的股票所组成。第四组是平均价格综合指数。它是综合前三组股票价格平均指数65种股票而得出的综合指数,但现在引用最多的还是第一组——工业股票价格平均指数。

道·琼斯股票价格平均指数是目前世界上影响最大、最有权威性的股票价格指数,首先是因为它反映的是世界上最大、最重要的纽约证券交易所的价格行情。其次是道·琼斯股票价格平均指数所选用的股票都具有代表性,其样本公司在世界上都是具有重要影响的著名公司,其股票行情为世界股票市场所瞩目,各国投资者都极为重视。道指的样本股票会不定期进行调整,用具有活力的更有代表性的样本股票替代那些失去代表性的股票。自1928年以来,道·琼斯工业股票价格平均指数的样本股票已有30次更换,几乎每两年就要有一个新的股票代替老的样本股。再次是公布道·琼斯股票价格平均指数的新闻载体——《华尔街日报》是世界金融界最有影响力的报纸。该报每天详尽报道其每个小时计算的样本股票平均指数、百分比变动率、成交数额等,并注意对股票拆分后的股票价格平均指数进行校正。在纽约证券交易所营业时间内,每隔半小时公布一次道指的数值。最后,道指自编制以来从未间断,成为反映美国资本市场行情变化最敏感的股票价格指数,是观察市场动态和从事股票投资的主要参考指标,同时也是全球各个股市当之无愧的领头羊。当然,由于道指是一种成分股指数,它包括的公司仅占目前2 800多家上市公司的极少部分,而且多是热门股票,且未将近年来发展迅速的服务性行业和金融业的公司包括在内,所以它的代表性也一直受到人们的质疑和批评。

2) 标准·普尔股票价格指数

除了道·琼斯股票价格指数外,标准·普尔股票价格指数在美国也很有影响,它是美国最大的证券研究机构即标准·普尔公司编制的股票价格指数。该公司于1923年开始编制发表股票价格指数。最初采选了230种股票,编制两种股票价格指数。到1957年,这一股票价格指数的范围扩大到500种股票,分成95种组合。其中最重要的四种组合是工业股票组、铁路股票组、公用事业股票组和500种股票混合组。从1976年7月1日开始,改为400种工业股票,20种运输业股票,40种公用事业股票和40种金融业股票。几十年来,虽然有股票更迭,但始终保持为500种。标准·普尔公司股票价格指数以1941年至1943年抽样股票的平均市价为基期,以上市股数为权数,按基期进行加权计算,其基点数为10。

3) 纳斯达克指数

纳斯达克(NASDAQ)是美国全国证券交易商协会于1968年着手创建的自动报价系统

名称的英文简称。纳斯达克现已成为全球最大的证券交易市场之一,还是全世界第一个采用电子交易的股市,它在 55 个国家和地区设有 26 万多个计算机终端。纳斯达克的上市公司涵盖所有新技术行业,包括软件和计算机、电信、生物技术、海洋工程,还包括零售和批发贸易等。很多高技术公司通过在纳斯达克上市融资,由此而获得成功,例如微软、英特尔、戴尔等公司。截至 2016 年 3 月,共有 110 家中国概念股在纳斯达克市场上市。

纳斯达克指数是反映纳斯达克证券市场行情变化的股票价格平均指数,基期为 100。从纳斯达克市场建立后,纳斯达克指数就一路攀升,1999 年到 2000 年 3 月,这一个时期是全球股市最为活跃的时期,也是纳斯达克市场最辉煌的时期,1999 年 12 月突破了 4 000 点;2000 年 3 月达到了顶峰的 5 000 点。2000 年伊始,全球股市遭狂跌厄运,从华尔街到伦敦和法兰克福、亚洲的东京和香港等股市无一幸免。全球股市狂跌,纳斯达克有涨有跌起伏不定,2002 年 10 月 10 日纳斯达克指数跌至 1 100 点附近,当年收在 1 335.51 点,尔后的数年间,纳斯达克股指逐步回升,2015 年 7 月升至 5 200 点,突破 2000 年的高点,后在 5 000 点左右徘徊。

4)《金融时报》股价指数

《金融时报》股票价格指数的全称是"伦敦《金融时报》工商业普通股股票价格指数",是由英国《金融时报》公布发表的。该股票价格指数的样本包括在英国工商业中挑选出来的具有代表性的 30 家公开挂牌的普通股股票。它以 1935 年 7 月 1 日作为基期,其基点为 100点。该股票价格指数以能够及时显示伦敦股票市场情况而闻名于世。

5)香港恒生指数

香港恒生指数简称恒指,是香港股票市场上历史最久、影响最大的股票价格指数,由香港恒生银行于 1969 年 11 月 24 日开始发布。

恒生股票价格指数包括从香港 500 多家上市公司中挑选出来的 33 家有代表性且实力雄厚的大公司股票作为成份股,分为四大类:4 种金融业股票、6 种公用事业股票、9 种地产业股票和 14 种其他工商业(包括航空和酒店)股票。这些股票占香港股票市值的 63.8%,涉及香港的各个行业,因而具有较强的代表性。

恒生股票价格指数的编制以 1964 年 7 月 31 日为基期,基点确定为 100 点。其计算方法是将 33 种股票按每天的收盘价乘以各自的发行股数为报告期的市值,再与基期的市值相比较,乘以 100 就得出当天的股票价格指数。

自 1969 年恒生股票价格指数发表以来,已经过多次调整。由于 1980 年 8 月香港当局通过立法,将香港证券交易所、远东交易所、金银证券交易所和九龙证券所合并为香港联合证券交易所,在目前的香港股票市场上,只有恒生股票价格指数与新产生的香港指数并存,香港的其他股票价格指数均不复存在。

9.1.4　我国的股价指数

1)上海证券交易所股价指数

(1)上证指数　上证指数是由上海证券交易所编制的股价指数,是一种综合指数。上证指数于 1991 年 7 月 15 日开始正式发布,基日定为 1990 年 12 月 19 日。基日指数定为 100 点。该指数的样本为所有在上海证券交易所挂牌上市的股票,包括 A 股和 B 股。

随着上海股票市场的不断发展,于 1992 年 2 月 21 日增设上证 A 股指数与上证 B 股指数,以反映不同股票(A 股、B 股)的各自走势。1993 年 6 月 1 日,又增设了上证分类指数,即工业类指数、商业类指数、地产业类指数、公用事业类指数、综合业类指数,以反映不同行业股票的各自走势。至此,上证指数已发展成为包括综合指数、A股指数、B股指数、分类指数在内的股价指数系列。

该股价指数的权数为上市公司的总股本。由于我国上市公司的股票有流通股和非流通股之分,其流通股本与总股本数量上并不一致,总股本较大的股票对指数的影响就较大,所以上证指数经常成为机构大户造市的工具,使股价指数的走势与大部分股票的涨跌相背离。

上证综合指数的发布几乎是和股市行情的变化相同步的,它是投资人和证券从业人员研判股票价格变化趋势必不可少的参考依据。

(2)上证50指数 上证50指数是根据科学客观的方法,挑选上海证券市场规模大、流动性好的最具代表性的50只股票组成样本股,以便综合反映上海证券市场最具市场影响力的一批龙头企业的整体状况。上证50指数自2004年1月2日起正式发布。其目标是建立一个成交活跃、规模较大、主要作为衍生金融工具基础的投资指数。

上证50指数依据样本稳定性和动态跟踪相结合的原则,每半年调整一次成份股,特殊情况时也可能对样本进行临时调整。

(3)上证成份指数 上证成份指数简称上证180指数,是上海证券交易所对原上证30指数进行了调整并更名而成的,自2002年7月1日起正式发布,其样本股是在所有A股股票中抽取最具市场代表性的180种样本股票。作为上证指数系列核心的上证180指数的编制方案,目的在于建立一个反映上海证券市场的概貌和运行状况、具有可操作性和投资性、能够作为投资评价尺度及金融衍生产品基础的基准指数。

上证180指数依据样本稳定性和动态跟踪相结合的原则,每半年调整一次成份股,调整时间与上证50指数一致。每次调整比例一般不超过10%。特殊情况时也可能对样本进行临时调整。

2)深圳证券交易所股价指数

(1)深证成份指数 深圳成份指数(简称深成指)是深圳证券交易所编制的一种成份指数,是从深圳股市中选取40家有代表性的公司作为计算对象,以流通股为权数计算得出的加权股价指数,综合反映了深交所的A股和B股的走势。取1994年7月20日为基准日,基日指数定为1000点,于1995年1月23日发布,1995年5月5日正式使用。2015年5月,深证成份指数的样本股扩充为500家。

(2)深证综合指数 深圳综合指数是深圳证券交易所于1991年4月3日正式公布,并以这一天定为指数的基日,该日的指数为100点。综合指数是以发行量为权数的加权综合股价指数,是用所有在深圳证券交易所参加交易的股票来计算的。由于以所有挂牌的上市公司为样本,其代表性非常广泛,且它与深圳股市的行情同步发布,它是投资人和证券从业人员研判深圳股市股票价格变化趋势必不可少的参考依据。

3)沪深300指数

沪深300指数是从上海和深圳证券市场中选取300只A股作为样本编制而成的成份指数。这是沪深证券交易所第一次联合编制发布的反映A股市场整体走势的指数。

沪深300指数的样本选自沪深两个证券市场,是市场中代表性好、流动性高、交易活跃的主流投资股票。沪深300指数的样本覆盖了沪深市场六成左右的市值,具有良好的市场代表性,能够反映市场主流投资的收益情况,是反映沪深两个市场整体走势的"晴雨表"。

沪深300指数的推出,丰富了市场现有的指数体系,增加了一项用于观察市场走势的指标,有利于投资者全面把握市场运行状况,也进一步为指数投资产品的创新和发展提供了基础条件。

9.2 K 线图

K 线图起源于日本,被当时日本米市的商人用来记录米市的行情与价格波动,后因其细腻独到的标画方式而被引入到股票市场及期货市场。目前,这种图表分析法在我国以至整个东南亚地区尤为流行。由于用这种方法绘制出来的图表形状颇似一根根蜡烛,加上这些蜡烛有黑白之分,因而也叫阴阳线图表。

9.2.1 K 线的绘制方法

首先,找出当日或某一周期的开盘价和收盘价,把这两个价位连接成一条狭长的长方形,然后再找到该日或某一周期的最高和最低价,垂直地连成直线。假如当日或某一周期的收盘价较开盘价为高(即低开高收),便以红色来表示,或是在长方形中留白,这种长方形就称之为"阳线",如图 9-1(a)所示。如果当日或某一周期的收盘价较开盘价为低(即高开低收),则以蓝色表示,或者在长方形中涂黑色,这种长方形就是"阴线"了。由于"阴阳线"变化繁多,"阴线"与"阳线"里包含着许多大小不同的变化,因此其分析的意义,有特别提出一谈的必要。在讨论"阴阳线"的分析意义之前,先要知道 K 线每一个部分的名称。以阴线为例,最高价与收盘价之间的部分称为"上影线",开盘价与收盘价之间称为"实体",收盘价与最低价之间就称作"下影线",如图 9-1(b)所示。

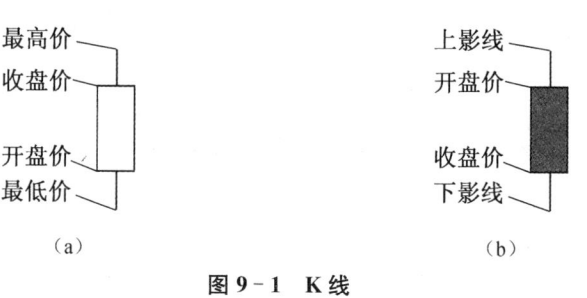

图 9-1　K 线

K 线的优点是能够全面透彻地观察到市场的真正变化。从 K 线图中既可看到股价(或大市)的趋势,同时也可以了解到每日市况的波动情形。而一段时期的 K 线图则能够反映该时期内股价的走势情况,如图 9-2 所示。

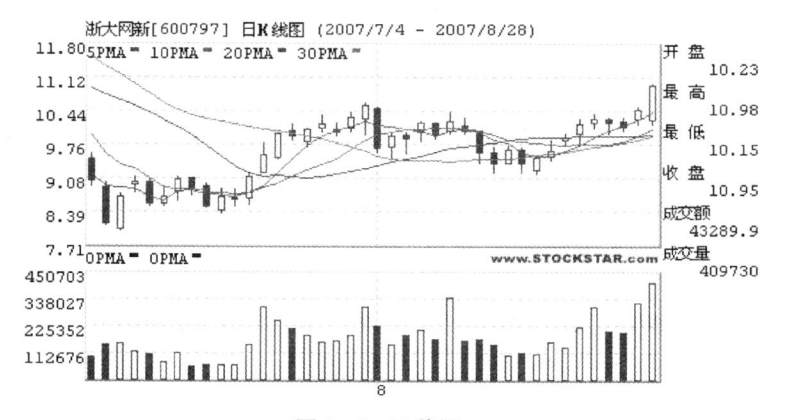

图 9-2　K 线图

9.2.2　K线的不同形态

1）长红线或大阳线

此种图形表示最高价与收盘价相同，最低价与开盘价一样，上下没有影线，如图9-3(a)所示。从一开盘，买方就积极进攻，中间也可能出现买方与卖方的斗争，但买方发挥最大力量，买方始终占优势，使股价一路上扬，直至收盘。股价涨势强劲，呈现高潮，买方疯狂涌进。因看到买气的旺盛，持股者不愿抛售，出现供不应求的状况。

2）长黑线或大阴线

这种图形表示最高价与开盘价相同，最低价与收盘价一样，上下没有影线，如图9-3(b)所示。从一开始，卖方就占据优势，股市处于低潮，持股者疯狂抛出，造成恐慌心理。市场呈一面倒，直到收盘，股价始终下跌，表示强烈的跌势。

3）先跌后涨形

这是一种带下影线的红实体，如图9-3(c)所示。最高价与收盘价相同，开盘后，卖气较足，价格下跌，但在低价位上得到买方的支撑，卖方受挫，价格向上推过开盘价，一路上扬，直至收盘，收在最高价上。总体来讲，出现先跌后涨型，表示买方力量较大，但依实体部分与下影线长短不同，买方与卖方力量对比不同。

（1）实体部分比下影线长　价位下跌不多，即受到买方支撑，价格上推。高于开盘价之后，还大幅度推进，买方实力很强。

（2）实体部分与下影线相等　买卖双方交战激烈，但大体上，买方占主导地位，对买方有利。

（3）实体部分比下影线短　买卖双方在低价位上发生激战。遇买方支撑逐步将价位上推，但图形上面实体部分较小，说明买方所占据的优势不太大，如卖方次日全力反攻，则买方的实体很容易被攻占。

4）下跌抵抗形

这是一种带下影线的黑实体，开盘价是最高价，如图9-3(d)所示。一开盘卖方力量就特别大，价位一直下跌，但在低价位上遇到买方的支撑。依实体部分与下影线的长短不同也可分为三种情况：

（1）实体部分比下影线长　卖压比较大，一开盘，大幅度下压，在低点遇到买方抵抗，买方与卖方发生激战。影线部分较短，说明买方把价位上推不多。从总体上看，卖方占了比较大的优势。

（2）实体部分与下影线同长　表示卖方把价位下压后，买方的抵抗也在增加，但可以看出，卖方仍占优势。

（3）实体部分比下影线短　卖方把价位一路压低，在低价位上，遇到买方顽强抵抗并组织反击，逐渐把价位上推，最后虽以黑棒收盘，但可以看出卖方只占极少的优势，后市很可能买方会全力反攻，把小黑实体全部吃掉。

5）上升阻力形

这是一种带上影线的红实体，开盘价即最低价，如图9-3(e)所示。开盘买方强盛，价位一路上推，但在高价位遇卖方压力，使股价上升受阻。卖方与买方交战结果为买方略胜一筹。具体情况仍应观察实体与上影线的长短。

（1）红实体比上影线长　表示买方在高价位时遇到阻力，部分多头获利回吐，但买方仍是市场的主导力量,后市继续看涨。

(2) 实体与影线同长　买方把价位上推,但卖方压力也在增加。两者交战结果,卖方把价位压回一半,买方虽占优势,但显然其优势不大。

(3) 实体比影线短　在高价位遇卖方的压力,卖方全面反击,买方受到严重考验。短线投资者纷纷获利回吐,交战结束后,卖方已收回大部分失地。买方一块小小的堡垒(实体部分)将很快被消灭,这种K线如出现在高价区,则后市看跌。

6) 先涨后跌形

这是一种带上影线的黑实体,收盘价即是最低价,如图9-3(f)所示。一开盘,买方与卖方进行交战。买方占上风,价格一路上升。但在高价位遇卖压阻力,卖方组织力量反攻,买方节节败退,最后在最低价收盘。卖方占优势,并充分发挥力量,使买方陷入"套牢"的困境。具体情况仍有以下三种:

(1) 黑实体比上影线长　表示买方把价位上推不多,即遇到卖方强有力的反击,把价位压破开盘价后乘胜追击,再把价位下拉很大的一段。卖方力量特别强大,局势对卖方有利。

(2) 黑实体与上影线相等　表示买方把价位上推;但卖方力量更强,占据主动地位。卖方具有优势。

(3) 黑实体比上影线短　表示卖方虽将价格下压,但优势较少。下一交易日,买方力量可能再次反攻,黑实体很可能被攻占。

7) 反转试探形

这是一种上下都带影线的红实体,如图9-3(g)所示。开盘后价位下跌,遇买方支撑,双方争斗之后,买方增强,价格一路上推。临收盘前,部分获利回吐,在最高价之下收盘。这是一种反转信号。若在大涨之后出现,表示高档震荡;若成交量大增,后市可能会下跌;若在大跌后出现,后市可能会反弹。依上下影线及实体的不同又可分为多种情况:

(1) 上影线长于下影线之红实体　影线部分长于红实体表示买方力量受挫折;红实体长于影线部分表示买方虽受挫折,但仍占优势。

(2) 下影线长于上影线之红实体　红实体长于影线部分表示买方虽受挫折,仍居于主动地位;影线部分长于红实体表示买方尚需接受考验。

8) 弹升试探形

这是一种上下都带影线的黑实体,如图9-3(h)所示。股价在开盘后逐波上行,但随着卖方力量的增加,买方不愿追逐高价,卖方逐渐占据主动,股价逆转,在开盘价之下交易,股价下跌。在低价位遇买方支撑,买气转强,不至于以最低价收盘。有时股价在上半场以低于开盘价成交,下半场买意增强,股价回至高于开盘价成交,临收盘前卖方又占优势,而以低于开盘价之价格收盘。这些都是一种反转试探,如在大跌之后出现,表示低档承接,行情可能反弹。如大涨之后出现,后市可能下跌。

9) 十字星

这是一种只有上下影线,没有实体的图形,如图9-3(i)所示。表示在交易中,股价出现高于或低于开盘价成交,但收盘价与开盘价相等。买方与卖方几乎势均力敌。其中,上影线越长,表示卖压越重;下影线越长,表示买方旺盛。上下影线看似等长的十字线,可称为转机线,在高价位或低价位,意味着将出现反转。

10)"T"形

"T"形又称多胜线,开盘价与收盘价相同,当日交易以开盘价以下之价位成交,又以当日最高价(即开盘价)收盘,如图9-3(j)所示。卖方虽强,但买方实力更大,局势对买方有利,如此图形出现在低价区,则行情可能会回升。

11)"⊥"形

"⊥"形又称空胜线,开盘价与收盘价相同,如图9-3(k)所示。全天交易都在开盘价以上之价位成交,并以当日最低价(即开盘价)收盘,表示买方虽强,但卖方更强,买方无力再挺升,总体看卖方稍占优势,如在高价区,行情可能会下跌。

12)"一"字形

"一"字形即开盘价、收盘价、最高价、最低价在同一价位,如图9-3(l)所示。当一只股票有重大利好或利空消息时,开盘即封在涨停或跌停的位置,全天都在停板价格成交,直至收盘。2005年之后的中国A股市场上,ST股票经常走出这种图形。

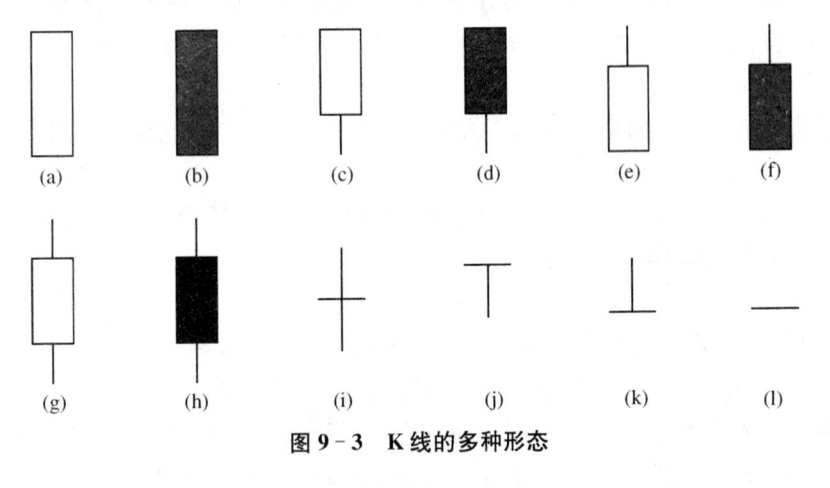

图9-3 K线的多种形态

9.3 形态分析

通过K线图,能够把某一段时间的市况表现完全记录下来,股价在不同的市场状态下沿着一定的方向运行,就会在K线图上形成一种特殊区域或特殊形态,不同的形态具有不同意义。K线形态最能反映主控资金的操作心理,它是职业投资人寻找潜力股及判断大盘走势的常用工具,可以从这些形态的变化中摸索出一些有规律的东西出来。K线图形态可分为反转形态、整理形态及缺口和趋向线等。

9.3.1 反转形态

反转形态是指股价趋势逆转所形成的图形,亦即股价由涨势转为跌势,或由跌势转为涨势的信号。

1)头肩顶(底)

(1)形态 头肩顶走势,可以划分为以下不同的部分:

①左肩部分:持续一段上升的时间,成交量很大,过去在任何时间买进的人都有利可图,于是开始获利沽出,令股价出现短期的回落,成交较上升到其顶点时有显著的减少。

② 头部：股价经过短暂的回落后，又有一次强力的上升，成交亦随之增加。不过，成交量的最高点较之于左肩部分，明显减退。股价突破上次的高点后再一次回落。成交量在回落期间亦同样减少。

③ 右肩部分：股价下跌到接近上次的回落低点又再获得支持回升，可是，市场投资的情绪显著减弱，成交较左肩和头部明显减少，股价无法达到头部位置的高点便告回落，于是形成右肩部分。

④ 突破：从右肩顶下跌穿破由左肩底和头部底所连接的底部颈线，其突破颈线的幅度要超过股价的3％以上，才能确认突破。

简单来说，头肩顶的形状呈现三个明显的高峰，其中位于中间的一个高峰较其他两个高峰的高点略高。至于成交量方面，则出现级梯形的下降，如图9-4所示。

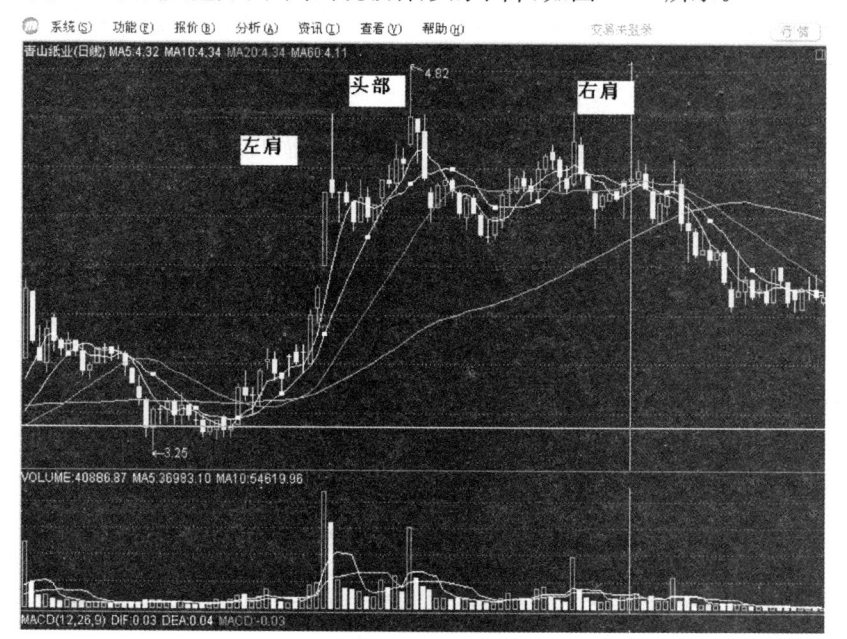

图9-4 头肩顶

头肩底和头肩顶的形状一样，只是整个形态倒转过来而已，又称"倒转头肩式"。

（2）市场含义 头肩顶是一个不容忽视的技术性走势，从这种形态中可以观察到多空双方的激烈争夺情况。

初时，多方的力量不断推动股价上升，市场投资情绪高涨，出现大量成交，经过一次短期的回落调整后，那些错过上次升势的人在调整期间买进，股价继续上升，而且越过上次的高点。表面上看市场仍然健康和乐观，但成交量已大不如前，反映出买方的力量在减弱中。那些对前景没有信心和错过了上次高点获利回吐的人，或是在回落低点买进作短线投机的人纷纷沽出，于是股价再次回落。

第三次的上升，为那些后知后觉错过了上次上升机会的投资者提供了机会，但股价无力升越上次的高点，而成交量进一步下降时，差不多可以肯定过去看好的乐观情绪已完全扭转过来，未来的市场将疲弱无力，一次大幅的下跌即将来临。

对此形态的分析如下：

① 这是一个长期性趋势的转向形态，通常会在牛市的尽头出现。

② 当最近的一个高点的成交量较前一个高点为低时,就暗示了头肩顶出现的可能性;当第三次回升股价没法升抵上次的高点,成交继续下降时,有经验的投资者就会把握机会沽出。

③ 当头肩顶颈线击破时,就是一个真正的沽出信号,虽然股价和最高点比较,已回落了相当的幅度,但跌势只是刚刚开始,未出货的投资者继续沽出。

④ 当颈线跌破后,可根据这种形态的最少跌幅量度方法预测股价会跌至哪一水平。方法是——从头部的最高点画一条垂直线到颈线,然后在完成右肩突破颈线的一点开始,向下量出同样的长度,由此量出的价格就是该股将下跌的最小幅度。

头肩底的分析意义和头肩顶类似,它告诉人们过去的长期性趋势已扭转过来,股价一次再一次地下跌,第二次的低点(头部)显然较先前的一个低点为低,但很快地掉头弹升,接下来的一次下跌股价未跌到上次的低点水平已获得支持而回升,反映出看多的力量正逐步改变市场过去向淡的形势。当两次反弹的高点阻力线(颈线)被打破后,显示多方的一方已完全把空击倒,买方代替卖方完全控制整个市场。

(3) 要点提示

① 一般来说左肩和右肩的高点大致相等,部分头肩顶的右肩较左肩为低。但如果右肩的高点较头部还要高,形态便不能成立。

② 如果其颈线向下倾斜,显示市场非常疲乏无力。

③ 成交量方面,左肩最大,头部次之,而右肩最少。不过,根据有些统计所显示,大约有1/3 的头肩顶的左肩成交量较头部为多,1/3 的成交量大致相等,其余的 1/3 是头部的成交量大于左肩的。

④ 当颈线跌破时,不必成交量增加也可得到确认,倘若成交量在跌破时激增,显示市场的抛售力量十分庞大,股价会在成交量增加的情形下加速下跌。

⑤ 在跌破颈线后可能会出现暂时性的回升(回抽),这种情形通常会在低成交量的跌破时出现。不过,暂时回升的股价应该不超越颈线水平。

⑥ 头肩顶是一个杀伤力十分强大的形态,通常其跌幅大于量度出来的最小跌幅。

⑦ 假如股价最后在颈线水平回升,而且高于头部,或者股价于跌破颈线后回升高于颈线,这可能是一个失败的头肩顶,不宜信赖。

2) 圆弧顶(底)

(1) 形态　圆弧顶亦称圆形顶。股价呈弧形上升,虽不断升高,但先是新高点较前点高,后是回升点略低于前点,这样把短期高点连接起来,就形成一圆弧顶。在成交量方面也会是一个圆弧状,如图 9-5 所示。

(2) 市场含义　经过一段买方力量强于卖方力量的升势之后,买方趋弱仅能维持原来的购买力量,使涨势缓和,而卖方力量却不断加强,双方力量达到均衡,此时股价会处于没有涨跌的静止状态。之后卖方力量超过买方,股价开始回落,起初只是慢慢改变,跌势不明显,但后期则由卖方完全控制市场,跌势便告转急。圆弧顶说明一个大跌市即将来临,未来下跌之势将转急转大,那些先知先觉者会在圆形顶形成之前离市,但在圆形顶完全形成后,仍有机会撤离。

(3) 要点提示

① 有时当圆形头部形成后,股价并不马上下跌,只是反复横向发展形成徘徊区域,这种徘徊区称作碗柄。一般来说,这种碗柄很快便会突破,股价继续朝着预期中的下跌趋势发展。

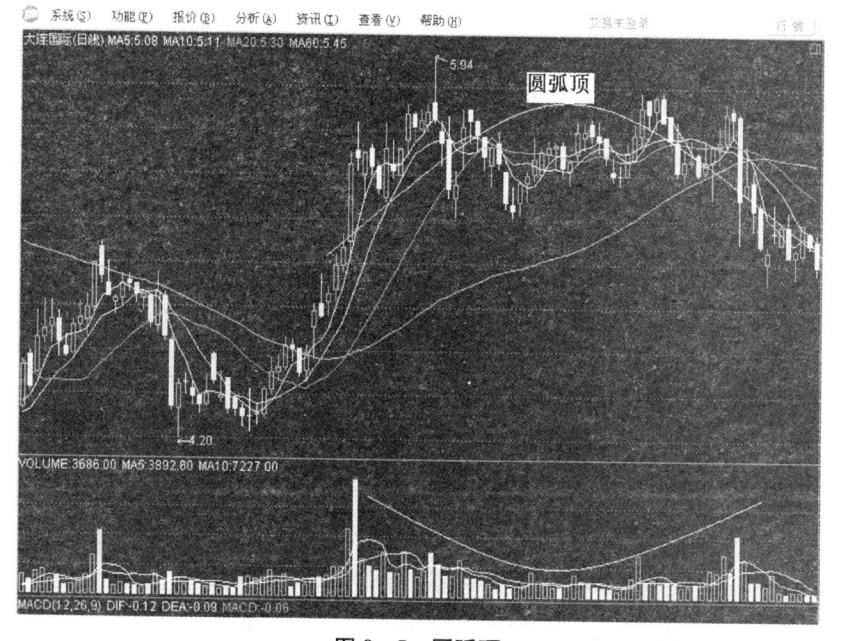

图 9-5　圆弧顶

②圆形反转在股价的顶部和底部均可能出现,在底部称为圆弧底,如图 9-6 所示。其形态与圆弧顶相似,然而意义相反。在底部时表现为股价呈弧形下跌,初时卖方的压力不断减轻,于是成交量持续下降,但买入的力量仍畏缩不前,这时候股价虽是下跌,然而幅度缓慢和细小,其趋势曲线渐渐接近水平,仅有极小的成交量。然后买方力量开始增加,股价随之上升,最后买方完全控制市场,价格大幅上扬,出现突破性的上升局面。成交量方面,初时缓慢地减少,然后又增加,也形成一个圆底形。这种形态显示一次巨大的升市即将到临。投资者可以在圆形底转为升势之初追入。

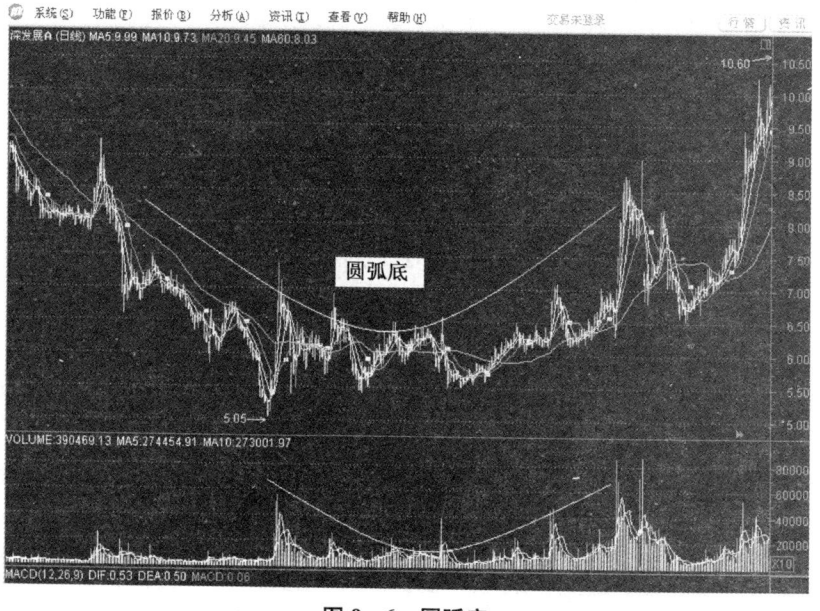

图 9-6　圆弧底

3）双重顶（底）

（1）形态　股价上升到某一价格水平时，出现大成交量，股价随之下跌，成交量减少。接着股价又升至与前一个高点几乎相等之顶点，成交量再随之增加却不能达到上一个高峰的成交量，尔后出现第二次下跌。整个过程股价的移动轨迹就像 M，这就是双重顶，又称 M 头走势，如图 9-7 所示。

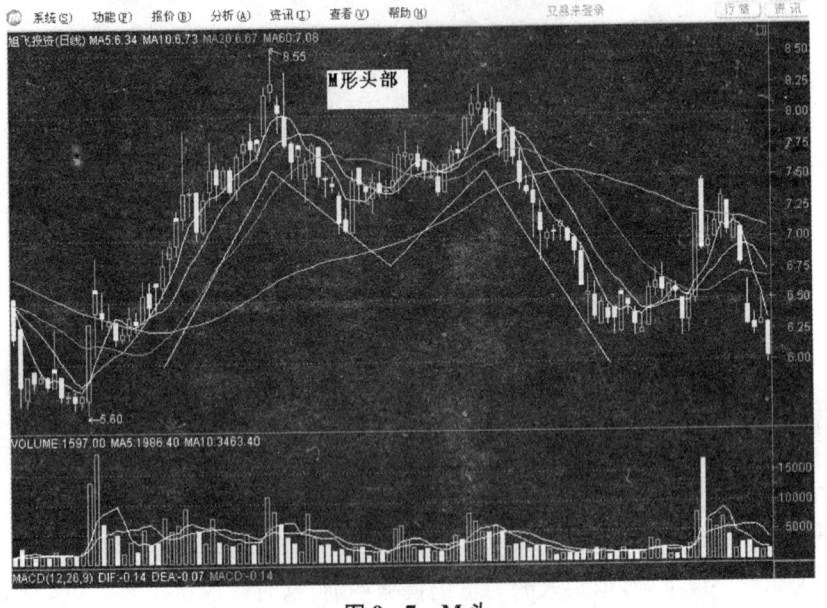

图 9-7　M 头

同样，股价持续下跌到某一低点后出现技术性反弹，但回升幅度不大，时间亦不长，股价又再下跌，当跌至上次低点时却获得支持，再一次回升，这次回升时成交量要大于前次反弹时成交量。股价在这段时间的移动轨迹就像 W，这就是双重底，又称 W 底走势，如图 9-8 所示。

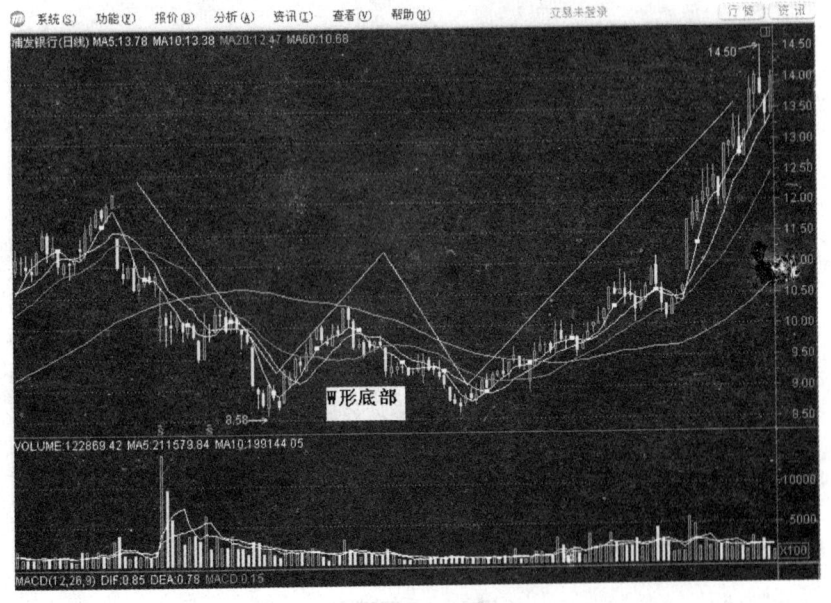

图 9-8　W 底

无论是"双重顶"还是"双重底",都必须突破颈线(双头的颈线是第一次从高峰回落的最低点;双底之颈线就是第一次从低点反弹之最高点),形态才算完成。

(2)市场含义 双头走势股价上升会使一部分投资者获利了结,这一沽售力量令上升的行情转为下跌。当股价回落到某水平,吸引了短期投资者的兴趣,另外较早沽出获利的人亦可能再次买入补回,于是行情开始回复上升。但与此同时,对该股信心不足的投资者会因觉得错过了在第一次的高点出货的机会而马上出货,加上在低价位补仓获利的投资者亦同样在这一水平再度卖出,强大的沽售压力令股价再次下跌。由于高点两次都受阻而回落,令投资者感到该股没法再继续上升(至少短期是如此)。假如越来越多的投资者沽出,令股价跌破上次回落的低点(即颈线),于是整个双头形态便告形成。

双底走势则完全相反。股价持续的下跌令持股的投资者觉得价低而惜售,而另一些投资者则因低价的吸引尝试买入,于是股价呈现回升。当上升至某水平时,较早短线投机买入者获利回吐,那些在跌市中持股的亦趁回升时沽出,因此股价再一次下挫。但对后市充满信心的投资者觉得他们错过了上次低点买入的良机,所以这次股价回落到上次低点时便立即跟进。当越来越多的投资者买入时,求多供少的力量便推动股价扬升,而且还突破上次回升的高点(即颈线),扭转了过去下跌的趋势。

双头或双底形态是一种反转形态。当出现双头时,即表示股价的升势已经终结,当出现双底时,即表示跌势告一段落。

通常这些形态出现在长期性趋势的顶部或底部,所以当双头形成时,可以肯定双头的最高点就是该股近期的顶点,而双底的最低点就是该股近期的底部了。当双头颈线跌破,就是一个可靠的出货信号;而双底的颈线冲破,则是一个入货的信号。

(3)要点提示

① 双头的两个最高点并不一定在同一水平,两者相差少于3%是可接受的。通常来说,第二个头可能较第一个头高出一些,原因是看好的力量企图推动股价继续再升,可是却没法使股价上升超越3%的差距。一般双底的第二个低点都较第一个低点稍高,原因是先知先觉的投资者在第二次回落时已开始买入,令股价没法再次跌回上次的低点。

② 双头最少跌幅的量度方法,是由颈线开始计起,至少会再下跌从双头最高点至颈线之间的差价距离。双底最少涨幅的量度方法也是一样,双底之最低点和颈线之间的距离,股价于突破颈线后至少会升抵同样的距离。

③ 形成第一个头部(或底部)时,其回落的低点约是最高点的10%～20%(底部回升的幅度也是如此)。

④ 双重顶(底)不一定都是反转信号,有时也会是整理形态,这由两个波谷的时间差决定。通常整理形态两个高点(或两个低点)形成的时间相隔超过一个月。

⑤ 双头的两个高峰都有明显的高成交量,这两个高峰的成交量同样尖锐和突出,但第二个头部的成交量较第一个头部显著为少,反映出市场的购买力量已在转弱。双底第二个底部成交量十分低沉,但在突破颈线时,必须得到成交量激增的配合方可确认。双头跌破颈线时,不需成交量的上升也应该信赖。

⑥ 通常突破颈线后,会出现短暂的反方向移动,称之为反抽。双底只要反抽不低于颈线(双头之反抽则不能高于颈线),形态依然有效。

⑦ 一般来说,双头或双底的升跌幅度都较量度出来的最少升跌幅为大。

4) 单日(双日)反转

(1) 形态 当一只股票持续上升一段时间,在某个交易日股价突然不寻常地被推高,但马上又受到强大的抛售压力,把当日所有的升幅都完全跌去,可能还会多跌一部分,并以全日最低价(或接近全日最低价)收市,这种形态就叫顶部单日反转,如图9-9所示。

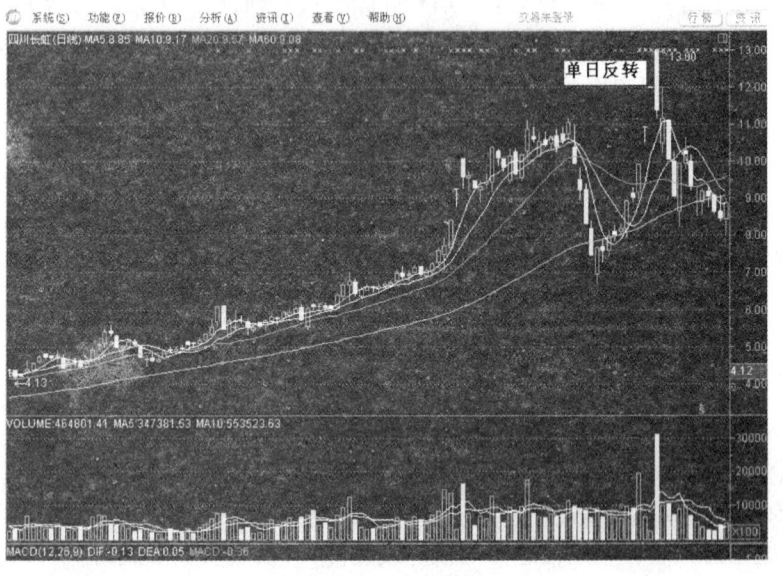

图9-9 单日反转

双日反转是单日反转的变形。在上升的过程中,某交易日该股股价大幅攀升,并以全日的最高价收市。可是翌日股价以昨天的收盘价开盘后,全日价格不断下跌,把昨日的升幅完全跌去,而且可能是以昨日的最低价收市。这种形态就称之为顶部双日反转。

同样,在下跌时,某个交易日里股价突告大幅滑落,但接着的一个交易日便完全收复失地,并以当日最高价收市,这就是底部双日反转,如图9-10所示。

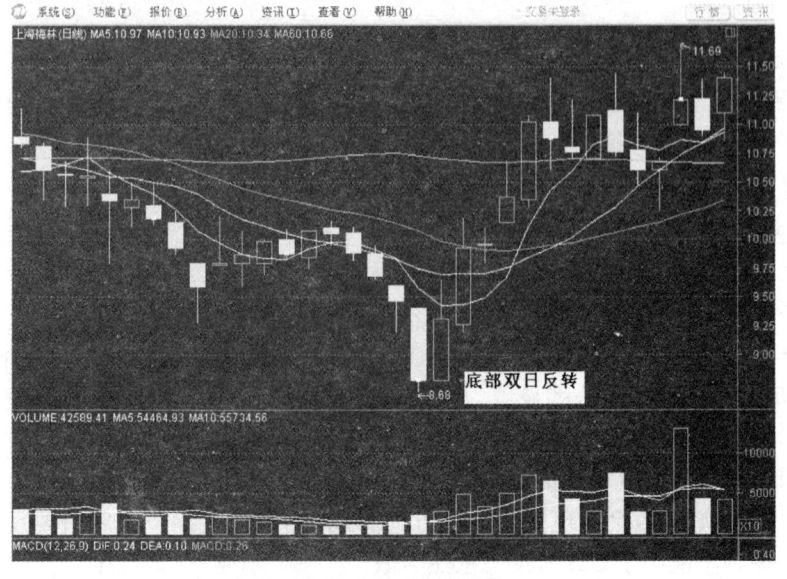

图9-10 双日反转

（2）市场含义　以底部单日反转为例，解释这种现象的成因。

在下跌阶段中，由于股价不断下跌，越来越多的投资者无法承担更大损失，于是止损沽出。他们的沽售令股价进一步推低，更低的价格使他们更急于沽出，因此当日价位急速下跌。当他们沽售完毕之后，抛售压力突告消失，多方投资者因为低价的引诱而尝试买入，希望马上就可获得利润，于是有更多的投资者加进买入的行列。由于较早时沽盘已全被消化，因此买盘很快便推动股价上升，把当天跌去的价位全部补回。

单日反转形态的市场含义至少有两点：

① 大市暂时见顶（顶部单日反转）或是见底（底部单日反转）。顶部单日反转通常在消耗性上升的后期出现；底部单日反转则是在恐慌性抛售的末段出现。

② 这并非是长期性趋势逆转的信号，通常在整理形态的顶部或底部出现，也可能在长期性趋势的顶点（或底点）出现。

（3）要点揭示

① 单日反转当天，成交量突然大增，而价位的波动幅度很大，两者较平时都明显增大。如果成交量不高或全日价格波幅不大，形态就不能确认。

② 当日股价一两个小时内的波动可能较平时三四个交易日的波幅还大。顶部单日反转时，股价开市较上个交易日高出多个价位，但很快形势逆转，价格迅速向反方向变动，最后的收市价和上个交易日比较几无变化。底部单日反转形态则相反。

③ 一般在临收市前15分钟，交投突然大增，价格迅速朝反方向变动。

④ 双日反转的两个交易日中，成交量和价位同样是波幅巨大。顶部双日反转的第二个交易日把前一个交易日的升幅完全跌去；而底部双日反转则完全升回上一交易日的跌幅。

9.3.2　整理形态

1）旗形

（1）形态　旗形走势的形态就像一面挂在旗杆顶上的旗帜，这种形态通常在急速而又大幅的市场波动中出现，股价经过一连串紧密的短期波动后，形成一个稍微与原来趋势呈相反方向倾斜的长方形，这就是旗形走势。旗形走势又可分为上升旗形和下降旗形。

上升旗形的形成过程是：股价经过陡峭的飙升后，接着形成一个紧密、狭窄和稍微向下倾斜的价格密集区域，把这个密集区域的高点和低点分别连接起来，就可以画出两条平行而又下斜的直线，这就是上升旗形，如图9-11所示。

下降旗形则恰恰相反，当股价出现急速或垂直的下跌后，接着形成一个波动狭窄而又紧密、稍微上倾的价格密集区域，像是一条上升通道，这就是下降旗形，如图9-12所示。

成交量在旗形形成过程中，是显著地渐次递减的。

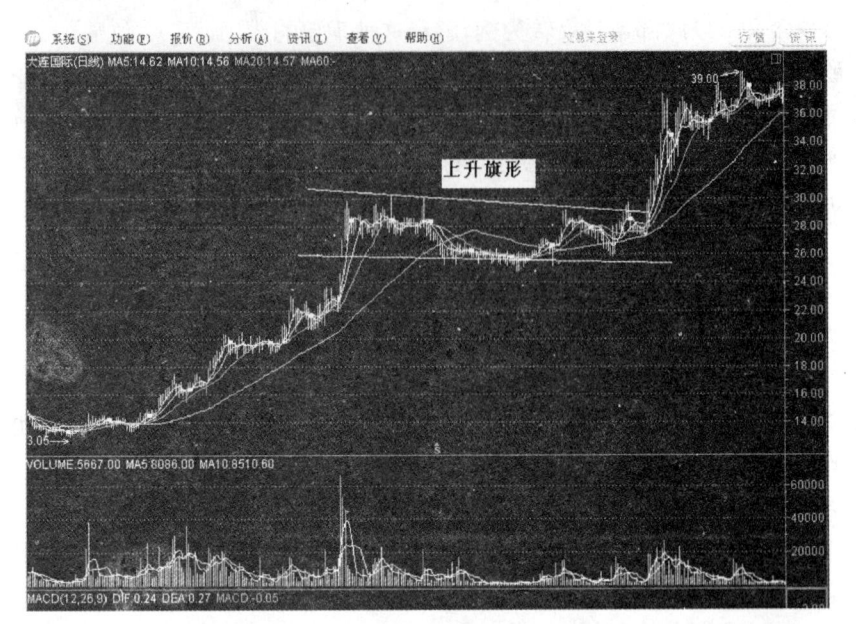

图 9-11 上升旗形

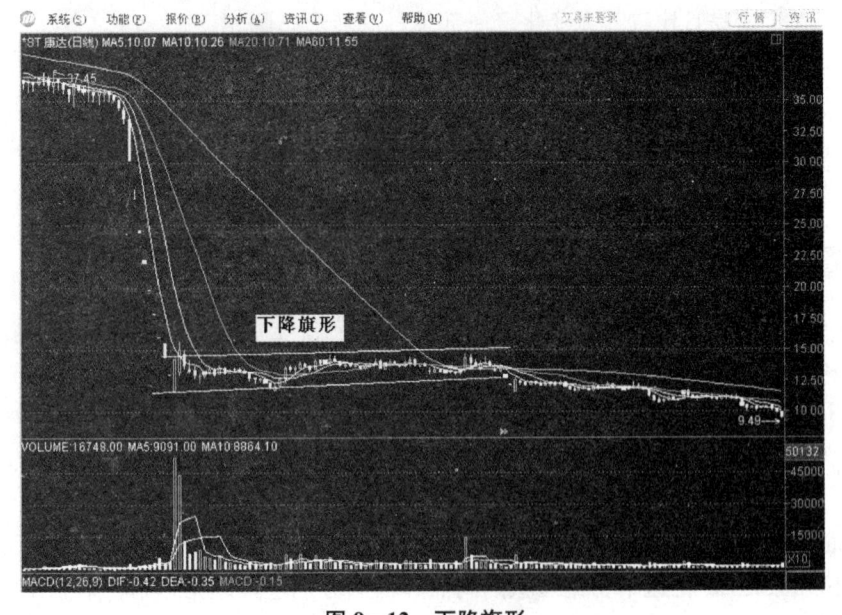

图 9-12 下降旗形

(2)市场含义　旗形经常出现于急速上升或下降的行情中途。

①上升时形成的旗形:在急速的直线上升中,成交量逐渐增加,最后达到一个短期最高纪录,早先持有股票者,已因获利而卖出,上升趋势亦遇到大的阻力,股价开始小幅下跌,形成旗形。不过大部分投资者对后市依然充满信心,所以回落的速度不快,幅度也十分轻微,成交量不断减少,反映出市场的沽售力量在回落中不断地减轻。经过一段时间整理,到了旗形末端股价突然上升,成交量亦大增,而且几乎形成一条直线。股价又急速上升,这是上升形成的旗形。

②下跌时形成的旗形:其形状为上升时图形之倒置,在急速的直线下降中,成交量的增

加达到一个高点。然后有支撑反弹,不过反弹幅度不大,成交量减少,股价小幅上升,形成旗形,经过一段时间整理,到达旗形末端,股价突然下跌,成交量大增,股价续跌。

从以上分析可见,旗形是个整理形态,形态完成后股价将继续沿原来的趋势方向移动。上升旗形将向上突破,而下降旗形则是向下跌破。上升旗形大部分在牛市第三期中出现,此形态暗示升势可能进入尾声阶段;下降旗形大多在熊市第一期出现,此形态显示大市(或个股)可能作垂直式的下跌,因此这个阶段中形成的旗形十分细小,可能在三四个交易日内已经完成。如果在熊市第三期中出现,旗形形成需要的时间较长,而且跌破后只作有限度的下跌。

旗形形态可量度出最少升、跌幅。其量度的方法是,突破旗形(上升旗形和下降旗形相同)后最少升、跌幅度等于整支旗杆的长度,旗杆的长度是形成旗杆的突破点开始,直到旗形的顶点为止。

(3) 要点提示

① 旗形形态必须在急速上升或下跌之后出现,成交量则必须在形成形态期间不断地显著减少。

② 当上升旗形向上突破时,必须要有成交量激增的配合;当下降旗形向下跌破时,成交也是大量增加的。

③ 在形态形成中,若股价趋势形成旗形而其成交量为不规则或不是渐次减少时,下一步将是很快反转,而不是整理,即上升旗形向下突破而下降旗形则向上突破。换言之,高成交量的旗形形态可能出现逆转,而不是整理形态。因此,成交量的变化在旗形走势中是十分重要的,它是观察和判断形态真伪的唯一方法。

④ 股价一般在4个交易周内向预定的方向突破,所以整理超过3周时,就应该特别注意其变化情况。

2) 矩形

(1) 形态 矩形是股价在上下两条水平的界线之间变动而成的形态。价格上升到上面的水平线时遇到阻力,掉头回落,但跌到下面的水平线时获得支持而回升。可是回升到上次同一高点时再一次受阻,而挫落到上次低点时则再得到支持。这些短期高点和低点分别以直线连接起来,便可以绘出一条通道,这个通道既非上倾,亦非下斜,而是平行发展,这就是矩形形态,如图 9-13 所示。

(2) 市场含义 矩形形态表明多空双方的力量在某一矩形区域里达到均衡状态。多方认为现在价位是很理想的买入点,于是股价每每回落到区域底部时即买入。与此同时,另一批看空的投资者对股市没有信心,认为股价难以升越其水平,于是股价回升到区域顶部时便沽售。从另一个角度分析,矩形也可能是投资者因后市发展不明朗,投资态度变得迷惘和不知所措而造成。所以,当股价回升时,一批对后市缺乏信心的投资者退出;而当股价回落时,一批憧憬着未来前景的投资者买进,由于双方实力相当,于是股价就来回在这一区域内波动。

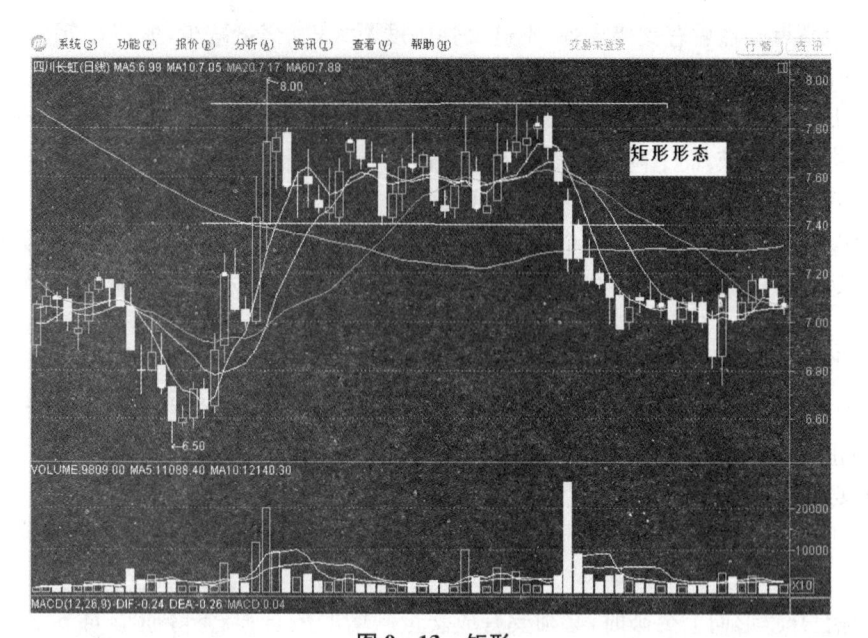

图 9-13 矩形

一般来说,矩形是一种整理形态,在升市和跌市中都可能出现。长而窄且成交量小的矩形常在底部出现。突破上下限后有买入和卖出的信号,涨跌幅度通常等于矩形本身宽度。

（3）要点提示

① 矩形形成的过程中,除非有突发性的消息扰乱,其成交量应该是不断减少的。如果在形态形成期间,有不规则的高成交量出现,形态可能失败。当股价突破矩形上限时,必须有成交量激增的配合;但若跌破下限水平时,就不需成交量的增加。

② 矩形呈现突破后,股价经常出现反抽,这种情形通常会在突破后的 3 天至 3 星期内出现。反抽将终止于顶线水平之上,往下跌破后的假性回升,将受阻于底线水平之下。

③ 一个高、低波幅较大的矩形,比一个狭窄而长的矩形形态更具威力。

3）上升三角形和下降三角形

（1）形态 股价在某一价格水平呈现强大的卖压,价格从低点回升到该水平便告回落。但市场的购买力十分强大,股价未回至上次低点即告弹升,这情形持续使股价随着一条上档阻力水平线波动日渐收窄。若把每一个短期波动高点连接起来,可画出一条水平阻力线;而每一个短期波动低点则可相连出另一条向上倾斜的线,这就是上升三角形,如图 9-14 所示,其成交量在形态形成的过程中不断减少。

下降三角形的形状与上升三角形恰好相反,股价在某特定的水平出现稳定的购买力,因此股价每次回落至该水平便告回升,这样便形成一条水平的下档支撑线。可是市场的沽售力量却不断加强,股价每一次波动的高点都较前次为低,于是形成一条向下倾斜的阻力线,如图 9-15 所示。成交量在完成整个形态的过程中,一直是十分低沉。

模块 9 证券投资的技术分析   131

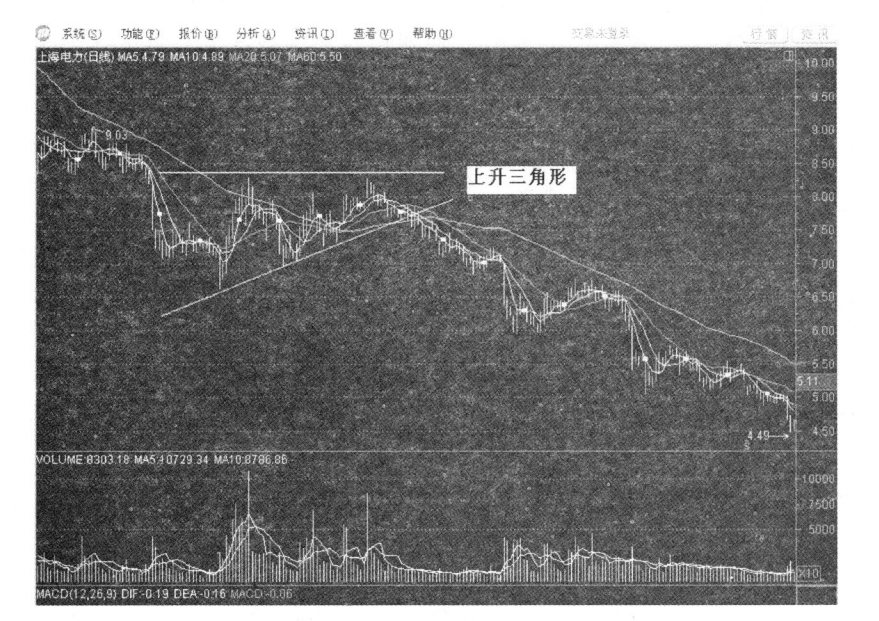

图 9‑14 上升三角形

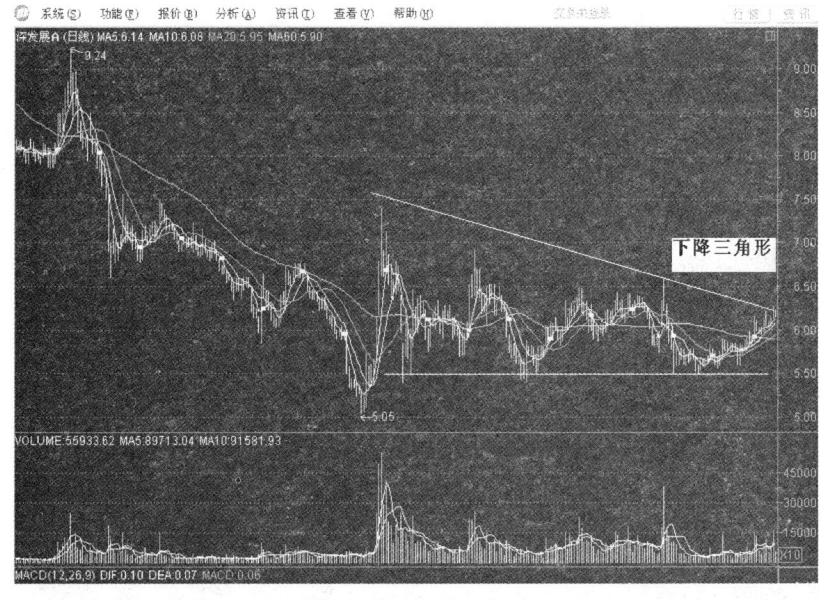

图 9‑15 下降三角形

（2）市场含义

① 上升三角形显示出，在某价格区域内买卖双方的较量中，买方的力量已稍占上风。卖方在低位并不急于出货，但却不看好后市，股价每升到理想的沽售水平便即沽出，这样在同一价格的沽售形成了一条水平的上档阻力线。不过，市场的购买力量很强，他们不待股价回落到上次的低点，便迫不及待地购进，因此形成一条向右上方倾斜的下档阻力线。另外，也可能是有计划的市场行为，部分人士有意把股价暂时压低，以达到逢低大量吸纳之目的。

② 下降三角形同样是多空双方在某价格区域内的较量表现，然而多空力量却与上升三

角表所显示的情形相反。看淡的一方不断地增强沽售压力,股价还没回升到上次高点便再沽出,而看好的一方坚守着某一价格的防线,使股价每回落到该水平便获得支撑。此外,这种形态的形成亦可能是有人在托价出货,直到筹码沽清为止。

（3）要点提示

① 上升三角形和下降三角形都属于整理形态。上升三角形在上升过程中出现,暗示有突破的可能,下降三角形正相反。

② 上升三角形在突破顶部水平的阻力线时,有一个短期买入信号,下降三角形在突破底部水平阻力线时有一个短期沽出信号。但上升三角形在突破时须伴有大成交量,而下降三角形突破时不必有大成交量来证实。

③ 这两种形态虽属于整理形态,有一般向上向下规律性,但也有可能朝相反方向发展。即上升三角形可能下跌,因此投资者在向下跌破3%（以收盘价计）时,宜暂时沽出,以待形势明朗。同时在向上突破时,若没有大成交量配合,也不宜贸然投入。相反,下降三角形也有可能向上突破,这时若有大成交量则可证实。另外在向下跌破时,若出现回升,则观察其是否阻于底部水平线之下,在底线之下是假性回升,若突破底线3%,则图形失败。

4) 楔形

（1）形态分析　楔形系股价介于两条收敛的直线中变动。它与三角线不同之处在于,两条界线同时上倾或下斜。成交量变化和三角形一样向顶端递减。楔形又分为上升楔形和下降楔形。

上升楔形指股价经过一次下跌后有强烈技术性反弹,价格升至一定水平又掉头下落,但回落点较前次为高,又上升至新高点比上次反弹点高,渐次升高,形成一浪高一浪之势。把短期高点相连,短期低点相连,便形成两条向上的倾斜直线,上面一条比较平缓,下面一条则较为陡峭,如图9-16所示。

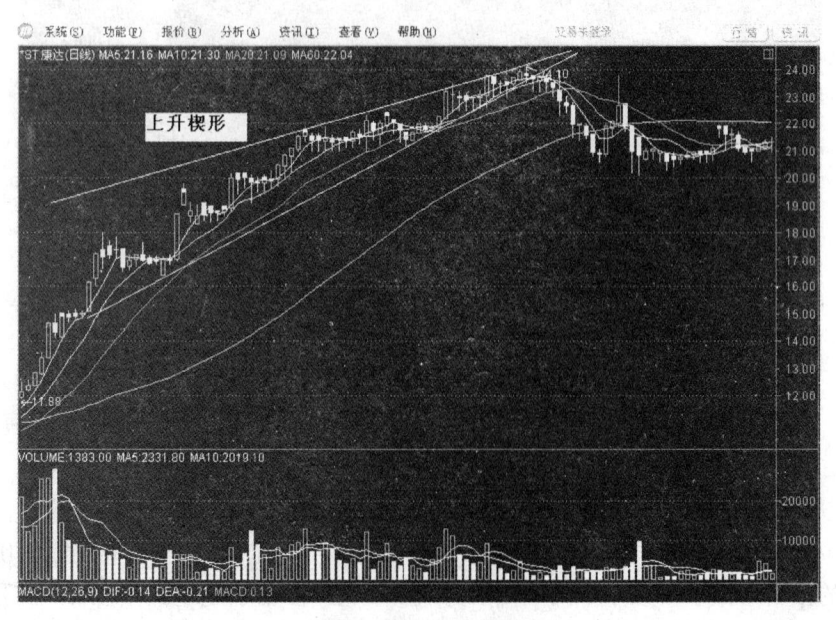

图9-16　上升楔形

下降楔形则相反,高点一个比一个低,低点亦一个比一个低,形成两条同时下倾的斜线,如图9-17所示。

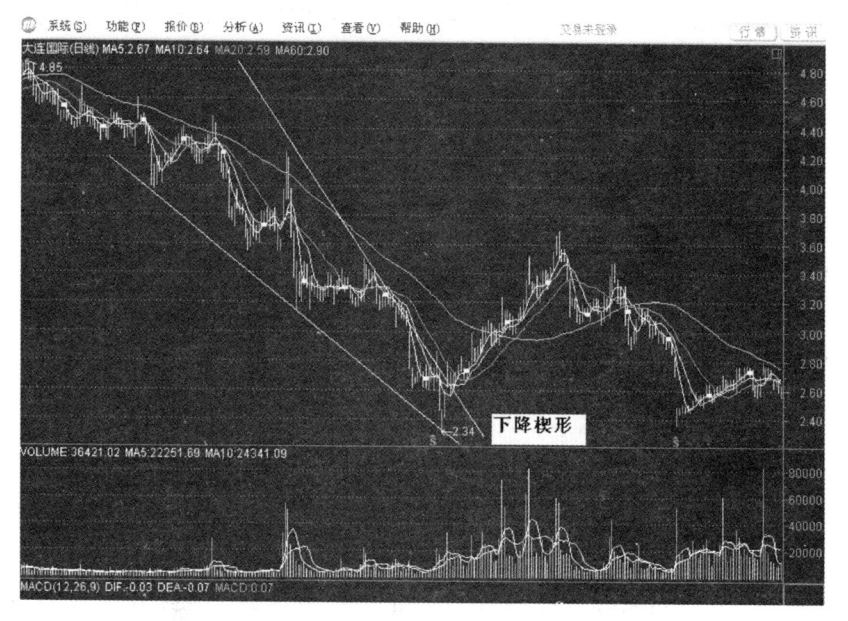

图9-17　下降楔形

两种楔形都是越接近端部成交量越少。

（2）市场含义　表面上看来，上升三角形只有一边上倾，所代表的是多头趋势，而上升楔形两边上倾，多头趋势应该更浓，但实际上并非如此。因为上升三角形的顶线代表股价在一定价格才卖出，当卖盘被吸收后（上升界线代表吸收），上档压力解除，股价便会往上跳。在上升楔形中，股价上升，卖出压力亦不大，但多方的兴趣却逐渐减少，股价虽上扬，可是每一个新的上升波动都比前一个弱，最后当买盘完全消失时，股价便反转回跌。因此，上升楔形表示一个技术性的意义之渐次减弱的情况。

上升楔形是一个整理形态，常在跌市中的回升阶段出现。上升楔形显示尚未跌见底，只是一次跌后技术性反弹而已，当其下限被跌破后，就是沽出信号。上升楔形的下跌幅度，至少将新上升的价格跌掉，而且要跌得更多，因为尚未见底。

下降楔形的市场含义与上升楔形恰好相反。股价经过一段时间上升后，出现了获利回吐，虽然下降楔形的底线往下倾斜，似乎说明市场的承接力量不强。但新的回落浪较上一个回落浪波幅为小，说明沽售力量正减弱中，加上成交量在这个阶段中的减少，可证明市场卖压的减弱。

下降楔形也是个整理形态，通常在中、长期升市的回落调整阶段中出现。下降楔形的出现告诉人们升市尚未见顶，这仅是升后的正常调整现象。一般来说，下降楔形形态大多是向上突破，当其上限阻力突破时，就是一个买入信号。

（3）要点提示

① 楔形（无论上升楔形还是下降楔形）上下两条线必须明显地收敛于一点，如果形态太过宽松，形成的可能性就该怀疑。一般来说楔形需要两个星期以上才能完成。

② 虽然跌市中出现的上升楔形大部分都是往下跌破，但相反地若是往上突破，而且成交亦有明显的增加，形态就可能出现变异，发展成一种上升通道。这时候应该改变原来偏空

的看法,股价可能会沿着新的上升通道,开始一次新的升势了。同样倘若下降楔形不升反跌,跌破下限支持,形态也可能改变为一种下降通道,这时候对后市的看法就应该随着趋势的变化而作出修正了。

③ 上升楔形上下两条线收敛于一点,股价在形态内移动只能有限地上升,最终会跌破。而股价理想的跌破点是由第一个低点开始,直到上升楔形尖端之间距离的2/3处。有时候,股价可能会一直移动到楔形的尖端,出了尖端后还稍有上升,然后才大幅下跌。

④ 下降楔形和上升楔形有一点明显不同之处,上升楔形在跌破下限支持后经常会出现急跌;但下降楔形往上突破阻力后,可能会横向发展,形成徘徊状态或圆弧状,成交仍然十分低沉,然后才慢慢开始上升,成交亦随之而增加。这情形的出现时,可待股价打破徘徊闷局后再考虑跟进。

9.3.3　缺口形态

1)形态

缺口是指股价在快速大幅变动中有一段价格没有任何交易,显示在股价 K 线图上是一个真空区域,这个区域称之"缺口",它通常又称为跳空。当股价出现缺口,经过几天,甚至更长时间的变动,然后反转过来,回到原来缺口的价位时,称为缺口的封闭,又称补空。

缺口分为普通缺口、突破缺口、持续性缺口与消耗性缺口等 4 种。从缺口发生的部位大小,可以预测走势的强弱,判断是突破,还是已到趋势的尽头。缺口是研判各种形态时最准确的辅助工具。

(1)普通缺口　普通缺口通常在密集的交易区域中出现,许多需要较长时间形成的整理或反转形态如三角形、矩形等都可能有这类缺口形成。

(2)突破缺口　突破缺口是当一个密集的反转或整理形态完成后突破盘局时产生的缺口。当股价以一个很大的缺口跳空远离形态时,这表示真正的突破已经形成了。因为错误的移动很少会产生缺口,同时缺口能显示突破的强劲性,突破缺口越大,表示未来的变动越强烈。

(3)持续性缺口　在上升或下跌途中出现的缺口,可能是持续性缺口。这种缺口不会和突破缺口混淆,任何离开形态或密集交易区域后的急速上升或下跌,所出现的缺口大多是持续性缺口。这种缺口可帮助人们估计未来后市波幅的幅度,因此亦称之为量度性缺口。

(4)消耗性缺口　和持续性缺口一样,消耗性缺口是伴随快速的、大幅的股价波幅而出现。在急速的上升或下跌中,股价的波动并非是渐渐出现阻力,而是越来越急。这时价格的跳升(或跳位下跌)可能发生,此缺口就是消耗性缺口。通常消耗性缺口大多在恐慌性抛售或消耗性上升的末段出现。

2)市场含义

① 普通缺口并无特别的分析意义,一般在几个交易日内便会完全填补,它只能帮助人们辨认某种形态的形成。普通缺口在整理形态时要比在反转形态时出现的机会大得多,所以当发现发展中的三角形和矩形有许多缺口,就应该增强它是整理形态的信念。

② 突破缺口的分析意义较大,经常在重要的转向形态如头肩式的突破时出现,这种缺口可帮助人们辨认突破信号的真伪。如果股价突破支撑线或阻力线后以一个很大的缺口跳离形态,可见突破十分强而有力,很少有错误发生。形成突破缺口的原因是其水平的阻力经过长时间的争持后,供给的力量完全被吸收,短暂时间缺乏货源,买进的投资者被迫要以更

高价求货。又或是其水平的支持经过一段时间的供给后,购买力完全被消耗,沽出的须以更低价才能找到买家,因此便形成缺口。假如缺口发生前有大的交易量,而缺口发生后成交量却相对地减少,则有一半的可能不久缺口将被封闭,若缺口发生后成交量并未随着股价的远离缺口而减少,反而加大,则短期内缺口将不会被封闭。

③ 持续性缺口的技术性分析意义最大,它通常是在股价突破后远离形态至下一个反转或整理形态的中途出现,因此持续性缺口能大大致预测股价未来可能移动的距离,所以又称为量度缺口。其量度的方法是从突破点开始,到持续性缺口始点的垂直距离,就是未来股价将会达到的幅度。或者可以说,股价未来所走的距离,和过去已走的距离一样。

④ 消耗性缺口的出现,表示股价的趋势将暂告一段落。如果在上升途中,即表示即将下跌;若在下跌趋势中出现,就表示即将回升。不过,消耗性缺口并非意味着大市必定出现转向,只是意味着有转向的可能。

在缺口发生的当天或后一天若成交量特别大,而且未来趋势似乎无法随成交量而有大幅的变动时,这可能就是消耗性缺口。假如在缺口出现的后一天其收盘价停在缺口边缘而形成了一天行情的反转时,就更可确定是消耗性缺口了。

消耗性缺口很少是突破前一形态、大幅变动过程中的第一个缺口,绝大部分是在它前面至少还有一个持续缺口。因此可以假设,在快速直线上升或下跌变动中期出现的第一个缺口为持续性缺口,随后的每一个缺口都可能是消耗性缺口,尤其是当这个缺口比前一个空距大时,更应特别注意。

持续性缺口是股价大幅变动中途产生的,因而不会在短时期内封闭,但是消耗性缺口是变动即将到达终点的最后现象,所以多半在2～5天的短期内被封闭。

3)要点提示

① 一般缺口都会填补。因为缺口是一段没有成交的真空区域,反映出投资者当时的冲动行为,当投资情绪平静下来时,投资者反省过去行为有些过分,于是缺口便告补回。其实并非所有类型的缺口都会填补,其中突破缺口、持续性缺口未必会填补,或不会马上填补;只有消耗性缺口和普通缺口才可能在短期内补回,所以缺口填补与否对分析者观察后市的帮助不大。

② 突破缺口出现后会不会马上填补,可以从成交量的变化中观察出来。如果在突破缺口出现之前有大量成交,而缺口出现后成交相对减少,那么迅即填补缺口的机会只是50%;但假如缺口形成之后成交大量增加,股价在继续移动远离形态时仍保持十分大量的成交,那么缺口短期填补的可能便会很低了。就算出现回抽,也会在缺口以外。

③ 股价在突破其区域时急速上升,成交量在初期较大,然后在上升中不断减少。当股价终结原来的趋势时成交又迅速增加,这是多空双方激烈争持的结果,其中一方得到压倒性胜利之后,于是便形成一个巨大的缺口,这时候成交又开始减少了。这就是持续性缺口形成时的成交量变化情形。

④ 消耗性缺口通常是形成缺口的一天成交量最高(但也有可能在成交量最高的翌日出现),接着成交量减少,显示市场购买力(或沽售力)已经消耗殆尽,于是股价很快便告回落(或回升)。

⑤ 在一次上升或下跌的过程里,缺口出现越多,显示其趋势越快接近终结。举例说,当升市出现第三个缺口时,暗示升市即将终结;当第四个缺口出现时,短期下跌的可能性更大。

136 证券投资实验实训教程

9.3.4 趋势线

1）形态

股价波动高点的连线为下降趋势线；股价波动低点的连线为上升趋势线，如图 9 - 18 和图 9 - 19 所示。根据波动的时间又可分为长期趋势线（连接长期波动点）和中期趋势线（连接中期波动点）。

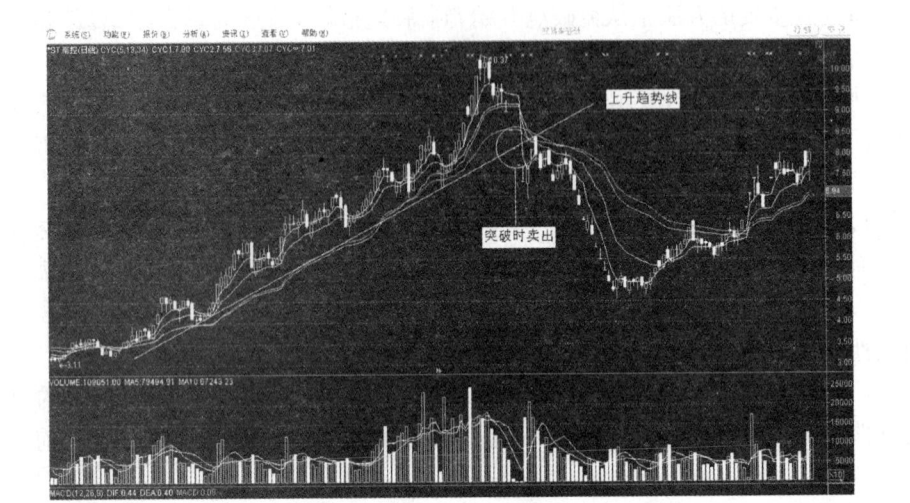

图 9 - 18　上升趋势线

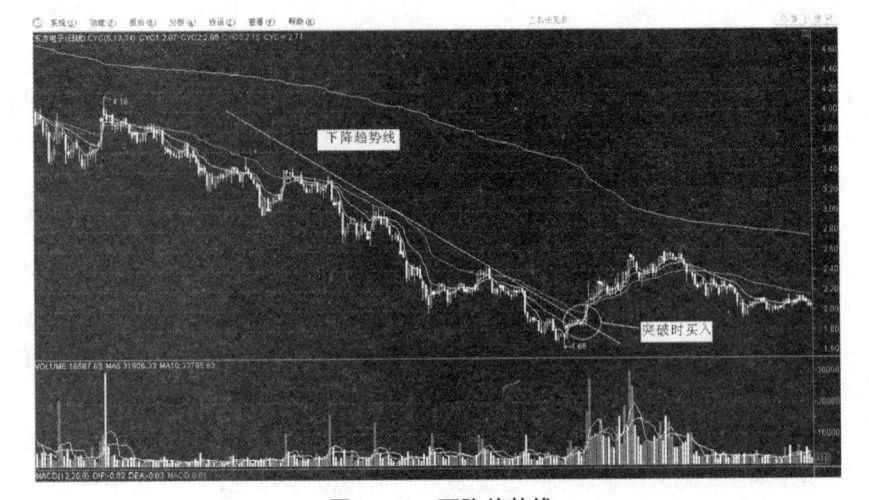

图 9 - 19　下降趋势线

2）市场含义

趋势线表明当股价向其固定方向移动时，非常有可能沿着这条线继续移动。

（1）当上升趋势线跌破时，就是一个出货信号。在跌破之前，上升趋势线就是每一次回落的支撑。

（2）当下降趋势线突破时，就是一个入货信号。在升破之前，下降趋势线就是每一次回升的阻力。

（3）一种股票随着固定的趋势移动时间越久，这种趋势越是可靠。

（4）在长期上升趋势中，每一个变动都比改正变动的成交量高，当有非常高的成交量出现时，这可能是中期变动终结的信号，随之而来的将是反转趋势。

（5）在中期变动中的短期波动结尾，大都有极高的成交量，顶点比底点出现的次数更多，不过在恐慌下跌的底部也常出现非常高的成交量。这是因为在顶点，股市沸腾，散户盲目大量抢进，大户与机构乘机脱手；在底部，股市经过一段恐慌大跌，散户信心动摇，见价就卖，而此时已到达长期下跌趋势的最后阶段，于是大户与机构开始大量买进，造成高成交量。

（6）每一条上升趋势线，需要两个明显的底部才能确定，每一条下跌趋势线则需要两个顶点。

（7）趋势线与水平线所成的角度越陡越容易被一个短的横向整理所突破，因此越平越具有技术性意义。

（8）股价的上升与下跌，在各种趋势的末期，都有加速上升与加速下跌的现象。因此，大势反转的顶点或底部，大都远离趋势线。

3）要点提示

（1）上升趋势线是连接各个波动的低点，不是各个波动的高点；下降趋势线是连接各个波动的高点，而不是各个波动的低点。

（2）当股价突破趋势线时，其可信度可从下列几点判断：

① 假如在一天的交易时间里突破了趋势线，但其收市价并没有超出趋势线之外，这不算突破，可以忽略，而这条趋势线仍然有用。

② 如果收盘价突破了趋势线，必须要超越 3％才可信赖。

③ 当股价上升冲破下降趋势线的阻力时需要有大量成交的配合；但向下跌破上升趋势线支撑时则不必如此，通常突破当天的成交量并不增加。不过，在突破的第二天会有成交量增大的现象。

④ 当突破趋势线时出现缺口，则这种突破将会是强而有力的。

（3）有经验的技术分析者经常在图表上画出各种不同的试验性趋势线，当证明其趋势线毫无意义时，就会将之擦掉，只保留具有分析意义的趋势线。此外，还会不断地修正原来的趋势线，例如当股价跌破上升趋势线后又迅即回到这条趋势线之上，分析者就应该从第一个低点和最新形成的低点重划出一条新线，或是从第二个低点和新低点修订出更有效的趋势线。

9.4 主要技术指标分析

9.4.1 移动平均线（MA）

1）指标说明

（1）在技术分析领域里，移动平均线（Moving Average，MA）是绝不可少的指标工具。移动平均线是利用统计学上"移动平均"的原理，将最近 n 日的收盘价进行移动平均，求出一个趋势值，即得到 n 日平均线，以此作为股价走势的研判工具。

（2）常用的移动平均线主要有三种，短期移动平均线、中期移动平均线和长期移动平均线。短期移动平均线一般以 5 天或 10 天为计算期间；中期移动平均线大多以 30 天、60 天为计算期间；长期移动平均线大多以 120 天（半年线）或 250 天（年线）为计算期间。

138　　证券投资实验实训教程

（3）移动平均线的多头排列和空头排列：

① 多头排列：短期平均线在长期平均线之上，即 5 日平均线＞10 日平均线＞20 日平均线＞30 日平均线＞60 日平均线……表示股价正在上升趋势中，如图 9 - 20 所示。

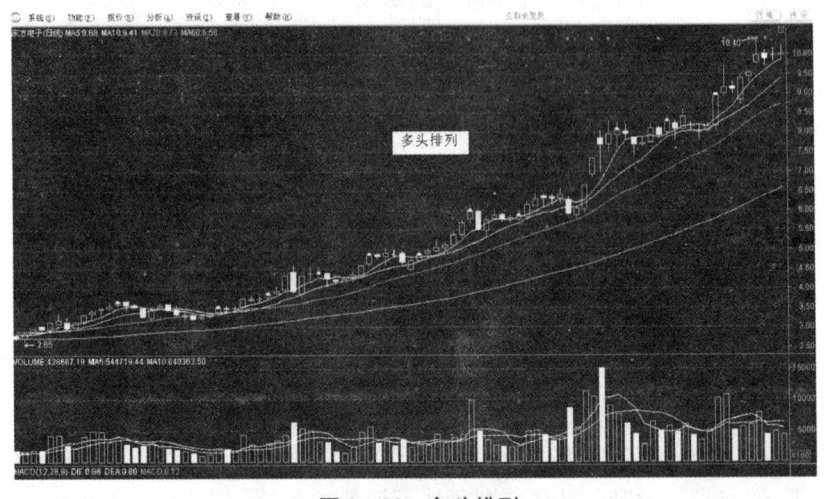

图 9 - 20　多头排列

② 空头排列：与多头排列正好相反，表示股价正在下降趋势中，如图 9 - 21 所示。

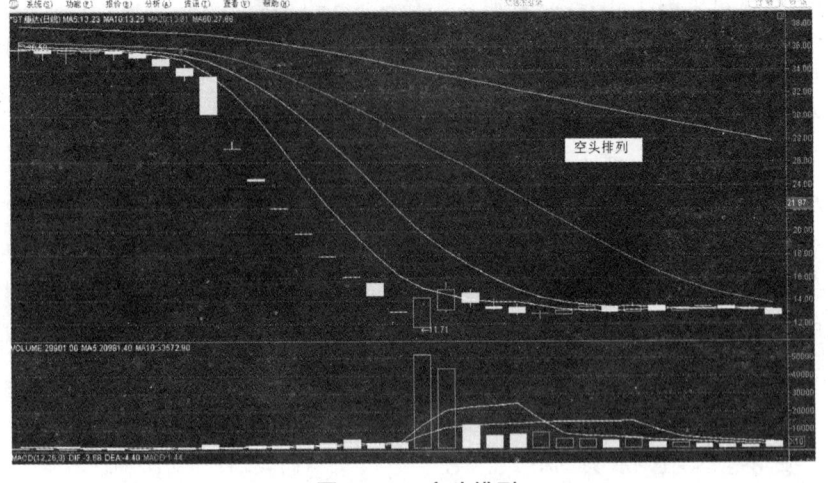

图 9 - 21　空头排列

（4）如果一只股票以 5 日以及 10 日平均线为支撑不断上涨，说明主力拉升意愿强烈，介入可以在短线或者中线获利。当 5 日平均线和 10 日平均线之间的距离突然拉大，是卖出信号，可以等两者接近后再找机会补回来。

（5）20 日均线或者 30 日均线是常用的止损指标。而 250 日均线即年线一般是牛熊的分水岭，同时也是一个阻力位。

（6）几乎所有的证券分析软件，都能通过调整其设置来修改移动平均线所显示的条数、参数和颜色等等。

（7）黄金交叉（金叉）　上升行情初期，短期移动平均线从下向上穿过中期或长期移动平均线所形成的交叉点叫做黄金交叉，预示股价将上涨。如图 9 - 22 所示，黄色的 5 日均线上穿紫色的 10 日均线所形成的交叉、10 日均线上穿绿色的 30 日均线所形成的交叉均为黄金交叉。

（8）死亡交叉（死叉）　短期移动平均线自上而下穿过中长期移动平均线所形成的交叉点叫做死亡交叉，预示股价将下跌。如图 9 – 22 所示，黄色的 5 日均线下穿紫色的 10 日均线所形成的交叉、10 日均线下穿绿色的 30 日均线所形成的交叉均为死亡交叉。

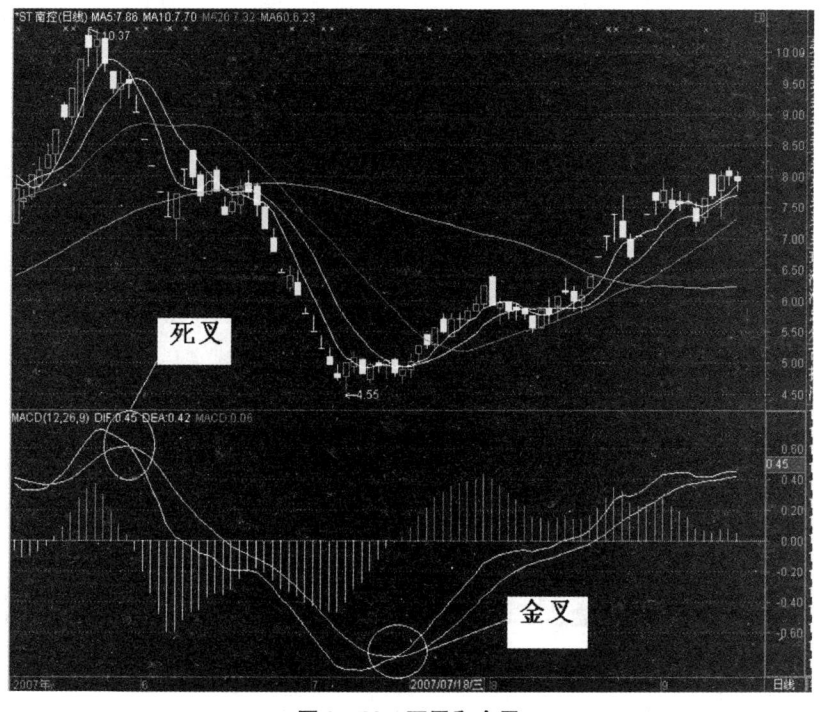

图 9 – 22　死叉和金叉

2）运用原则

运用移动平均线对股价走势进行研判主要是根据葛兰碧八法则，这八个法则又分别为买入时机和卖出时机。具体如下：

（1）移动平均线的买入时机

① 平均线从下降逐渐走平，而股价从平均线的下方突破平均线时，是买进信号。

② 股价虽跌入平均线之下，但平均线在上扬，不久股价又回到平均线上时为买进信号。

③ 股价线走在平均线之上，股价虽然下跌，但未跌破平均线，股价又上升时可以加码买进。

④ 股价线低于平均线，突然暴跌，远离平均线之时，极可能再趋向平均线，是为买进时机。

（2）移动平均线的卖出时机

① 平均线从上升逐渐走平，而股价从平均线的上方往下跌破平均线时，应是卖出信号。

② 股价上升突破平均线，但又立刻回复到平均线之下，而且平均线仍在继续下跌时，是卖出时机。

③ 股价线在平均线之下，股价上升但未达平均线又告回落，是卖出时机。

④ 股价线在上升中，且走在平均线之上，突然暴涨，远离平均线，很可能再趋向平均线，

为卖出时机。

9.4.2　随机指标（KDJ）

1）指标说明

随机指标是由乔治莱恩博士所创造的一个十分新颖、使用简便的技术分析工具,现在人们习惯称之为 KD 线,是欧美期货市场常用的一种技术分析工具,如图 9-23 所示。由于期货风险性波动比股市大,所以需要较短期、敏感的分析指标,因而 KD 线在对期价走势的分析上取得了巨大的成功。同样,KD 线对于股市的中、短期技术分析也颇为适用。

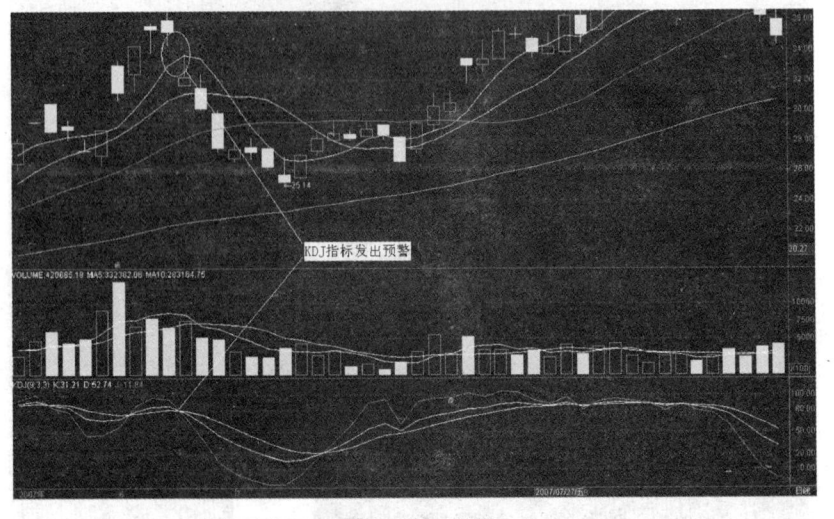

图 9-23　KDJ

随机指标设计的思路与计算公式都起源于 W%R 理论(威廉氏超买超卖指标),但它比 W%R 指标更具使用价值。W%R 指标一般只限于用来判断超买和超卖现象,而随机指标却融合了移动平均线的思想,对买卖信号的判断更加准确。

KD 线在图表上采用%K 和%D 两条线,在设计中综合了动量指标、强弱指数和移动平均线的一些优点,在计算过程中主要研究高低价位与收盘价的关系,即通过计算当日或最近数日的最高价、最低价及收盘价等价格波动的真实波幅,反映价格走势的强弱和超买超卖现象。随机指标的主要依据是:当股价上涨时,收盘价倾向于接近当日价格区间的上端;相反地,在下降趋势中收盘价格倾向于接近当日价格区间的下端。

随机指数在设计中充分考虑了价格波动的随机振幅和中短期波动的测算,使其短期测市功能比移动平均线更准确有效,而在市场短期超买超卖方面,又比相对强弱指标敏感。总之,由于 KD 线是一个随机波动的概念,故其对于判断中短期的行情走势十分准确。

2）运用原则

（1）K 值在 80 以上、D 值在 70 以上为超买的一般标准;K 值在 20 以下、D 值在 30 以下为超卖的一般标准。

（2）当 K 值大于 D 值时,尤其是经过一段长期的跌势,K 值从下方向上突破 D 值时是买进的信号。反之,当 D 值大于 K 值,尤其经过一段长期的升势,K 值从上方向下突破 D 值时,是卖出信号。

（3）K 线和 D 线的交叉突破在 80 或 20 左右较为准确,如果这类交叉突破在 50 左右发生,走势又陷入盘局时,买卖信号可视为无效。

(4) J 线大于 100 时为超买,小于 10 为超卖。

(5) 当 K 值和 D 值上升或下跌的速度减弱、倾斜度趋于平缓时,是短期转势的预警信号,这种情况在指数及大盘热门股中有普遍意义。

(6) 当股价走势一浪比一浪高,随机指标的曲线一浪比一浪低,或股价走势一底比一底低,而随机指标一底比一高时,被称为"背离"现象。当随机指标与股价背离时,一般为转势的信号,表明中期或短期的走势有可能已见顶或见底,此时应作出正确的买卖决策。

3) 缺陷

(1) 股价短期波动剧烈或者瞬间升跌幅度太大时,KDJ 信号经常失误。

(2) 当 KD 值进入超买或超卖区之后,会出现钝化现象,参考价值降低。

(3) 由于此指标被投资者广泛认同,群众基础较好,反而经常被主力操纵,作为诱骗投资者的得力工具。

9.4.3 相对强弱指标(RSI)

1) 指标说明

形态分析是基于"历史重演"的假设之上,即以往市场价格所出现的形态走势,将来同样会出现。这种大胆假设,在某些情况下是可以收到预期效果的,即形态分析是有其实际存在价值的。但市场价格往往出现奇形怪状的走势,这对于形态分析者是一种挑战,因为一种走势可能出现三种结果,所以形态分析属于主观性判断,也较难把握。相对强弱指标(RSI)则能解决这一问题,它通过大量数据来分析买卖双方的意向和实力,通过各种图表显示目前市场的"人气",并作出目前是买方市场还是卖方市场的判断。

RSI 最早用于美国的期货交易,1978 年威尔德在其著作《技术分析新概念》一书中首先介绍了相对强弱指标的概念及应用方法。后来人们发现在众多的图表技术分析中,RSI 的理论和实践极其适合于市场的短线投资,于是被广泛运用于股价升跌的测量和分析中,如图 9-24 所示。从经济学角度看,股市行情的变化最终取决于供求关系,在一个正常的市场上,只有供求双方取得平衡,才能使价格稳定。投资者的买卖行为是各种影响因素在股市上的客观反映。

RSI 指标就是根据供求平衡的原理来测量股市买卖力量强弱程度的,计算 RSI 指标时,以买卖双方争斗的结果——收盘价的涨跌来评估市场上双方力量的强弱。

RSI 的计算方法为:

$$RSI = n\ 日内涨幅平均值 \div (n\ 日内涨幅平均值 + n\ 日内跌幅平均值) \times 100\%$$

n 的取值一般取 5 天、10 天、14 天或 20 天不等,威尔德在他的《技术分析新概念》一书中使用 14 日的周期参数。实际运用中,根据股价波动的幅度和特性来决定周期。当价格变动幅度较大且涨跌变动较频繁时,取值应小一点;当价格变动幅度较小且涨跌变动不频繁时,取值应大一点。

2) 运用原则

(1) 头部底部信号 当 RSI 值上升到 80 以上或降到 20 以下时,通常会早于 K 线出现顶或底的征兆,也就是说,在 80 以上提前出现超买现象,在 20 以下提前出现超卖现象。

(2) 图形形态信号 RSI 的图形形态比 K 线图上所出现的图形形态更加清楚,如头肩顶(底)、三角形、双头、双底等,这样在图形上就比较容易判断突破点、买入点和卖出点。

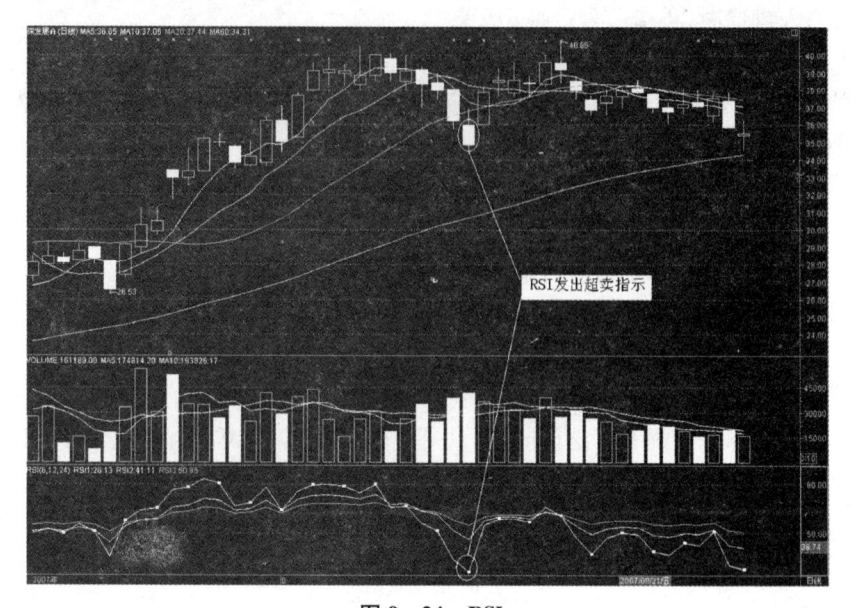

图 9-24 RSI

（3）整理期间，RSI 的值一底比一底高，是多头气盛，后势看涨；反之 RSI 的值一底比一底低，是多头气弱，后势看跌。

（4）背离信号　在实际的日线图上，如果形成的头部是一头比一头高（低），而在 RSI 的图形上却出现了一头比一头低（高），这就是所谓的背离信号。这种背离信号的出现，表明了价格的虚涨（虚跌），通常是反转的前兆信号。

3）缺陷

（1）RSI 是通过收盘价计算的，而当一天行情的波幅很大，上下影线很长时，RSI 的涨跌就不足以反映该段行情的波动了。

（2）RSI 在 80 以上或 20 以下时，可能出现钝化现象。当市场气氛处于混乱期间（如价格升跌急剧），RSI 突破 80 时超买信号将失效，这时 RSI 往往会迈得更高，可能升越 90 或 95，此阶段的实际价格升幅巨大，投资者若认为 RSI 超越 80 而进行抛空则将踏空。跌破 20 的超卖信号也不可信，这时价格可能轻微反弹而后再大幅下挫，RSI 可能到 10 或 5 以下。

（3）在研判背离现象时，行情究竟是在一次背离、还是二次三次背离后才出现真正反转是一个很难确认的问题。

世上并无完美的预测工具，RSI 也不例外。RSI 最主要是能够显示目前市况处于强势市（60 以上）、牛皮市（40～60）还是弱势市（40 以下），并能事先透视出市场潜在的可能动向，而且较为准确。

9.4.4　平滑异同移动平均线（MACD）

1）指标说明

平滑异同移动平均线（MACD）是近年来美国所创的技术分析工具，是以移动平均线为基础所发展出来的技术工具。它是利用两段不同时间（长期与中期）的平滑移动平均线来计算两者之间的乖离状况，作为研判行情的基础。

运用移动平均线判断买卖时机，在趋势明显时收效很大，但如果碰上牛皮盘整的行情，其所发出的信号频繁且不准确。根据移动平均线原理所发展出来的 MACD,吸收了移动平均线的优点,克服了移动平均线假信号频繁的缺陷,对盘整行情时的股价走势判断极为有用,如图 9-25 所示。

MACD 的计算较为复杂,计算参数:M 天数一般为 12、26、9。

$$12\text{ 日平滑系数}(L12)=2/(12+1)=0.1538$$

$$26\text{ 日平滑系数}(L26)=2/(26+1)=0.0741$$

$$12\text{ 日指数平均值}(12\text{ 日 EMA})=L12\times\text{当日收盘指数}$$
$$+11/(12+1)\times\text{昨日的 }12\text{ 日 EMA}$$

$$26\text{ 日指数平均值}(26\text{ 日 EMA})=L26\times\text{当日收盘指数}$$
$$+25/(26+1)\times\text{昨日的 }26\text{ 日 EMA}$$

$$\text{差离率}(DIF)=12\text{ 日 EMA}-26\text{ 日 EMA}$$

$$\text{平均值}(DEA)=\text{最近 }9\text{ 日的 DIF 之和}/9$$

$$\text{柱状值}(BAR)=DIF-DEA$$

$$MACD=(\text{当日的 DIF}-\text{昨日的 DIF})\times0.2+\text{昨日的 MACD}$$

其中:

DIF 线——收盘价短期、长期指数平滑移动平均线之间的差;DEA 线——DIF 线的 M 日指数平滑移动平均线;MACD 线——DIF 线与 DEA 线的差,彩色柱状线。

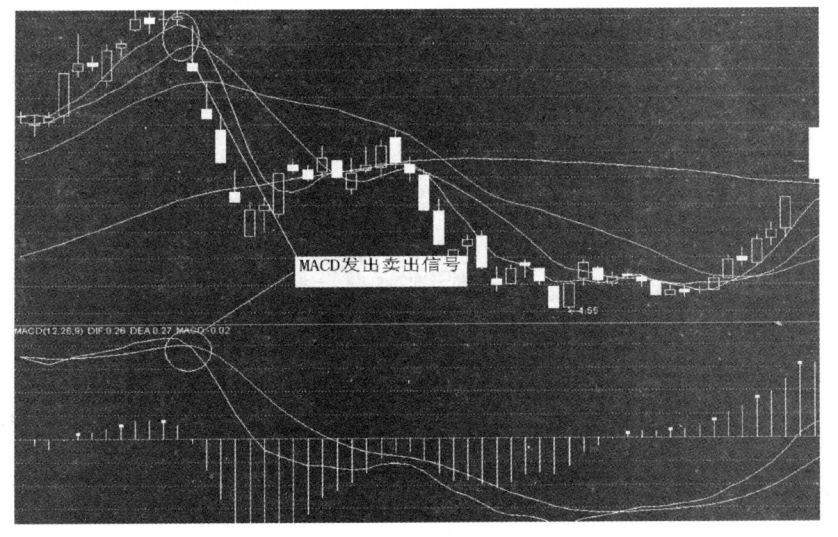

图 9-25 MACD

2) 运用原则

DIF>0、DEA>0(皆在中线以上)表示上涨格局。DIF<0、DEA<0(皆在中线以下)表示下跌格局。

MACD 是一个预测长期趋势的投资技术工具,需和 KDJ 及 RSI 一起配合使用。

(1) 买点

① DIF 由下向上突破 DEA 时就是买入信号。但若此时 DIF 与 DEA 皆为负值,适合空单回补,不适合做多;

② DIF 由负转正且向上穿越 DEA 时也是买入时机。

（2）卖点

① DIF 由上向下突破 DEA 是卖出信号。但若此时 DIF 与 DEA 皆为正值，适合买单停损，不适合做空；

② DIF 由正转负且走势向下穿越 DEA 时也是卖出时机。

（3）买卖转换点　DIF、DEA 与 K 线走势明显背离为反转信号，是上升走势中的卖点或下跌走势的买点。

3）缺陷

（1）MACD 无法在升势的最高点发出卖出信号，也无法在下跌的最低点发出买入信号，也就是信号来得慢些。

（2）MACD 可以使投资人入市次数减到最小，但也可能使投资人丧失最佳的赚钱机会。

9.4.5　布林线（BOLL）

1）指标说明

布林线（BOLL）指标是由 John Bollinger 所创，它是通过计算股价的"标准差"，再求股价的"信赖区间"。该指标在图形上画出三条线，其中上下两条线可以分别看成是股价的压力线和支撑线，而在两条线之间还有一条股价平均线，布林线指标的参数最好设为 20。一般来说，股价会运行在压力线和支撑线所形成的通道中，如图 9-26 所示。

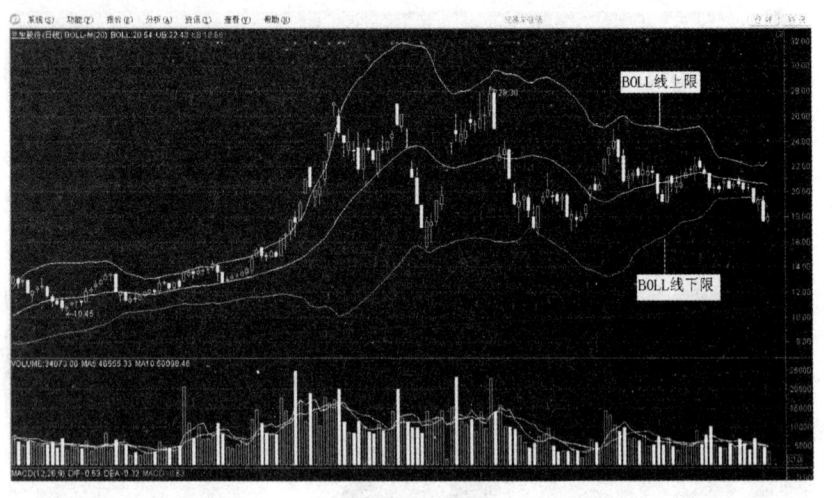

图 9-26　BOLL

BOLL 的计算方法如下：

$$MD＝平方根[最近 n 日累计（收盘价－MA）×（收盘价－MA）/n]$$

$$MB＝I－1 日的 MA$$

$$UPPER＝MB＋2×MD$$

$$LOWER＝MB－2×MD$$

UPPER 即为压力线，LOWER 即为支撑线，股价在上限和下限的带状区间内波动。这条带状区间的宽窄随着股价波动幅度的大小而变化，股价涨跌幅度较大时，带状区间会变宽，涨跌幅度较小时，带状区间会变窄。也就是说，布林线是属于变异性的，可以随着股性的变化而自动调整位置。因为它的灵活和顺应时势，使得布林线成为近几年国际金融市场最常使用的技术指标之一。

2）运用原则

（1）当布林线的带状区间呈水平方向移动时，可以视为处于"常态范围"。此时，股价向上穿越上限时，将形成短期回档，为短线的卖出信号；股价向下穿越下限时，将形成短期反弹，为短线的买进时机。

（2）当带状区间向右上方或右下方移动时，则属于脱离常态。当股价连续穿越上限，则预示股价将朝上涨方向前进；当股价连续穿越下限，则预示股价将朝下跌方向前进。

3）缺陷

布林线虽然属于压力支撑指标，但是也具备超买超卖的特质，它和 ROC、CCI 等指标配合使用时，可以相互弥补盲点。

"牛市赚钱，熊市赚股"，在大势趋弱时正是铲底赚股的好时机。通常弱市中最擅长于铲底的技术指标就是 BOLL。许多技术分析的书籍上只要提及布林线的应用，就少不了这两句话。股价向上穿越支撑线为买入信号，股价向下穿越阻力线为卖出信号。果真如此吗？只要打开软件就会发现，按这种方法确定买入信号的话，在股指的整个下调过程中全是买点，这是非常不可靠的。布林线在弱市中应用要注意以下要点：

（1）不能将股价向上穿越支撑线作为买入信号，而是要将个股最低价的连线穿越布林线支撑线作为可以关注该股的信号。

（2）出现初选信号后，一般股价会有回抽动作。如果股价回抽没有有效击穿下轨，而且布林线支撑线向上拐头，这时可以初步确认为买入信号。

（3）买入信号的最终确认主要是观察成交量是否能够温和放大。

（4）要注意布林带宽度是否已经处于收敛状态，这也是信号确认的一个重要因素。

9.4.6　其他技术指标

证券交易技术分析发展到现在，已经相当成熟，也产生了很多的技术流派。各个技术流派的学者和专家研究发明的各种类型的技术指标林林总总、五花八门，可以说数不胜数。如招商证券股份有限公司的网上交易软件"招商证券全能版 V6.15"中，就提供了包括"大势型"、"超买超卖型"、"趋势型"、"能量型"、"成交量型"、"均线型"、"图表型"、"路径型"、"停损型"、"交易型"、"神系"、"龙系"、"鬼系"和"其他系"等 19 类 191 个指标，如图 9-27 所示。因此，本书难以一一赘述，感兴趣的同学可以通过证券投资实践活动来自行学习研究。

146   证券投资实验实训教程

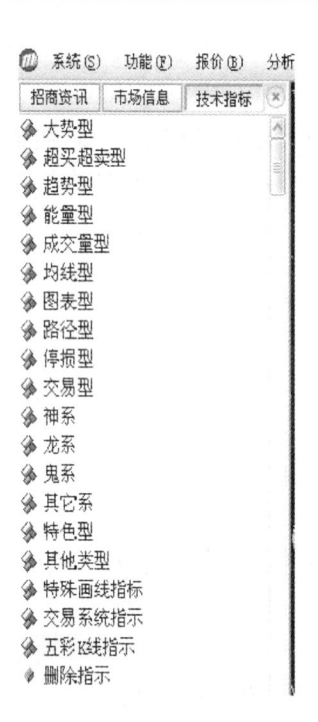 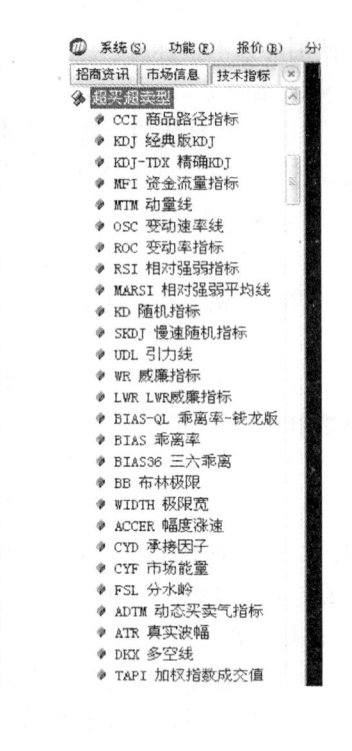

图 9‑27   技术分析指标

9.5   模 拟 实 验

9.5.1   指数识读

登录证券网上交易软件，分别查阅不同时期的沪深大盘走势，识读"上证 180 指数"、"上证综合指数"、"深证 100 指数"、"深圳成份指数"等各类股价指数，查看大盘走势，如图 9‑28 所示。

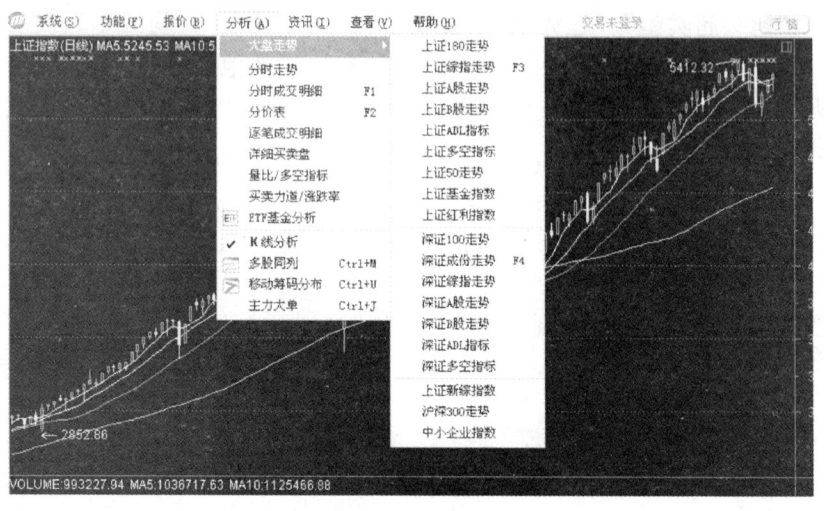

图 9‑28   大盘走势

9.5.2 技术分析

1) K线形态判别

登录证券网上交易软件,调出任意一只股票的 K 线图,要求学生判别各个 K 线分别属于何种类型,市场意义如何,如图 9 - 29 所示。

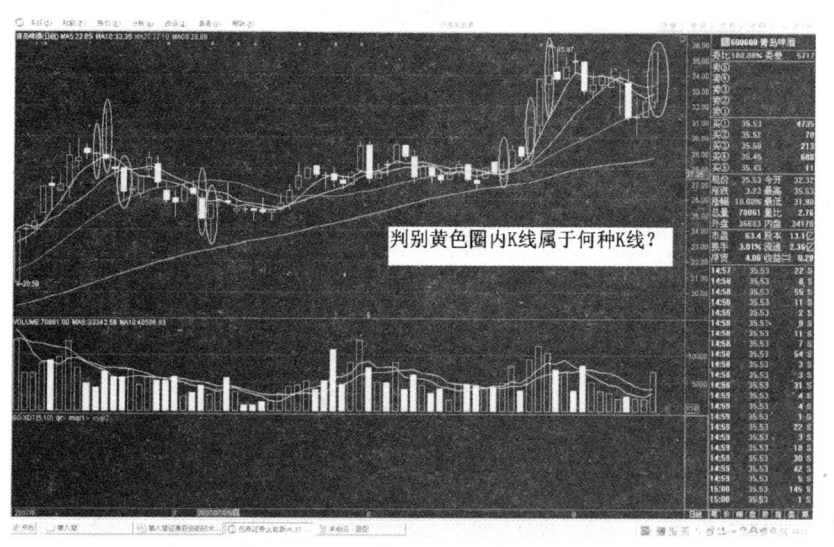

图 9 - 29 K线判别

2) 形态分析

由指导老师列出典型的 K 线走势图,让学生判断属于何种形态,并推测该股票价格的未来走势,如图 9 - 30 所示。

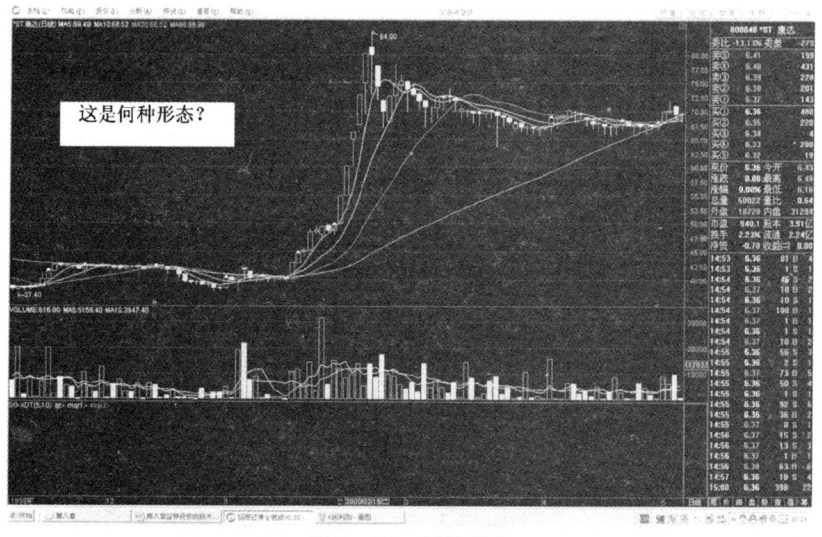

图 9 - 30 判断形态

3) 技术指标分析

(1) 选出某只股票,如"中国石化"(证券代码:600028),要求学生利用下列技术指标分析其未来走势:

① MA:如图 9-31 所示。

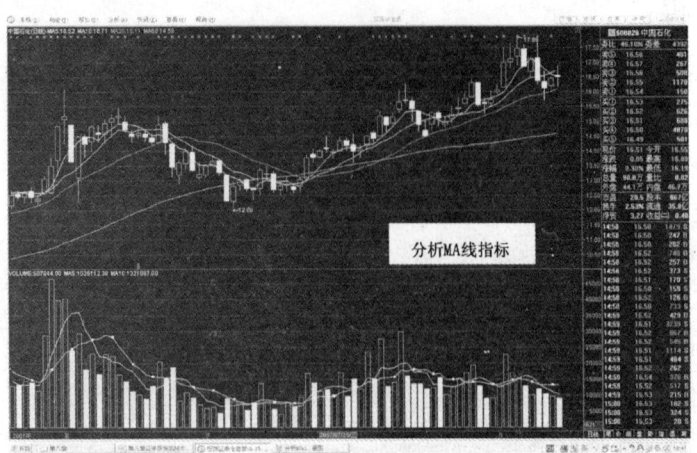

图 9-31　MA 分析

② KDJ:如图 9-32 所示。

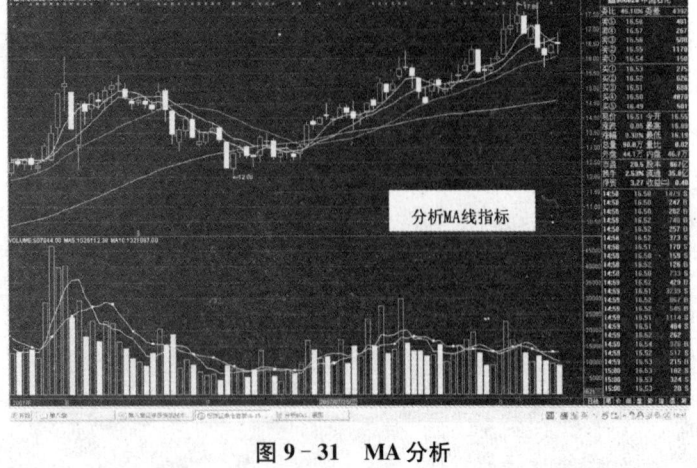

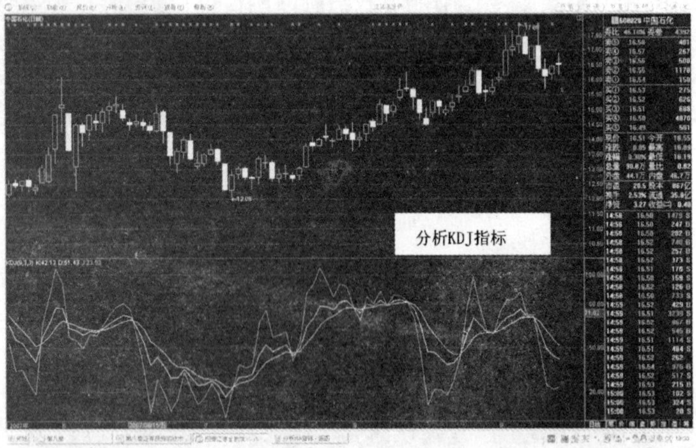

图 9-32　KDJ 分析

③ RSI:如图 9-33 所示。

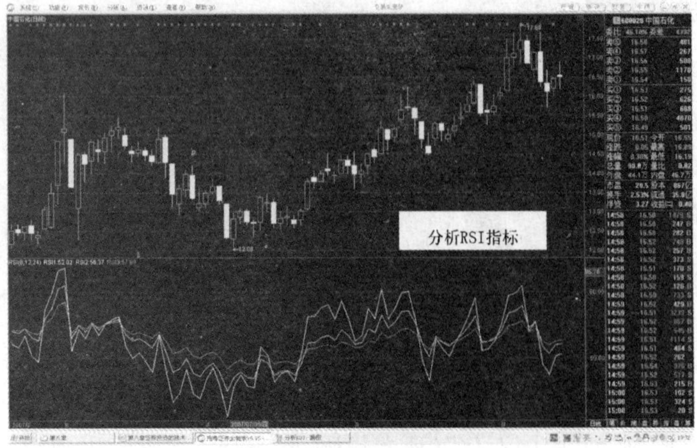

图 9-33　RSI 分析

④ MACD:如图 9 - 34 所示。

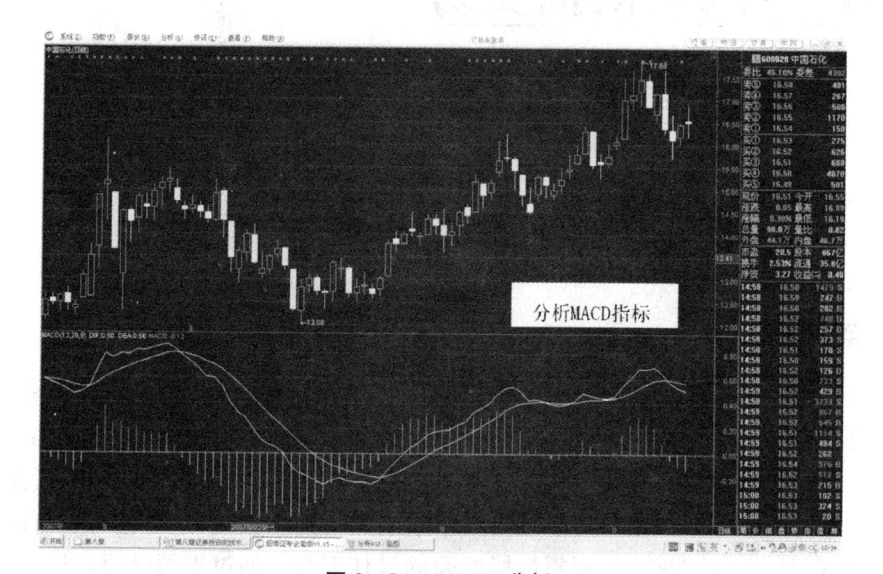

图 9 - 34 MACD 分析

⑤ BOLL:如图 9 - 35 所示。

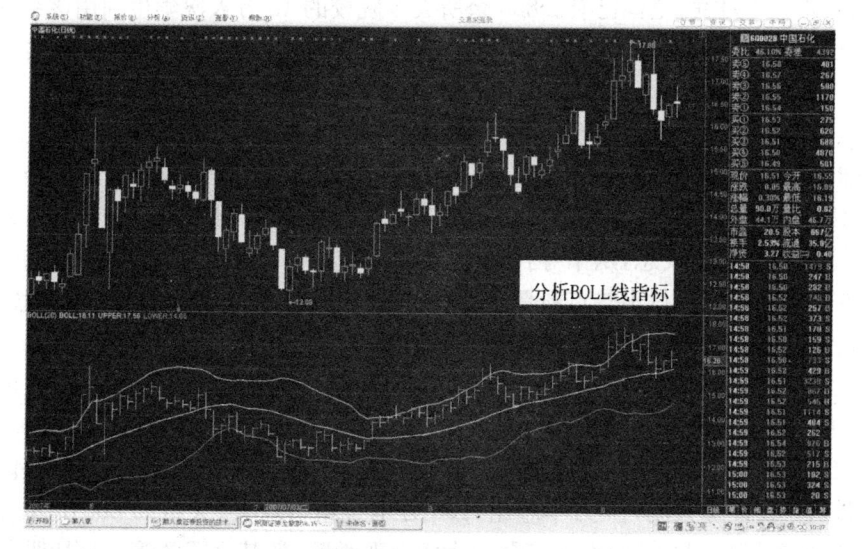

图 9 - 35 BOLL 分析

(2) 通过以上实验,要求学生总结运用不同的技术指标来分析股票走势的异同点。

模块 10   网上模拟交易

10.1   叩富网模拟交易平台简介

10.1.1   系统介绍

叩富网模拟炒股系统是一个专业的炒股练习平台。由国泰君安证券公司开发,该系统历经多次升级,技术已非常成熟。系统初期仅对内部客户开放,2004 年开始通过 Internet 对公众开放。系统采用 Web 方式进行炒股交易,行情与交易所实时同步,成交撮合、闭市清算流程与交易所完全一致。无论是对于准备入市或刚入市的新股民,还是已有实盘炒股经验的老股民,它都是训练炒股技术、积累炒股经验的最佳工具。通过模拟炒股,可以学会如何看盘,掌握炒股入门知识,体验怎样炒股。它还是炒股高手的孵化器、股林高手的争霸擂台,它更是一个能迅速帮助初学者提高炒股技术的最佳法宝。

截至 2016 年 5 月底,全国已有 2 800 余所大专院校的 15 万人次学生利用该系统进行了5 000 余场模拟证券投资的比赛,该系统为各学校的证券投资实验实训课程提供了有力的支持。

作为一个专业的炒股练习平台,叩富网模拟炒股系统具有强大的功能。不仅能让初学者学习基础的炒股方法,还提供了一套全面系统的个人炒股方法评估指标,比如个人资产增长走势图、段位制评级、选股成功率、资金周转率等。借助这些评估指标,初学者可以不断尝试自己的炒股方法,不断反思,从中寻找最优。此外,应用高手操作公开、对所有初学者操作的股票交易数据进行汇总得出热点股票等功能,初学者可以学习分析高手的操作技巧,为自己选股提供帮助。叩富网模拟炒股系统的特点如下:

(1) 完全真实的炒股体验   股票行情,买卖盘数量,成交撮合,股票、基金、权证交易规则、开闭市时间与交易所完全一致。

(2) 分组模拟,分组比赛   针对初学者的不同需求、不同层次、不同的炒股团队分组举行比赛。例如有权证练兵场,10 万本金组,100 万本金组,以小博大组(5 000 元本金),模拟基金经理(本金 1 亿)。此外,定期还有各个大学金融学院、各基金团队等举办炒股大赛。

(3) 可随时查看各选手的股票持仓、当日炒股委托记录和历史操作记录   如果初学者想学习某个高手的技巧,更可将其添加为"我的股友",实时追踪高手们的操作轨迹,跟着冠军去炒股,轻松盈利。

(4) 委托公开   登录模拟炒股,即可通过"委托公开"功能查询所有参赛选手当日或历史某天的委托操作记录。还可以对当天或历史某天的交易记录进行汇总,找出当天或历史某天交易量最大、最活跃的股票,轻松选出热点股票。也可以对选手们的持仓股票进行汇总,轻松找出重仓股票。这些功能都将助初学者找出当前市场的热点股票、黑马股票。

(5) 个人业绩报告   通过图形方式直观描述个人各月度总资产的增长走势,并通过与沪深300 指数的增长走势对比来反映个人的操作水平,形象客观。看看自己是否能跑赢大盘走势。

（6）段位制评级 系统通过对选手周盈率这一指标的分析来给初学者定量评级，考核选手的连续赢利能力。

（7）选股成功率 系统通过对初学者所操作过的所有股票进行分析，得出初学者在股票操作中获得了正收益的股票数占全部操作股票数的比例，以此来反映选手的选股能力。

（8）我的股友 可以将关注的初学者设为股友，形成一个炒股"圈子"，在这个圈子中，初学者可以互相排名，对股友操作进行追踪、汇总，分析股友持仓，并可实时在线交流。

（9）股民学校——股民加油站 系统不仅提供了真实的炒股体验，更为初学者提供了内容丰富的股市入门、进阶教程和优秀的技术分析、实战技巧文章。力争为初学者提供一个全面系统的炒股学习、进阶平台。此外，"股市财经"还供初学者随时了解当前热点财经信息，为初学者提供分析素材。

（10）站内邮箱 系统为每位选手提供了站内邮箱，随时可以给其他选手发送信息，与高手沟通更加便捷。

（11）个人炒股主页 系统为每位参赛选手提供了个人炒股主页，选手可以通过个人主页向朋友或在自己的博客中展示自己的实时操盘记录。

（12）辅助功能 "股票收益计算器"让初学者可以方便地计算自己的炒股收益。"换组"让初学者可以自由选择竞赛对象。"在线初学者"可让初学者随时查看当前在线的参赛选手，如果初学者希望与高手交流，通过"在线初学者"可以给其他选手发送站内消息。

（13）为团体提供模拟炒股比赛平台 可以免费为基金团队、大学金融学院、股票知识培训学校等开设小组，单独进行模拟炒股大赛。可自定义参赛规则、参赛本金，独立计算，单独排名。

总之，叩富网模拟炒股系统作为专业炒股练习工具，旨在为初学者提供最真实的炒股体验，提供最全面、系统的炒股学习进阶渠道。

10.1.2 炒股流程

在"模拟炒股"页面中，左侧的快捷键分别是：资金股票、买入、卖出、委托撤单、成交查询、历史成交、高手操作。用户可以根据自己的需要选择相应的操作。在页面最上方看到有"实时行情"的快捷键，点击后，出现很多选择，初学者可以看到指数和所有股票及其他交易品种的价格和走势。

1）买入与撤单

当用户看好一只股票打算买入时，就可以点击快捷键中的"买入"，对话框出现，输入证券代码、价格，确定后，委托完成。若用户不想买了，或是价格涨了买不进去的时候，可以撤单，点击"委托撤单"，选择相应的指令进行操作。撤单不收费。

2）卖出与撤单

当用户打算以某种价格卖出股票时，点击快捷键中的"卖出"，对话框出现，输入证券代码、价格，确定后，委托完成。若用户不想卖了，或是价格跌了卖不出去的时候，可以撤单，点击"委托撤单"，选择相应的指令进行操作。撤单不收费。

3）资金、持仓查询

若想知道自己的资金、持仓等情况，点击快捷键中的"资金股票"，用户的账户情况一目了然。

4）成交查询

快捷键中的"成交查询"是查看成交情况的。当天买入的股票，当天不能卖出；当天卖出股票的所得资金，当天可以使用；基金同上；权证不受限制，当天可买可卖。成交后，按规定收取手续费。

5）历史成交查询

快捷键中的"历史成交"，用于查看已经成交的交易情况。

6）查看其他选手操作记录

快捷键中的"高手操作"，可以查看所有选手的操作记录。点击该快捷键后，出现新页面，在相应部位输入"用户名"，可以查看该用户的情况。

10.2 登录

（1）登录叩富网，网址为 http://www.cofool.com，进入注册页面，如图 10-1 所示。

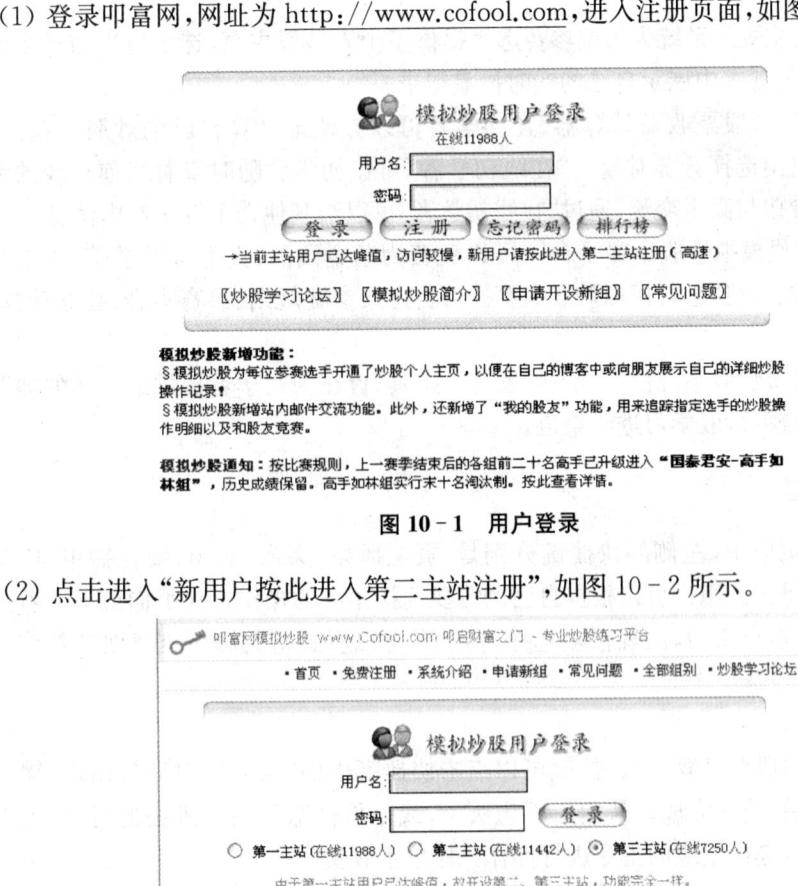

图 10-1 用户登录

（2）点击进入"新用户按此进入第二主站注册"，如图 10-2 所示。

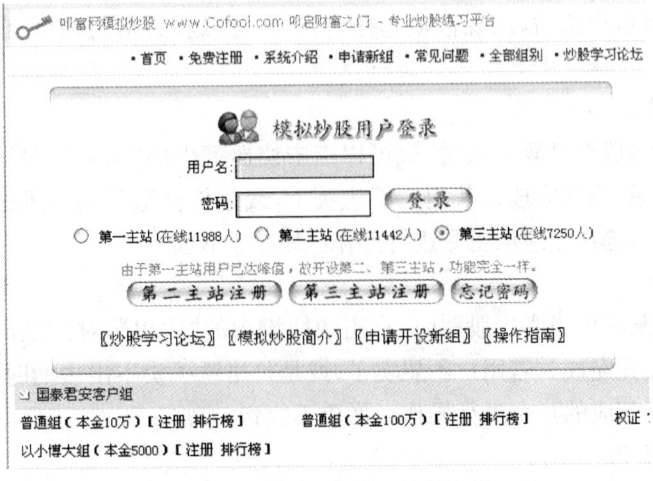

图 10-2 新用户第二主站注册

(3) 建议进入第三主站、选择本金 100 万的普通组进行注册,并按提示一步一步完成注册,如图 10-3 所示。

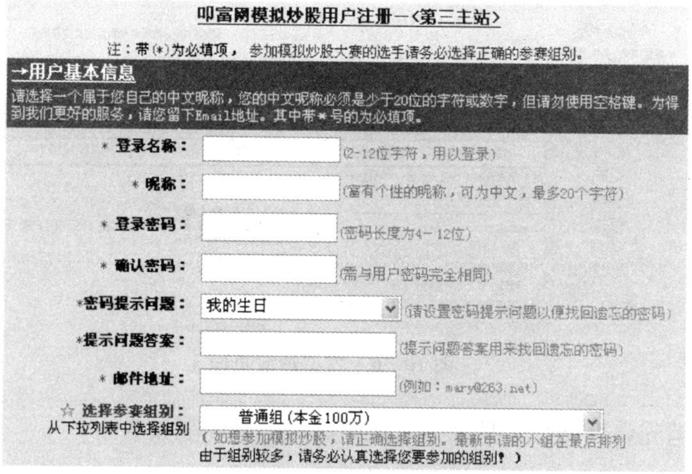

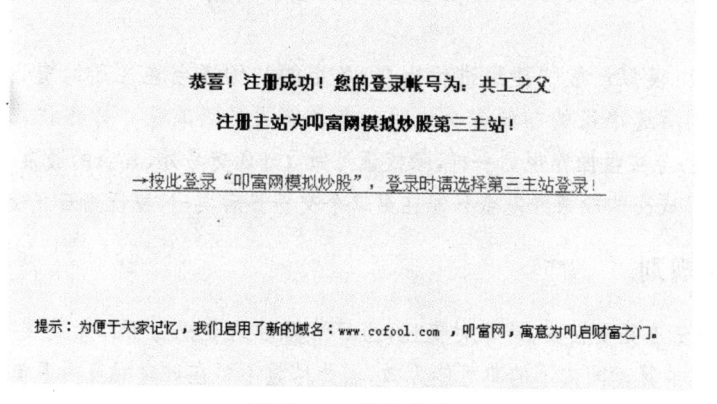

图 10-3　第三主站注册

(4) 注册成功,再次进入"模拟炒股用户登录"页面,如图 10-4 所示。

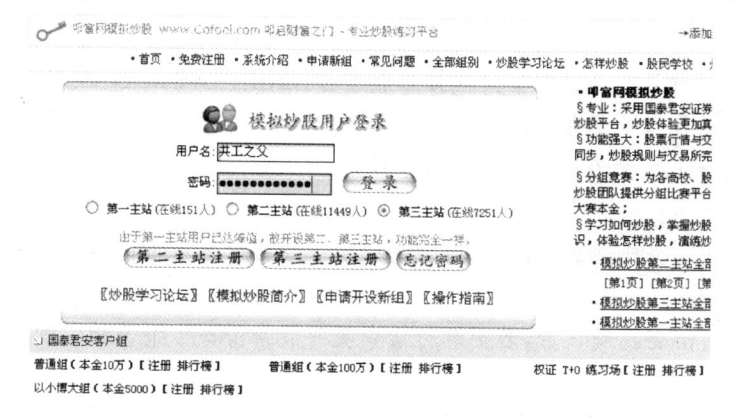

图 10-4　注册成功

(5) 在第三主站进行登录,如图 10-5 所示。

图 10-5　第三主站登录

（6）登录成功，进入实战"模拟炒股"页面，如图 10 - 6 所示。

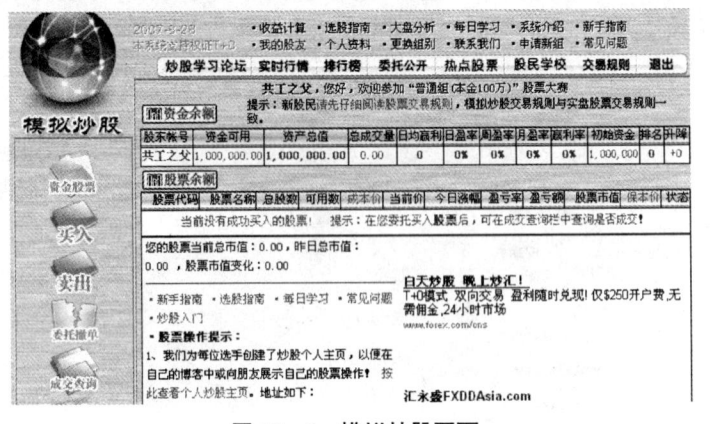

图 10 - 6　模拟炒股页面

（7）点击"请先认真阅读交易规则"，该网站的交易规则如下：

一、一般规则

☆参加条件：任何公民均可参加，但必须先注册，身份证与个人资料请一定要准确（如出现重复身份证，以最差成绩为准，如已重复注册，在开赛前，请在留言板中留言或联系我们，申明基准账号）。

☆初始资金：模拟炒股快捷组进行比赛，各组的初始资金在注册时有说明。请参赛者在注册时注意自己所选小组的初始资金说明。各参赛人员只有账户操作权，无资金提取权。

☆特别强调：与实盘操作规则一样，除权证可做 $T+0$ 交易外，其余的股票、基金均遵守 $T+1$ 交易规则，即当日成交的股票或基金只能在第二个交易日后卖出，权证当日成交，当日就可卖出！

二、交易规则

☆交易时间：本竞赛接受 24 小时委托，当日清算后的委托为第二天的委托，清算时间：每日 15：00—17：00，在清算时间内下的单可能无效，因此尽量不要在该时间段内下单。

撮合时间为：9：31—11：29，13：01—14：59。与沪深交易所的开市时间基本同步。

☆交易制度：

① 行情以模拟系统提供的为准，尽量做到与深沪交易所实际行情相同。

② 交易品种仅限于深沪交易所所有挂牌交易的 A 股、基金和权证。

③ 参赛者实时只能通过叩富网模拟炒股平台（http：//www.cofool.com）下单、查询。

④ 清算同证券营业部基本一致，即证券 $T+1$，权证 $T+0$，资金 $T+0$。

⑤ 股票交易手续费为 0.5％，权证为 0.15％。

☆成交规则：

① 买入：买入委托确认后，若实时行情中卖一最新价与申报价相同或更低，则此委托可成交，涨停不能买入。

② 卖出：卖出委托确认后，若实时行情中买一最新价与申报价相同或更高，则此委托可成交，跌停不能卖出。

③ 委托成交时，成交价为实时行情的最新价，客户委托数量全部成交。

模块 10　网上模拟交易　　**155**

☆注意事项：

① 申请者的登录名必须健康、得体。如有违反，主办者将及时与会员沟通解决，对于屡劝不改者，主办者将取消其参赛资格

② 本赛程将不考虑送配股、增发、派息的权息因素，参赛者不得参与上述股权登记，及时在登记日前卖出，以免对初学者的成绩造成影响。

③ 主办者有权对规则进行调整。

☆禁止事项：

① 不能透支及买空卖空。

② 不能申购新股。

③ 不接受当日上市新股交易委托。

④ 其他禁止事项。

三、其他规则

☆结果排名：

① 比赛周期内每日对所有参赛选手进行排名。

② 排名指标为每个交易日收盘后账户股票总市值加资金余额（不考虑送配股及分红派息的影响），即总资金市值。每赛段最后一个交易日收盘后的资产排名为该赛段最终排名，本期成绩不带入下一赛季。

③ 当期比赛未做任何操作的选手不参加当期排名。

☆信息披露：

① 每日在叩富网模拟炒股平台上公布最新选手排名及其投资组合。

② 叩富网模拟炒股网站为日常咨询及即时信息披露媒体。

10.3　买卖证券

10.3.1　买入证券

（1）在"模拟炒股"页面，点击"买入"，键入证券代码，如图 10 - 7 所示。

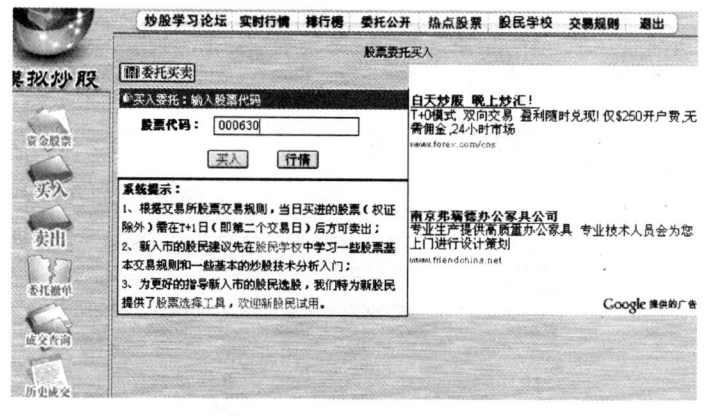

图 10 - 7　输入股票代码

(2) 点击"行情"进行查询,在行情页面上,可以进行该证券"走势图"、"个股资料"的查询,也可以将该股加入自选股,在交易期间,还可以随时刷新页面,取得该证券的最新行情数据,如图 10 - 8 所示。

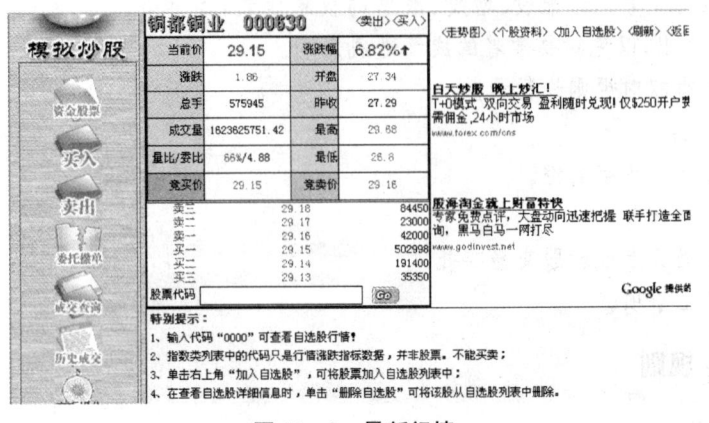

图 10 - 8　最新行情

(3) 点击"买入",进入"委托买卖"页面,如图 10 - 9 所示。

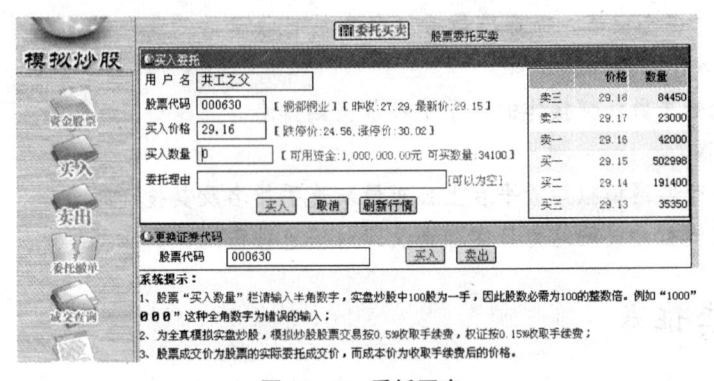

图 10 - 9　委托买卖

(4) 根据自己的投资理念和投资技巧,把握好选股和选时的关系,正确选择并填入买入价格和买入数量,点击"买入",此时系统提示"是否确认委托",如图 10 - 10 所示。

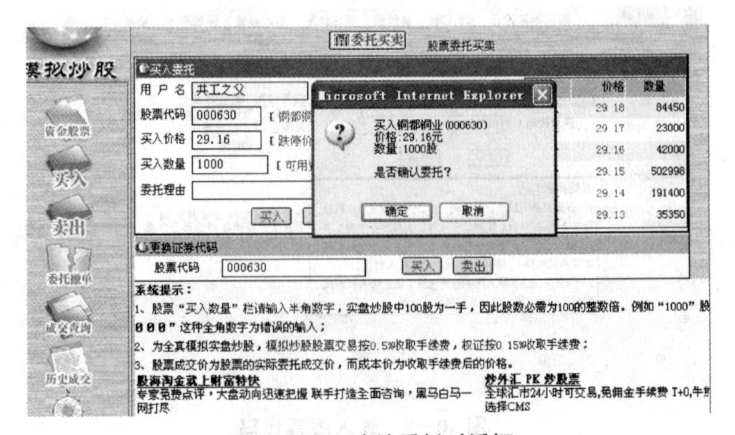

图 10 - 10　确认委托对话框

（5）点击"确认"，买入操作即告完成，页面显示委托结果，如图 10‒11 所示。

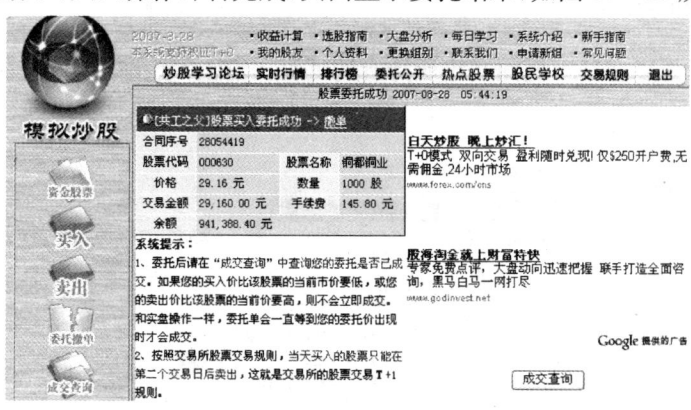

图 10‒11 显示委托结果

10.3.2 撤单

（1）点击"委托撤单"快捷键，出现撤单页面，如图 10‒12 所示。

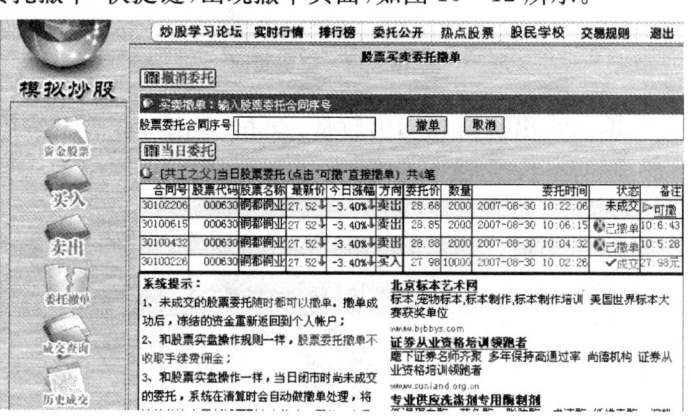

图 10‒12 撤单页面

（2）找到要撤单的委托，单击"撤单"，按照系统的提示，点击"确定"，即可撤销这笔委托，如图 10‒13 所示。

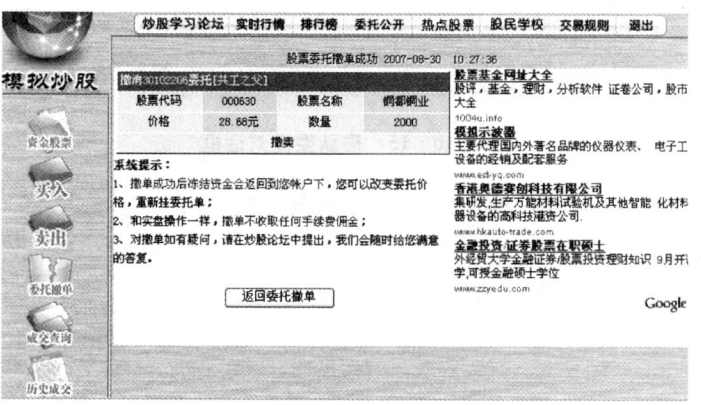

图 10‒13 撤单成功

10.3.3 卖出证券

（1）投资者可以在开市期间卖出所持有的证券。点击"卖出"快捷键，进入卖出页面，如图 10-14 所示。

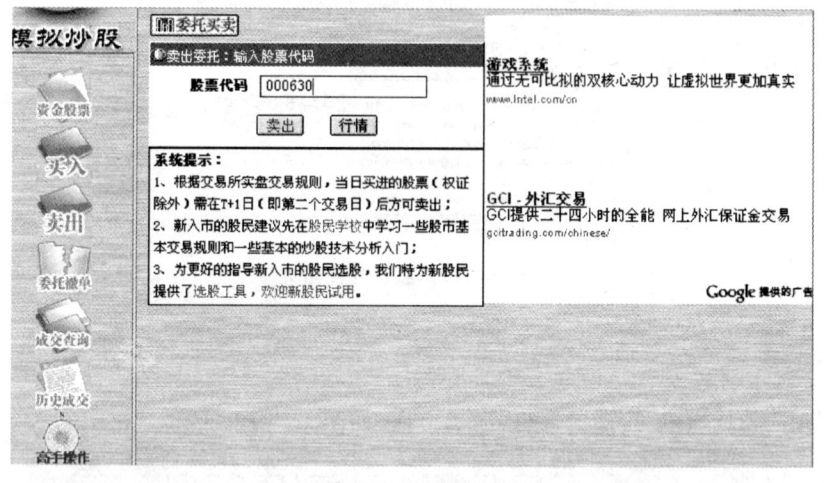

图 10-14 卖出页面

（2）正确选择并填入卖出价格和卖出数量，点击"卖出"，此时系统提示"是否确认委托"，如图 10-15 所示。

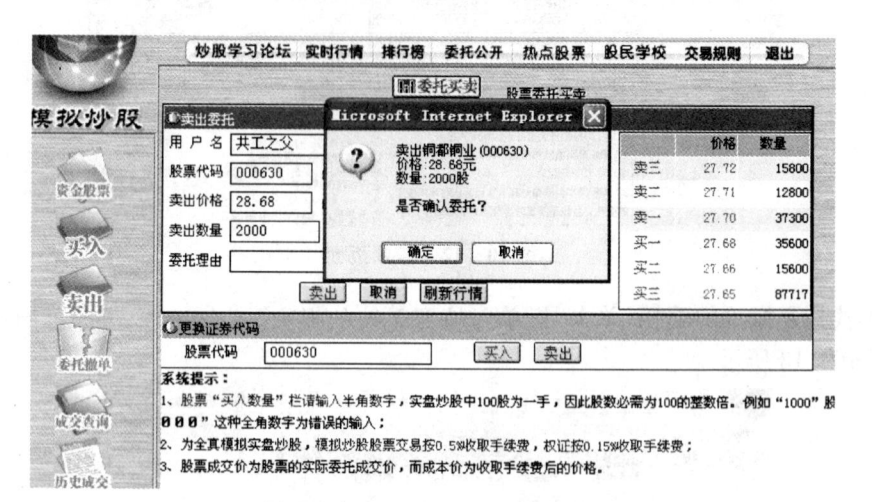

图 10-15 确认委托对话框

（3）点击"确认"，卖出委托操作即告完成，如图 10-16 所示。

模块 10　网上模拟交易　　159

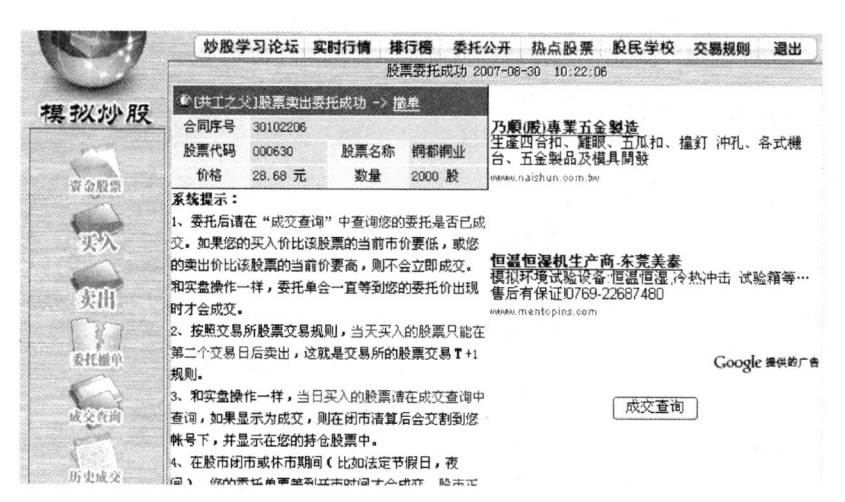

图 10 - 16　委托成功

10.4　查询

10.4.1　查询当日成交

投资者可以点击"成交查询"快捷键查询当日的每一笔委托的成交情况,如图10 - 17所示。

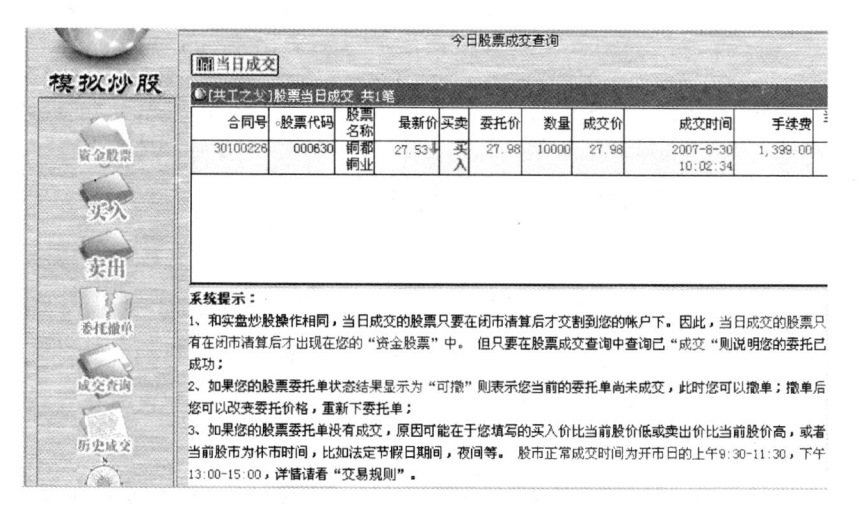

图 10 - 17　当日成交查询

10.4.2　查询撤单

投资者还可以查询当日的撤单情况,如图 10 - 18 所示。

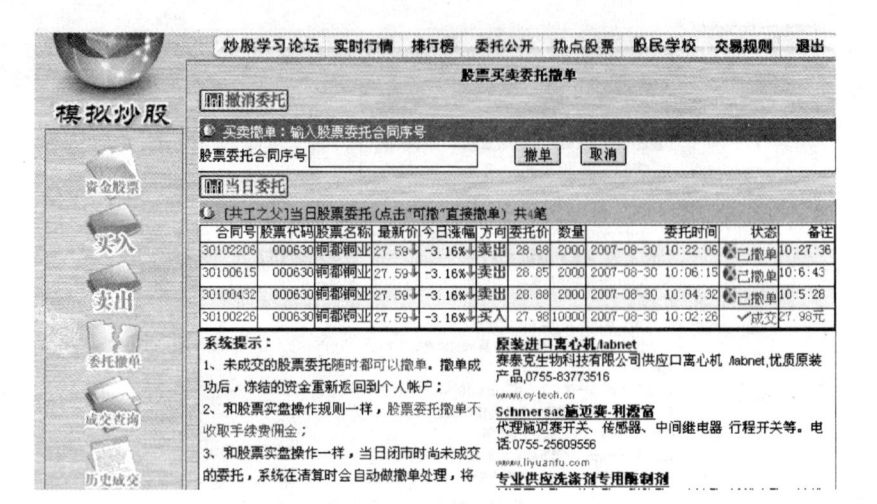

图 10 - 18 撤单查询

10.4.3 查询历史成交

点击"历史成交"快捷键,即可查询自己历史上的成交情况,如图 10 - 19 所示。

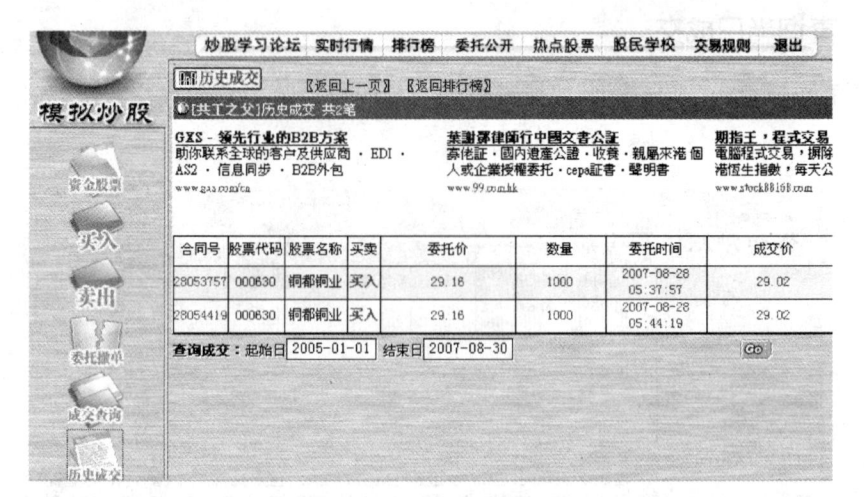

图 10 - 19 历史成交查询

10.4.4 查询个人业绩

点击"业绩报告"快捷键,即可查询自己的投资业绩,包括月度收益走势图、累计收益明细和本月总资产收益明细及相关数据,如图 10 - 20 所示。

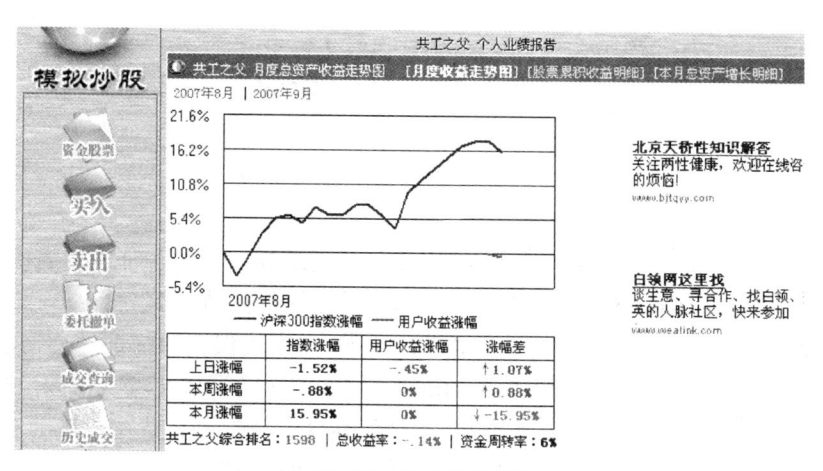

图 10－20　个人业绩报告

10.4.5　查询高手操作

点击"高手操作"快捷键，即可查询各参赛组中高手的各种数据，这有助于初学者提高投资水平，如图 10－21 所示。

另外，该系统还有选股指南、大盘分析、股票常识、股票入门、股票书籍等多项投资基础知识的介绍，投资者可点击进入，根据需要随时登录进行查询和学习。

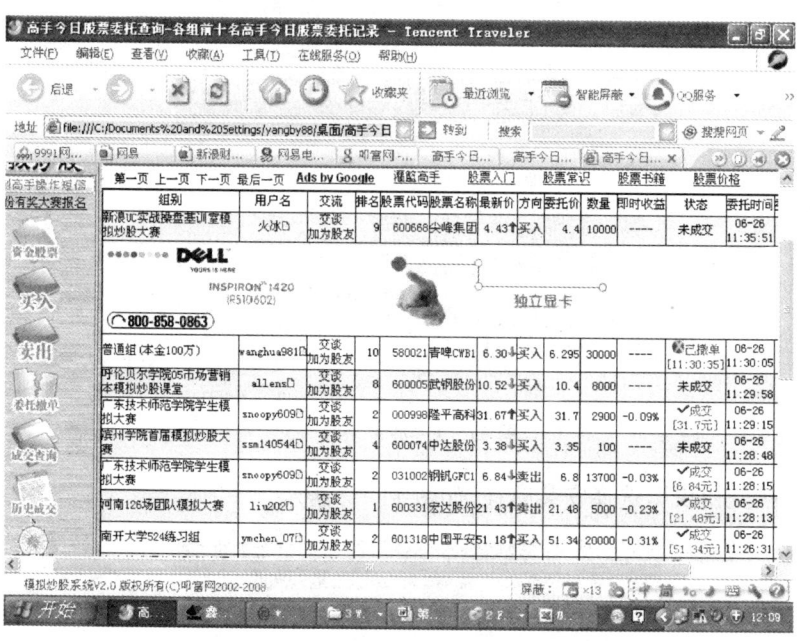

图 10－21　高手操作查询

10.5　模拟实验

在老师指导下，登陆叩富网的模拟交易平台，运用实验课程所学到的理论、知识和方法，用十天到两周的时间举行一次模拟炒股比赛。

模块 11　证券分析软件的使用

在我国证券市场蓬勃发展过程中,多家证券公司相继推出了数种证券投资分析及交易软件,如钱龙、胜龙、指南证、通达信、大智慧、同花顺、证券之星、龙卷风等。

尽管证券分析的软件有很多,但基本上大同小异,本模块仅以国信证券公司的"鑫网通达信"软件为例学习证券分析系统的使用。由于该软件的功能繁多,在这里只对其主要功能进行学习。同时,随着证券市场的发展变化,各种证券投资分析及交易软件都在不断地进行完善和软件更新,要及时了解和掌握其已有功能的改进和新功能的增加。

11.1　软件安装与系统登录

11.1.1　下载安装鑫网通达信软件

(1) 在通达信网站上下载安装程序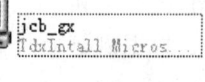,双击运行该安装程序,显示"软件许可协议",如图 11 - 1 所示。

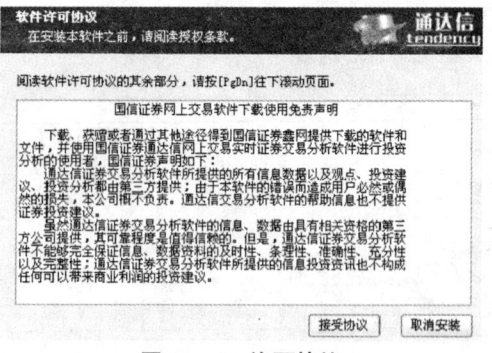

图 11 - 1　许可协议

(2) 选择"接受协议",选择安装路径,如图 11 - 2 所示。

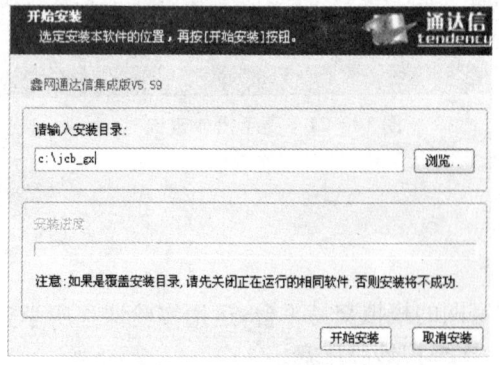

图 11 - 2　选择安装路径

选择安装路径后,点击"开始安装",直至系统提示安装完成。

11.1.2 登录

(1) 双击桌面图标  ,进入鑫网通达信行情分析界面。

(2) 选择登录的主站:南方选择电信主站,北方选择网通主站,如图11-3所示。

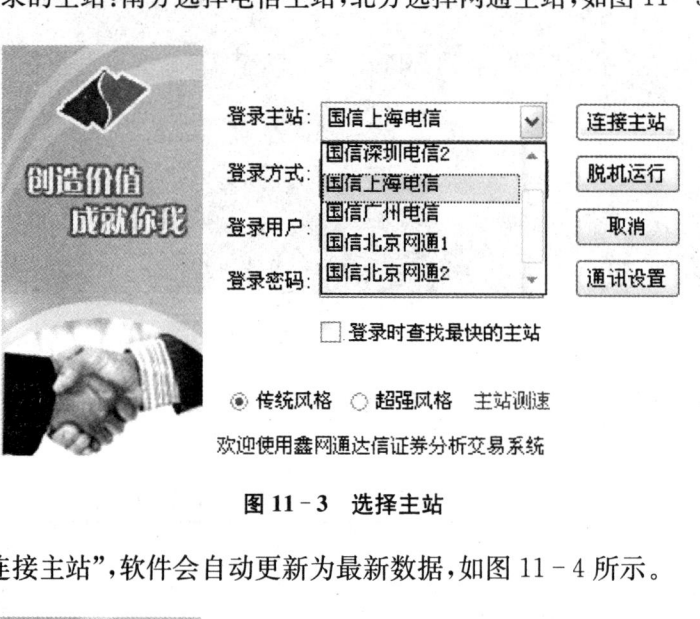

图11-3 选择主站

(3) 点击"连接主站",软件会自动更新为最新数据,如图11-4所示。

图11-4 登录主站

(4) 更新完毕,软件自行进入主界面,如图11-5所示。

164　　证券投资实验实训教程

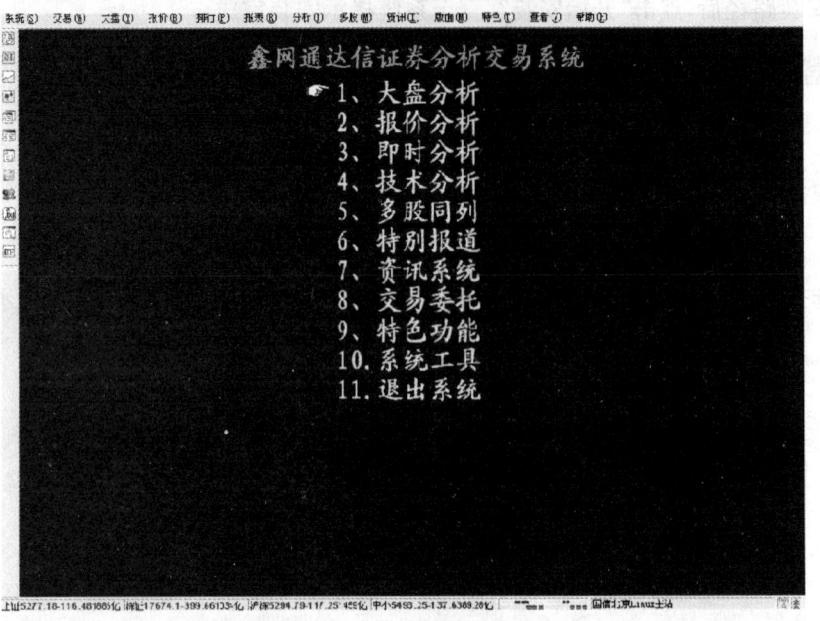

图 11-5　通达信主界面

（5）为加快界面切换速度，该软件在界面右侧工具栏设置了快捷键。各快捷键的功能见表 11-1。

表 11-1　界面右侧工具栏快捷图标的作用

图　标	作　用	图　标	作　用
	切换至初始界面		多股同列
	报价分析	RSI	选择指标
	即时分析		分析周期
	技术分析		窗口个数
	报表分析	S	复权处理
	个股资料		历史同步回忆
	财经咨询树		显示行情信息
	个人理财		画线工具
	交易委托		平移画面
	公式管理器		向前翻页
	选股器		向后翻页
ETF	ETF 基金分析		

11.2 大盘及个股分析

11.2.1 大盘分析

股市大盘是指整个股票市场的走势，它是市场中众多个股走势的集中体现。一般情况下，大盘涨则大多数个股也会涨；同样，绝大多数个股在涨，则大盘也会涨。总体来说，上证综合指数代表上海证券交易所的大盘，深证成分指数代表深圳证券交易所的大盘。另外，沪深两个市场还设置了多个分类指数。利用软件中的指数或指标可以对大盘进行分析。

通过点击工具栏里的"报价"→"沪深主要指数"，可以看到以下 14 种大盘指数：上证指数，深证成指，中小板指，创业板指，深证综指，深证 100R，深证 300，中小 300，上证 50，上证 180，上证 300，沪深 300，中证 100，中证 500 等指数。

深证综合指数是深圳证券交易所编制的，以深圳证券交易所挂牌上市的全部股票为计算范围，以发行量为权数的加权综合股价指数。上证综合指数是上海证券交易所编制的，以上海证券交易所挂牌上市的全部股票为计算范围，以发行量为权数的加权综合股价指数。深证成份股指数是深圳证券交易所编制的一种成份股指数，是从上市的所有股票中抽取具有市场代表性的 500 家上市公司的股票作为计算对象，并以流通股为权数计算得出的加权股价指数，综合反映深交所上市 A、B 股的股价走势。上证 50 指数是上海证券交易所编制的一种成份股指数，是从上市的所有 A 股股票中抽取具有市场代表性的 50 种样本股票为计算对象，并以流通股数为权数计算得出的加权股价指数，综合反映上海证券交易所全部上市 A 股的股价走势。

2005 年 4 月 8 日正式推出沪深 300 指数极为重要，它反映了两市中流动性强、规模大的 300 家代表性股票的股价的综合变动，可以给投资者提供权威的投资方向，也便于投资者进行跟踪和进行投资组合，保证了指数的稳定性、代表性和可操作性。我国的股票指数、期货市场的期指合约(IF)以及交易型开放式指数基金(ETF)都以沪深 300 指数为合约标的。沪深两市 2016 年 1 月 1 日起实施的熔断机制(已取消)，也是以沪深 300 指数为基准指数。

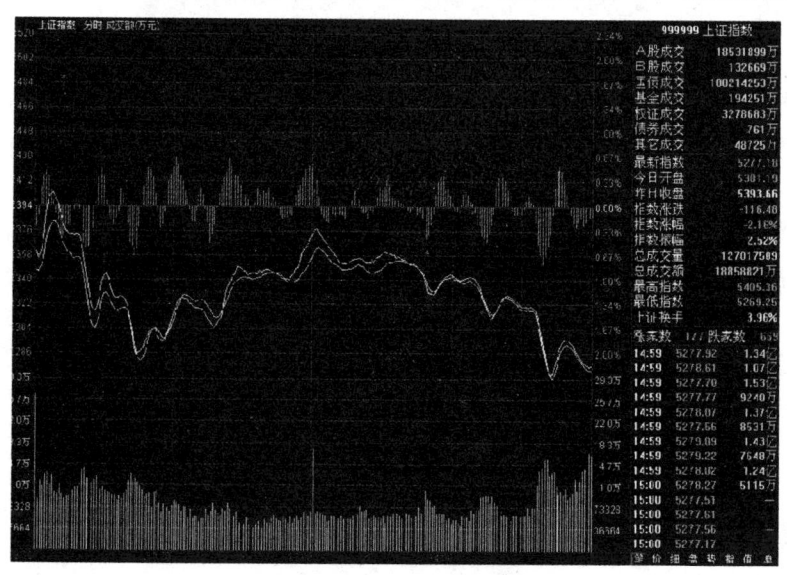

图 11-6　上证综指分时图

如图 11-6 所示,以上证指数为例,大盘中白色曲线表示大盘加权指数,即上证所对外公布的通常意义下的大盘指数。黄色曲线表示大盘不含加权的指数,即不考虑上市股票发行数量的多少,将所有股票对上证指数的影响等同对待的不含权数的大盘指数。参考白色和黄色曲线的相对位置关系,可以得到以下信息:

(1) 当指数上涨,黄色曲线在白色曲线走势之上时,表示发行量少(盘小)的股票涨幅较大;而当黄色曲线在白色曲线走势之下时,则表示发行数量多(盘大)的股票涨幅较大。

(2) 当指数下跌时,如果黄色曲线仍然在白色曲线之上,表示小盘股的跌幅小于大盘股的跌幅;如果白色曲线反居黄色曲线之上,则说明小盘股的跌幅大于大盘股的跌幅。

屏幕中昨日收盘价横线引出的红色和绿色的柱线反映当前大盘所有股票的买盘与卖盘的数量对比情况。红柱增长,表示买盘大于卖盘,指数将逐渐上涨;红柱缩短,表示卖盘大于买盘,指数将逐渐下跌。绿柱增长,指数下跌量增加;绿柱缩短,指数下跌量减小。

屏幕中黄色的柱线表示每分钟的成交量,单位为手(100 股)。

【快捷方式】

※ 键盘精灵.101—.119 分别代表:上证 180 走势、上证综指走势(F3)、上证 A 股走势、上证 B 股走势、上证 ADL、上证多空指标、上证 50 走势、上证基金指数、上证新综指数、上证红利指数、深证 100 走势、深证成份走势(F4)、深证综指走势、深证 A 股走势、深证 B 股走势、深证多空指标、中小企业指数、深证红利指数和沪深 300 走势。

※ Tab 键可以用来切换上下午半场的分时图。

【操作说明】

※ ←、→ :向左、向右移动光标。

※ Ctrl +←、→ :向左、向右快速移动光标。

※ Home、End :将光标移到头、尾。

※ PageUp、PageDown :翻到上一指数、下一指数。

※ F5 :即时分析图与技术分析图切换。

※ 双击鼠标 :显示、隐藏十字光标。

11.2.2 板块分析

板块分析是以板块(分为指数板块、行业板块、地域板块、概念板块、热点板块等多个大类)为单位,实时监控各个板块的情况,包括板块的涨跌幅排行、换手率、资金流向、领涨股等各种数据。

点击工具栏"功能"中的报价分析▣图标,然后通过点击界面下方板块中的地区、行业、概念板块查看这三个板块的各种股票指数,如图 11-7 所示。

地区板块

黑龙江	山西板块
新疆板块	深圳板块
吉林板块	湖北板块
甘肃板块	福建板块
辽宁板块	湖南板块
青海板块	江西板块
北京板块	四川板块
陕西板块	安徽板块
天津板块	重庆板块
广西板块	江苏板块
河北板块	云南板块
广东板块	浙江板块
河南板块	贵州板块
宁夏板块	海南板块
山东板块	西藏板块
上海板块	内蒙板块

地区▲ 行业▲ 概念▲ 自定▲

行业板块

金融行业	传媒娱乐	电子器件	其它行业
首饰加工	化工行业	有色金属	
钢铁行业	煤炭行业	酿酒行业	
家具行业	建筑建材	造纸行业	
石油行业	水泥行业	环保行业	
公路桥梁	家电行业	陶瓷行业	
汽车制造	电子信息	服装鞋类	
交通运输	综合行业	供水供气	
医疗器械	机械行业	发电设备	
酒店旅游	化纤行业	制笔行业	
房地产业	农药化肥	纺织机械	
商业百货	电器行业	印刷包装	
物资外贸	摩托车	塑料制品	
食品行业	开发区	玻璃行业	
纺织行业	自行车	飞机制造	
电力行业	船舶制造	感光材料	
农林牧渔	生物制药	仪器仪表	

行业▲ 概念▲ 自定▲

概念板块

沪深300	盐田港指	3G概念	整体上市
300能源	红利指数	创投概念	参股金融
300材料	中小企业	军工概念	开基重仓
300工业	三板证券	奥运概念	封基重仓
300可选	ST板块	世博概念	社保重仓
300消费	退市警示	航天航空	参股券商
300医药	含H股	交叉持股	资产注入
300金融	含B股	新能源	BBA50
300信息	西部开发	循环经济	QFII持股
300电信	振兴东北	节能环保	未股改
300公用	上海本地	基金通	成渝特区
深证成指	深圳本地	ETF基金	8月解禁
深证100	网络信息	再融资	
上证180	次新股	央企控股	
上证50	资源板块	增持承诺	
中证100	数字电视	外资并购	
巨潮100	软件开发	股权激励	
道琼斯88	水务板块	借壳上市	

概念▲ 自定▲

图11-7 板块分析

11.2.3 个股分析

以股票代码为000001的深发展A(现在名称为平安银行)为例,通过键盘输入深发展A股票代码或者股票名称拼音的首字母SF,如图11-8所示,在界面右下角出现股票代码为000001或股票名称拼音的首字母为SF的股票名称,按回车键即可出现该股票的分时图,如图11-9所示。

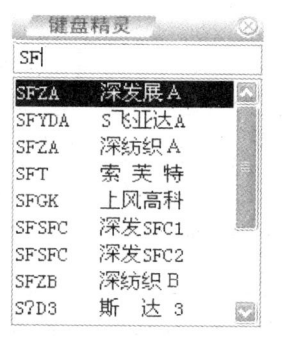

图11-8 选择个股

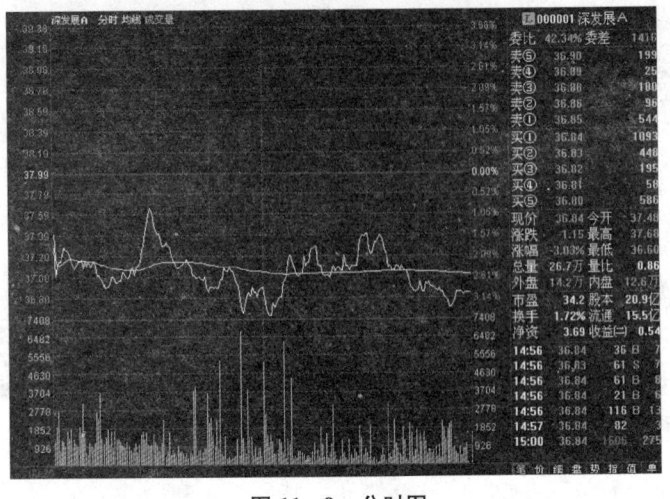

图 11-9　分时图

分时走势图由两大走势图组成:上方为该股票的分时走势图,下方为成交量图。右边小窗口为基本信息窗口,可以显示实时信息。

分时走势图中有两条线,白色曲线为分时走势曲线,黄色曲线为均价线。分时走势曲线是每分钟内最后一笔成交的价格所构成的曲线,表示该种股票的分时成交价格;均价线是由平均价构成的曲线,表示该种股票在不同时间点上的平均价格。

均价 = 截止当前分钟该股票的当日累计成交金额÷截至当前分钟该股票的当日累计成交量

成交量图中黄色的柱线表示每分钟的成交量,单位为手(100 股/手)。

基本信息窗口中各个名词的含义:

(1)外盘　又称为主动性买盘,是以卖出价成交的手数总和;内盘,又称为主动性卖盘,是以买入价成交的手数总和。当外盘累计数量比内盘累计数量大,而股价也在上涨时,表明很多人在抢盘买入股票。当内盘累计数量比外盘累计数量大很多,而股价下跌时,表明很多人在抛售股票。外盘与内盘数量的对比,表明从开盘到当前为止的已经成交的多空双方的力量对比。

(2)买一、买二、买三、买四、买五　为买盘前五挡的委托买入申报的价格和数量,其中买一为最高委买价格。卖一、卖二、卖三、卖四、卖五为卖盘前五挡的委托卖出申报的价格和数量,其中卖一为最低委卖价格。

(3)委差和委比　是用以衡量当前委托买入申报数量和委托卖出申报数量之间对比的一个指标,其计算公式为:

委差＝委买手数—委卖手数

委比＝[(委买手数—委卖手数)÷(委买手数＋委卖手数)]×100%

其中,委买手数是所有委托买入手数的总和,委卖手数是所有委托卖出手数的总和。委差和委比是投资者意愿的体现,在一定程度上反映了价格的发展方向。委差和委比为正,股价上升的可能性较大,反之,则股价下跌的可能性较大。

(4)量比　是衡量相对成交量的指标,是开市后平均每分钟成交量与过去连续 5 个交易日平均每分钟成交量之比,其计算公式为:

量比＝现成交总手数÷[过去 5 个交易日平均每分钟成交量×当日累计开市时间(分)]

当量比大于1时,说明当日的平均每分钟成交量大于过去5日的平均值,交易比过去5日火爆;当量比小于1时,说明当日成交量小于过去5日的平均水平。

(5)市盈率　即市价盈利率,又叫本益比,是上市公司的股票在最新年度每股的盈利与该公司最新股价的比率,其计算公式为:

$$市盈率＝总市值÷税后利润总额＝股价÷每股收益$$

市盈率是股票估值的最基本、最重要的指标之一。

(6)换手率　是指某只股票在一定时间内的成交量与其流通股本之间的比值。其中,流通股本是可在二级市场流通交易的股票。换手率高表明该股票资金流入量相对较多,属于热门股;反之,则属于冷门股。

(7)净资　即每股净资产值,反映每股股票中所含的净资产价值,它是支撑股价的重要基础。每股净资产值越大,表明公司每股股票代表的财富越雄厚,则公司创造利润的能力和抵御外来不利影响的能力也越强。

(8)收益　即每股收益,又称每股税后利润、每股盈余。每股收益是表明公司盈利能力的最重要的指标,是衡量公司价值的最重要的基础性指标,其计算公式为:

$$每股收益＝本期税后利润额÷期末总股本$$

在图11-10中可以看到,该股票的均价线是一条数值等于昨日收盘价的直线,而且右侧基本信息窗口中委比、委差、开盘价、现价、涨跌幅、外盘、内盘等均不显示,表示该股票由于某种原因而被停牌。

沪深证券交易所规定,股票、封闭式基金交易出现异常波动的,交易所可以决定停牌,直至相关当事人做出公告的当日上午10:30予以复牌。证交所还可以对涉嫌违法违规交易的证券实施特别停牌并予以公告,相关当事人应按照要求向交易所提交书面报告。

上市公司由于某些原因,也可主动向交易所申请停牌。

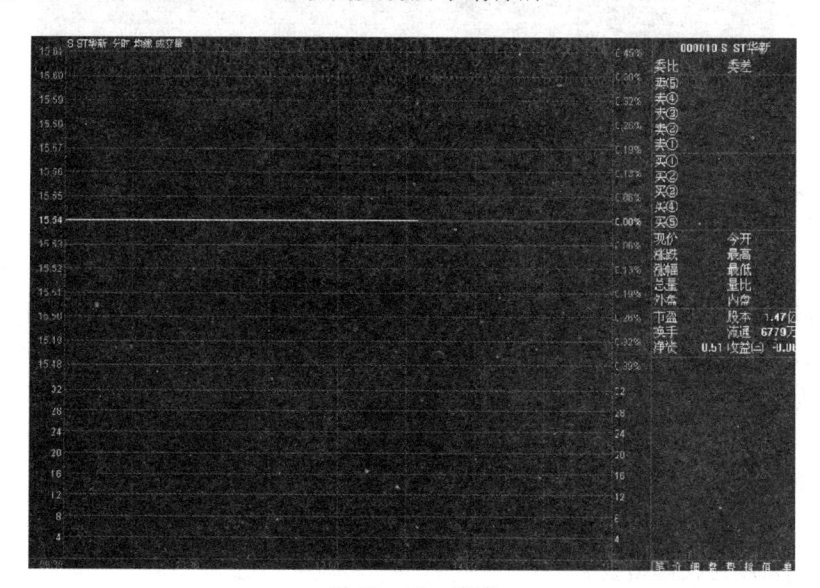

图 11-10　停牌

11.3　技术分析

点击回车键或者"F5"键可以实现分时图界面与技术分析界面的相互转换,或者点击工具栏"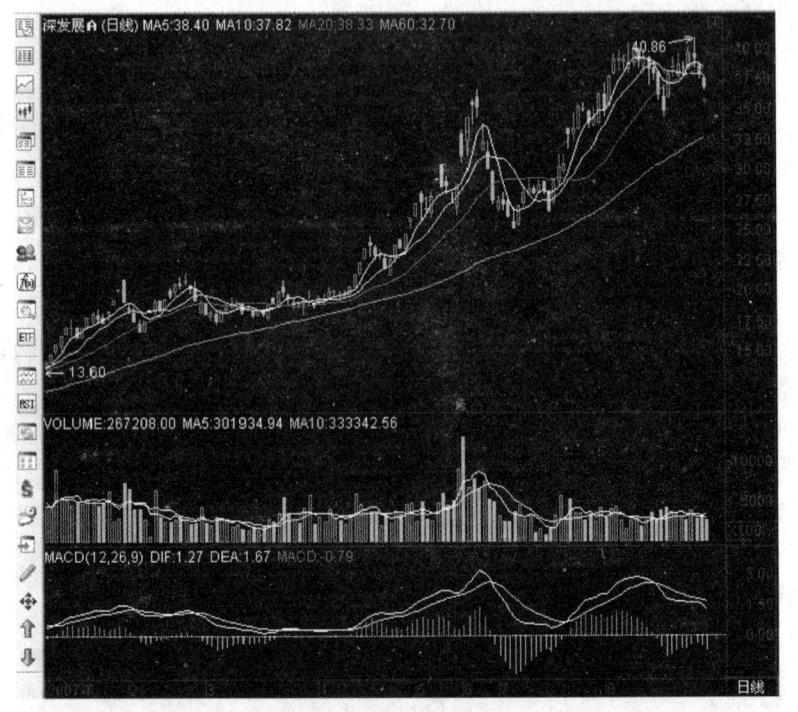"图标也可切换到技术分析界面。

以图 11‑11 为例,技术分析界面包括三个图,从上往下分别是:主图(此时为 K 线图)、交易量图和技术指标图(此时为 MACD 图)。

图 11‑11　技术分析界面

11.3.1　主图

1)主图类型

通达信软件的主图类型共有 6 种,在技术分析界面的右键菜单中,点击主图类型进行选择,或者直接输入主图类型的英文字母进行选择。

(1)K 为空心 K 线。

(2)KA 为实心 K 线。

(3)BAR 为美国线。

(4)CLOSE 为收盘线。

(5)SCLOSE 为收盘站线。

(6)MTOW 为宝塔线。

一般情况下,投资者将主图类型确定为 K 线图。

2)主图坐标

通达信软件的主图坐标共有 6 种,在技术分析界面的右键菜单中,点击主图坐标进行选择。

（1）普通坐标。

（2）等比坐标。

（3）等分坐标。

（4）百分比坐标。

（5）对数坐标。

（6）黄金分割坐标。

一般情况下，投资者将主图坐标确定为普通坐标。

3）主图指标

通达信软件中，主图指标有多种，在技术分析界面的右键菜单中，点击主图指标进行选择或者直接输入主图指标的英文字母进行选择。其中主要的主图指标有：

（1）MA 为平均线 1。

（2）MA2 为平均线 2。

（3）BBI 为多空指标线。

（4）EXPMA 为指数平均线。

（5）HMA 为高价平均线。

（6）LMA 为低价平均线。

（7）VMA 为变异平均线。

（8）BOLL－M 为布林线－主图叠加。XT 为箱体，JAX 为济安线。

（9）PBX 为瀑布线。

（10）ENE 为轨道线。

（11）MIKE 为麦克支撑压力线。

（12）XS 为薛斯通道线。

（13）BBIBOLL 为多空布林线。

（14）XS2 为薛斯通道线 2。

（15）XT 为箱体。

（16）CYC 为成本均线。

投资者可以在主图指标的对话框上打开各种主图指标的用法注释，也可自行设定或变动这些指标的参数值。

绝大多数投资者将主图指标设定为平均线 1。以图 11－11 为例，平均线 1 共有 4 条日平均线：白色的是 5 日平均线，黄色的是 10 日平均线，紫色的是 20 日平均线，绿色的是 60 日平均线。

11.3.2　技术分析指标

技术分析界面的最下面的图是技术指标图。通达信软件共包括技术分析指标 22 种，可点击.300 在键盘精灵上进行选择，或者直接键入各技术指标的英文字母进行选择。

从.301 到.322 的 22 种技术分析指标中，投资人使用较多的指标主要有 KDJ 随机指标、RSI 相对强弱指标、MACD 指数平滑异同平均线、WR 威廉指标、PSY 心理线、BOLL 布林线等。

【快捷方式】

※ 点击工具栏主功能图标按钮。

※ 键盘精灵 .300。

※ F5 或 05＋Enter：分时图和技术分析图之间切换。

【画面说明】

※ 主图及副图标题显示区（左上角）会提示股票名称、代码、指标名称和对应数值。

※ 周期切换区显示当前分析周期。

※ 主图区可作股票或指标的叠加，副图区指标可移动。

※ 主图上有股本变迁指示。

鼠标右键菜单包含有叠加指标、叠加股票K线、主图坐标选择、专家指示、分析周期、窗口个数、价格复权、区间统计、历史同步回忆等特色功能。

11.4　资讯

点击工具栏资讯选项，可以选择所要查看的资讯类别：个股资料、权息资料、公告消息、网站资讯、信息地雷、投资日记等。

11.4.1　个股资料

【快捷方式】

※ 热键 F10 。

※ 键盘精灵 10。

※ Tab 键：资讯类别"基本资料"和"个股资料"之间的切换。

显示上市公司基本资料。基本资料可以检索，点击右键，选择"基本资料"，然后输入股票代码名称或关键字，就可快速查找。注意：Tab 键可以实现"基本权息资料"和"个股资料"的切换。个股的基本权息资料是由通达信公司提供；个股资料是由资讯公司制作。

11.4.2　基本权息资料

【快捷方式】

※ 热键 Shift＋F10。

该模块显示由通达信资讯部提供的财务资料，包括基本资料和权息资料。

11.4.3　公告消息

【快捷方式】

※ 热键 F7。

※ 键盘精灵 71－76 或 .701－.706。

公告消息窗口下的特性包括：

(1) 支持无限个消息面槽。

(2) 消息面的来源、类型、路径、标题可配置。

(3) 支持关键字的检索，且支持关键字的与或逻辑语义。

(4) 支持通告，即发通告时，状态栏有新到通告标志，用户可以在消息窗口浏览详情显示接收到的公告新闻。该窗口下有三个小窗：

① 左上角小窗，用于选择新闻类别。

② 右边小窗显示属于该类别的新闻的文件名,文件按收到的时间顺序排列。

③ 点击某个文件名,其具体内容显示在下边的小窗中。

(5) 点击右键有 6 个选项,依次为:

① 全选:窗口所显示公告内容全部选中。

② 复制:选中一段文本,可以将选中的文本复制到 Windows 系统剪贴板上,以便同其他程序进行数据交互。

③ 加入备忘录:用户在查看公告新闻或上市公司基本资料(F10 资料)时,可以拖动鼠标,选中一部分感兴趣的内容,即可将所选资料添加到备忘录中。为每一只股票提供一个备忘录,用户可以自由编辑备忘录的内容,自己动手维护一套有价值的信息库。

④ 智能检索:从所有新闻文件中检索需要的文字或股票,输入股票代码可以同时检索出该股票的代码及名称。

⑤ 检索结果:显示含有检索内容的所有结果。

⑥ 全窗口显示:将三个小窗口合并为一个大窗口。

11.4.4 网站资讯

在此可查看多家证券资讯网站。

11.4.5 信息地雷

通达信软件提供独有的"信息地雷"功能。只要在盘中出现重要市场评论、公告信息及预测、买卖参考等内容,都会在相应的分时走势图或分析图上出现地雷标志。

【快捷方式】

※ Shift+Enter 或者 16:进入地雷论坛。

※ Esc:退出地雷论坛。

※ Enter:具体查看或退出查看每一个单独的信息。

※ 用鼠标点击标签栏,可以查看相应的地雷信息,或者发表信息地雷、配置接收信息地雷的资讯商。

11.4.6 投资日记

投资日记可以方便客户记录心得感悟和重要事件。客户可随时将自己的感想或网上的相关信息记录在软件中,方便日后查阅。

11.5 条件选股与系统工具

11.5.1 条件选股

条件选股就是由用户设定一些条件(例如短期均线上穿长期均线),软件按照这个条件自动搜索所有的股票并找出符合条件的股票。该功能可以为用户筛选出当前或一段时间内满足条件的股票,列在证券列表中,供用户逐个进行分析。

【快捷方式】

※ 点击工具栏 选股器按钮,选择条件选股选项,弹出图 11-12 所示窗口。

174　证券投资实验实训教程

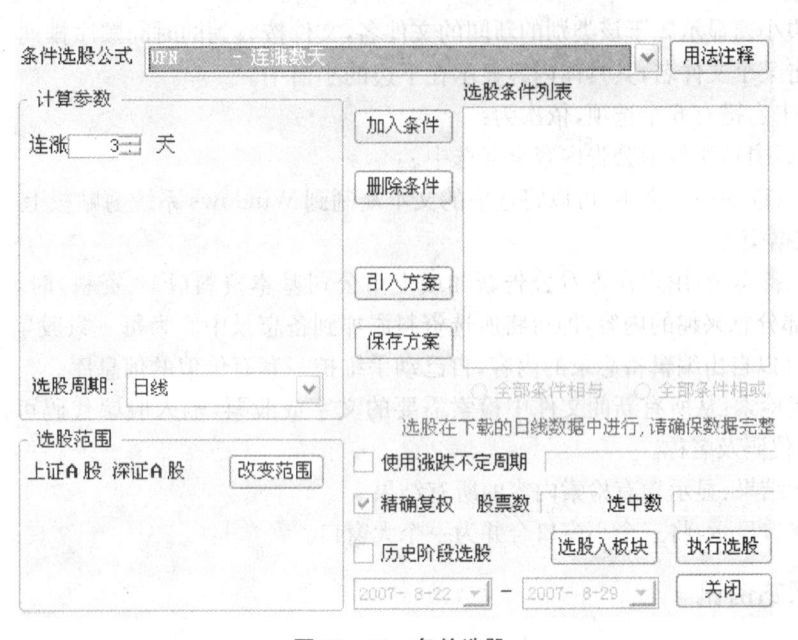

图 11 - 12　条件选股

从下拉菜单中选择条件选股公式,设置计算参数等,点击加入条件,限定历史阶段,然后执行选股。

11.5.2　系统工具

该软件提供以下几种系统工具:

1) 系统设置

用户可以对软件的主画面进行外观、板块等方面的自定义设置,如图 11 - 13 所示。

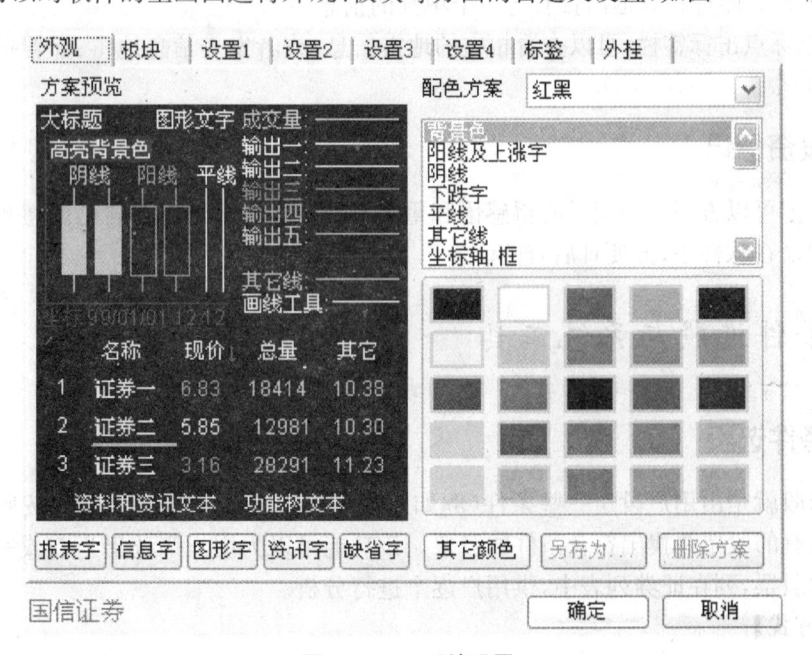

图 11 - 13　系统设置

模块 11 证券分析软件的使用 175

2）设置用户板块

用户可以进行自选股和条件股的设置，如图 11-14 所示。

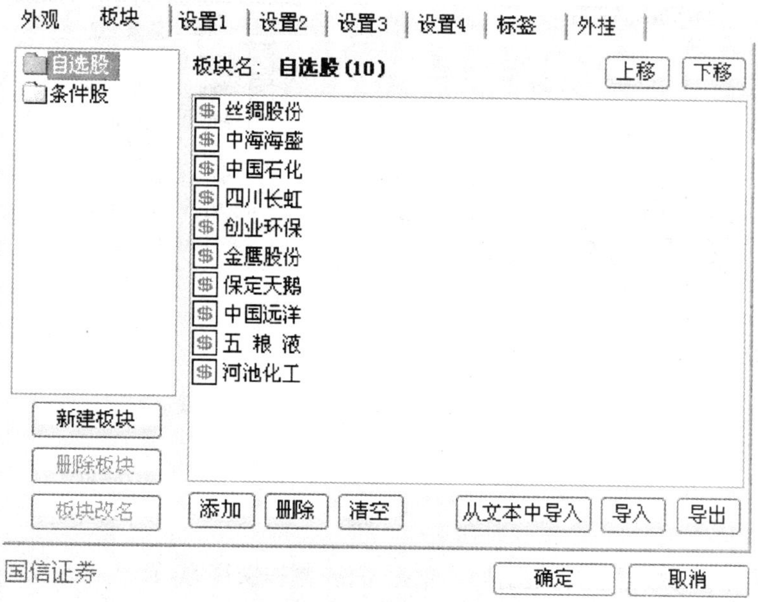

图 11-14 用户板块设置

3）通讯设置

用户可选择登录的行情主站和资讯主站，如图 11-15 所示。

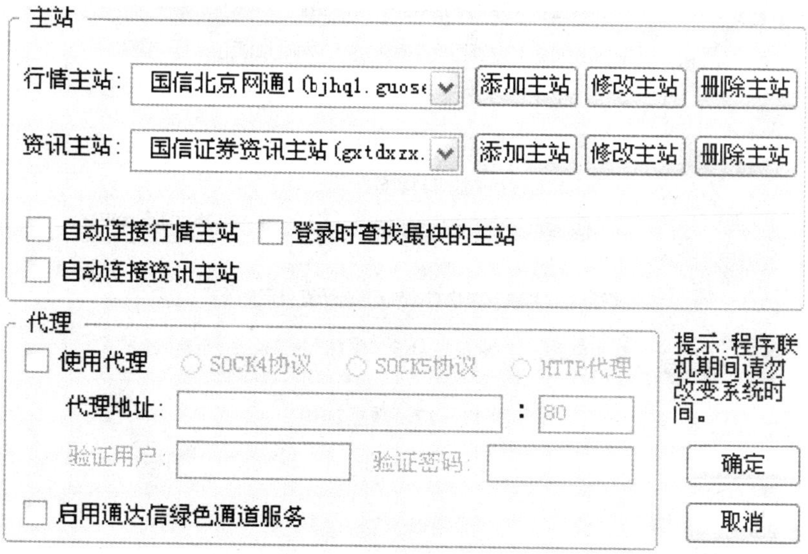

图 11-15 通讯设置

4）盘后数据下载

系统提供日线数据、5 分钟数据、分时图数据、个股资料数据的下载，如图 11-16 所示。

176　　证券投资实验实训教程

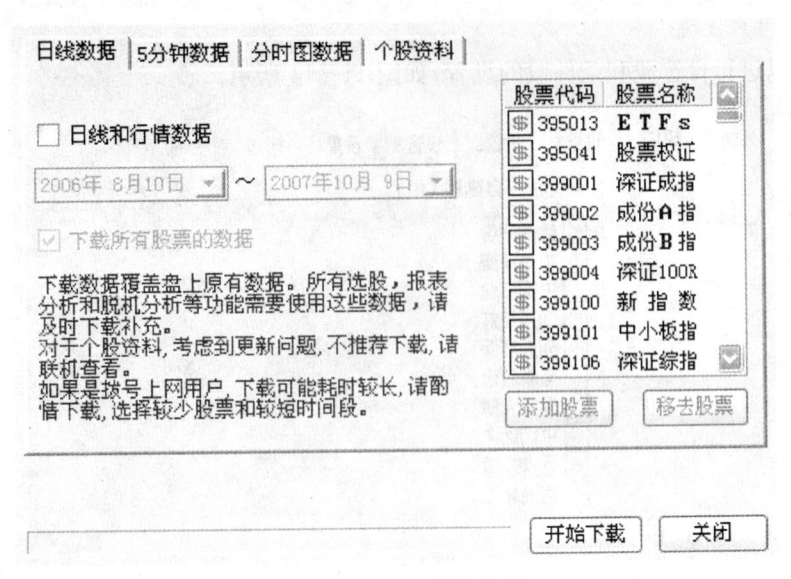

图 11-16　盘后数据下载

5）数据维护工具

用户可以对系统数据进行数据清理、数据备份、数据恢复等，如图 11-17 所示。

此外，该软件还有连接行情主站、断开行情主站、连接资讯主站、断开资讯主站、系统备忘录、自动升级、帮助说明书和用户论坛等功能。

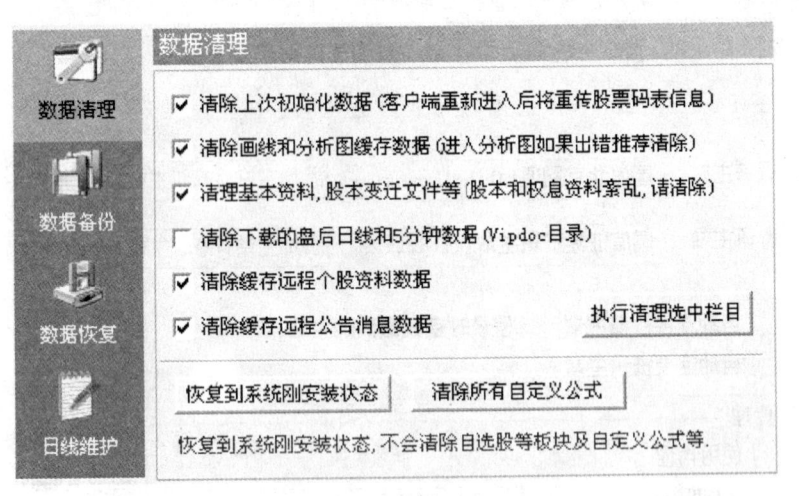

图 11-17　数据维护

11.6　其他

11.6.1　通达信快捷键的使用

1）常用快捷键

（1）数字键　比如 1,61,81,10,91 等。

（2）点系列键　比如.101,.201,.301,…,.909 等。

（3）功能键　比如 F1,F2……空格键,减号键,Tab 等。

（4）组合键

① Ctrl+V：切换前复权与还原。Ctrl+B：切换后复权与还原。

② Ctrl+W：在分时图或分析图界面下,进行本屏的区间统计。

③ Ctrl+M：按当前的股票集合进入多股界面。

④ Ctrl+R：所属析块。

⑤ Ctrl+D：系统设置。

⑥ Ctrl+Z：加入到板块;Shift+Ctrl+Z：从板块中删除。

⑦ 在分时图或分析图界面下,Ctrl+O 叠加股票,Ctrl+G 删除叠加。

⑧ Ctrl+J：进入主力大单,再按 Ctrl+J 退回。

⑨ Ctr+F：进入公式编辑器。

⑩ Shift+F10：进入基本权息资料界面。

⑪ 在有信息地雷的画面,按 Shift+回车键进入信息地雷。

⑫ Ctrl+1,Ctrl+2：显隐功能树和辅助区;Ctrl+3,Ctrl+4：显隐工具栏和状态栏。

⑬ Ctrl+L：显隐右边信息区(也可以输入 .6)。

⑭ Alt+F12：画线工具。

⑮ Ctrl+P：全屏和非全屏的切换。

⑯ Atl+数字键：在走势图画面,切换多日分时图;在分析图画面,切换子窗口个数。

⑰ 在走势图或分析图画面,使用加号键"+"来切换右下角的内容,Shift+加号键反向切换。

（5）快速排名　点系列键.202 至.226。

（6）热门板块分析　点系列键.400。

（7）如果有自定义的版面,使用点系列键.001 至.099。

（8）减号键"－"　启动或停止"自动换页"。

（9）在报价界面和报表界面,使用空格键　打开股票集合的菜单等,使用"]"或"["键切换各分类。

（10）快捷键　深证 100 快捷键:100 ;上证 180 快捷键:180 ;沪深 300 快捷键:300。

（11）在财经资讯和信息地雷浏览过程中,可以连续按回车键或连续双击鼠标来快速切换标题区和内容区。

（12）新版本支持　16(信息地雷),18(股改信息),19(投资日记)。

（13）条件选股　.905(或按 Ctrl+T);定制选股:.906;智能选股:.907;综合选股:.909。

（14）快捷键 67　全市场涨幅排名;87:全市场综合排名。

（15）TAB 的用途　在行情报价画面,切换行情信息和财务信息,在分时图画面,切换上下午半场,在分析图画面,叠加或删除叠加均线。

（16）中括号键"["、"]"的用途　在行情报价画面,分类股票切换;在分析图用于轮换周期。

通过菜单项后面的提示、键盘精灵的提示和帮助文件等,可以知道更多的快捷键。

2）K 线快捷键

（1）年 K 线　Y。

（2）季 K 线　S。

（3）月 K 线　MO。

（4）周 K 线　W。

（5）日 K 线　D。

（6）60 分钟　M6。

（7）30 分钟　M3。

（8）15 分钟　M15。

（9）5 分钟　M5。

（10）1 分钟　M1。

（11）用键盘精灵输入 91,92,…,912 也可一步进入各种周期 K 线。

11.6.2　分时图操作方法

（1）在分时图界面，在右键菜单中使用"切换走势模式"，或者使用 * 和/键，可以查看"量比"和"买卖力道"。

（2）在右键菜单中使用"多日分时图"，或使用 Alt＋数字键来切换，可以同时查看此股最近 10 天的分时图。此状态一直有效，除非解除此状态或退出系统。

（3）使用叠加股票功能，或使用 Ctrl＋G 键，将其他股票加入到这只股票的分时图上来，一起对比查看。此状态一直有效，除非解除此状态或退出系统。

（4）用右键在分时图拖拽一个区间，松开，选中右键菜单"区间统计"，会弹出这个区间的分时统计情况。如果想对整个交易日进行统计，直接使用 Ctrl＋W。区间统计同样适合于多日分时图。

（5）进入分时图，双击鼠标，出现光标竖线，把竖线定位到某个时刻，按回车键，这时右下角的每笔分笔成交会跳转到这个时刻，显示这个时刻附近的成交明细。如果右下角是"详细买卖盘"，也是同样的跳转，显示这个时刻附近的详细买卖盘。

（6）双击右下角的"每笔成交明细""分价表""每分钟成交""详细买卖盘"，可以将这些功能界面放大到全屏，放大后，可以用鼠标滚轮进行上下翻页，再次双击，恢复到原来的状态。

（7）点击右边行情信息区的"市盈""股本""净资""收益"等地方，可以直接调出"权息资料"信息。

11.6.3　历史同步回忆操作方法

进入日线分析图后，双击出现十字光标后（或者使用左右箭头移动，Home、End 键等出现光标），用键盘或鼠标移动十字光标到某天 K 线，按回车即可弹出"历史同步回忆"功能。

进入历史同步回忆后，按 PageUP 或 PageDown 可以切换到这一天上一交易日或下一交易日的分时和分笔成交信息；按加号键"＋"可以切换右边的信息区。"历史同步回忆"窗口可以全屏放大。

在左边的分时图区双击鼠标，出现光标竖线，把竖线定位到某个时刻，按回车键，这时右边的每笔分笔成交会跳转到这个时刻，显示这个时刻附近的成交明细。如果右边是"详细买卖盘"，也是同样的跳转，显示这个时刻附近的详细买卖盘。

11.6.4 数据处理工具的使用

（1）如果基本资料和权息数据紊乱，可以使用数据处理工具进行清除。

（2）数据处理工具支持"恢复到系统刚安装状态"，但会保留自选股等重要信息。

（3）如果自定义公式太多太杂，导致程序经常出错，可以使用"清除自定义公式"。

（4）如果数据下载的盘后数据有错，可以在"数据维护"中清除这一天的数据，再重新用盘后数据下载补充这一天的数据。

参考文献

[1] 吴晓求.证券投资学.北京:中国人民大学出版社,2004
[2] 王军旗,陈合营.证券投资理论与实务.第二版.北京:中国人民大学出版社,2007
[3] 何孝星.证券投资理论与实务.北京:清华大学出版社,2006
[4] 王秀芳.证券投资理论与实务.北京:北京大学出版社,2005
[5] 李向科.证券投资技术分析.第三版.北京:中国人民大学出版社,2008
[6] 曹凤岐,刘力.证券投资学.第二版.北京:北京大学出版社,2006
[7] 高朋举.证券投资理论与实务.北京:机械工业出版社,2007
[8] 徐国祥.证券投资分析.北京:科学出版社,2006
[9] 张文云.证券投资实验教程.北京:中国金融出版社,2006
[10] 邓幼强,吴静.金融实验教程.北京:北京大学出版社,2006
[11] 张元萍.金融投资实验教程.北京:首都经济贸易大学出版社,2006
[12] 张毅,朱敏.基金投资——从入门到精通.上海:上海交通大学出版社,2007
[13] 杨健.证券投资基金指南.北京:中国宇航出版社,2007
[14] 陈火金.中国新基民必读全书.北京:中国纺织出版社,2007
[15] 李曜.证券投资基金学.北京:清华大学出版社,2005
[16] 杨朝军.证券投资分析.上海:上海人民出版社,2007
[17] 柯原.证券投资分析.北京:北京大学出版社,2005
[18] 毛二万.证券投资分析原理与实务.北京:中国人民大学出版社,2008
[19] 詹向阳.风云多变的股市.北京:中国金融出版社,2004
[20] 中国证券业协会.证券市场基础知识.北京:中国金融出版社,2012
[21] 中国证券业协会.证券投资基金.北京:中国金融出版社,2012
[22] 中国证券业协会.证券交易.北京:中国金融出版社,2012
[23] 中国证券业协会.证券投资分析.北京:中国金融出版社,2012
[24] 叩富网:www.cofool.com
[25] 上海证券交易所网站:www.sse.com.cn
[26] 深圳证券交易所网站:www.szse.cn
[27] 国信证券网:www.guosen.com.cn
[28] 金融界:www.jrj.com.cn
[29] 中国金融界网:www.zgjrjw.com
[30] 中国证券网:www.cnstock.com